深度凝聚力量

——《南方》杂志创刊20周年行思录

陈广腾 ◎ 主编

南方日报出版社
NANFANG DAILY PRESS
中国 · 广州

图书在版编目（CIP）数据

深度凝聚力量：《南方》杂志创刊20周年行思录 / 陈广腾主编. --广州：南方日报出版社，2023.12

ISBN 978-7-5491-2805-1

Ⅰ. ①深… Ⅱ. ①陈… Ⅲ. ①中国共产党－党报－新闻工作－研究－广东 Ⅳ. ①G219.246.5

中国国家版本馆CIP数据核字（2023）第239653号

SHENDU NINGJU LILIANG —— NANFANG ZAZHI CHUANGKAN 20 ZHOUNIAN XINGSILU

深度凝聚力量——《南方》杂志创刊20周年行思录

主　　编：陈广腾
出版发行：南方日报出版社
地　　址：广州市广州大道中289号
出 版 人：周山丹
出版统筹：母发荣　郭　芳
责任编辑：方　明
责任校对：阮昌汉　熊丽思　朱晓娟
校　　对：杨明珠　潘经春　华成民
封面设计：李芳宇
内文设计：李芳宇　黄燕嘉　叶国屏
　　　　　曹力思　林晓龙　刘骏彦
责任技编：王　兰
经　　销：全国新华书店
印　　刷：广东信源文化科技有限公司
开　　本：787 mm×1092 mm　1/16
印　　张：26.75
字　　数：378千字
版　　次：2023年12月第1版
印　　次：2023年12月第1次印刷
定　　价：88.00元

投稿热线：（020）87360640　　读者热线：（020）87363865

序　一

吴尚之

新世纪初的2003年12月26日，中共广东省委机关刊《南方》杂志创刊。在广东这块神奇的土地上，在轰轰烈烈的改革开放大潮中，《南方》杂志顺应时代潮流，记录改革开放的凯歌行进，也以改革开放精神不断进取，呈现出全新的党刊气质和面貌。从2003年的月刊到2007年的半月刊，再到2012年的双周刊，目前月发行量128万份左右，稳居全国地方党刊前列。历年来多次荣获“中国出版政府奖期刊奖”“期刊主题宣传好文章”“中国新闻奖”等各类奖项，在读者和业界中具有很高的品牌度和美誉度。

提起《南方》杂志的业绩，在党刊乃至整个期刊业界有口皆碑，这是南方杂志社长期奋斗的成果。特别是近十年来，在多年实践的基础上，《南方》杂志以长远的眼光来思考党刊内容建设、传播力建设问题，把握媒体融合发展大势，大力推动媒体融合纵深发展、体制机制一体创新，较早提出“有综合传播力”的理念，着力推进党刊话语平台创新，推动纸媒生产力向跨平台生产力转变。通过探索“四有”实践，即打造“有思想”的理论高地，夯实“有温度”的媒体担当，强化“有功用”的服务功能，构建“有综合传播力和可持续发展能力”的党刊传播渠道，形成综合立体的传播格局，打造新型的党刊形态，走出了具有《南方》杂志特色的高质量发展之路。

在这本厚厚的《深度凝聚力量——〈南方〉杂志创刊20周年行思录》中，我们可以看到走在全国前列的南方杂志社人如何以思想者的深邃、先行者的胆识、实干者的质朴，讲述着一个又一个广东经验、广东探索和广东故事。顺着《南方》杂志一路风雨走来的蓝天热土，我们可以了解到南方杂志社守正创新、深度融合和创新发展的脉络、过程和成功经验，感受到南方杂志社独特的红色文脉和初心如磐。

发展永无止境，转型未有穷期。党的二十大报告作出了“巩固壮大奋进新时代的主流思想舆论”“加强全媒体传播体系建设，塑造主流舆论新格局”的部署。2022年4月，中共中央宣传部印发《关于推动出版深度融合发展的实施意见》，对加快推动出版深度融合发展，构建数字时代新型出版传播体系，作出全面规划和工作部署。2023年10月7日至8日，全国宣传思想文化工作会议在京召开，最重要的政治成果是首次提出习近平文化思想，在党的宣传思想文化事业发展史上具有里程碑意义。习近平总书记对宣传思想文化工作作出重要指示，提出的“七个着力”进一步明确了宣传思想文化工作的任务目标和着力点。

融合发展是期刊出版创新的战略任务，数字化是期刊的未来。对于身处全媒体时代的党刊来说，只有紧跟时代大潮、创新融合发展，才能在媒体融合发展中勇立潮头、行稳致远。党刊的转型，首先是思路的转型，思维的融合。党刊要着眼于党和国家的长远发展、党的宣传思想文化工作全局和全媒体时代大局，牢固树立互联网思维和一体化理念，在党刊创新实践中，插上互联网的翅膀，让党的创新理论飞入寻常百姓家。其次是推进内容融合，根据时代发展趋势和受众需求，不断优化平台结构，建立统一高效的内容管理平台，优化内容质量，深化内容供给侧结构性改革。再次是创新体制机制，探索建立符合全媒体运行特点和规律的新模式、新架构。党刊要锚定出版强国建设目标，推动期刊出版深度融合发展取得明显成效，为中国期刊业高质量发展打下坚实的基础。在这方面，南方杂志社作了很好的探索，取得了一系列重要成果；接下来，还需放开手脚，继续大干快上。

在中国共产党的辉煌历程中，党刊与党的事业紧密相连，同呼吸，共命运，始终坚守初心使命，高扬党的旗帜，宣传党的主张，反映群众呼声，在党的各个历史时期发挥了重要作用。在全面建设社会主义现代化国家、实现中华民族伟大复兴的新征程中，党刊要继续发挥好引领作用，要紧紧围绕学习贯彻习近平文化思想，围绕贯彻党的二十大关于文化建设的战略部署，切实增强做好新时代新征程宣传思想文化工作的责任感使命感，踔厉奋发，努力奋斗，为推动党刊事业繁荣发展作出新的贡献！

（作者系中国期刊协会会长）

序　二

黄常开

世界新闻传播史的发展规律告诉我们，每一种新媒体的诞生，都会给现有媒体带来颠覆式的革命。在互联网尤其是移动互联网时代，传统媒体原有的舆论传播场景受到巨大冲击，面临着受众大量转向互联网阵地、阅读率下滑、影响力式微的行业剧烈变革。

2023年是习近平总书记作出“加快传统媒体和新兴媒体融合发展”重要指示十周年。“要扩大主流价值影响力版图，让党的声音传得更开、传得更广、传得更深入。”习近平总书记的重要指示为建设新型主流媒体提供了根本遵循。作为党和人民的喉舌，党报党刊面对当前的时代发展之变、舆论生态之变、媒体格局之变、传播方式之变，亟需重塑传播影响力、发展增长极、人才凝聚力，实现从“传统主流媒体”向“新型主流媒体”的转型。

党刊是党的新闻舆论工作的重要组成部分。《南方》杂志的行与思，为党刊转型发展提供了精彩样本。2003 年 12 月 26 日，根据中央有关精神，广东省委机关刊《南方》杂志诞生。“在创新中脱颖而出！”时任中共中央政治局委员、广东省委书记张德江撰写的发刊词力透纸背，承载着广东省委对《南方》杂志的殷殷期望，也深深镌刻在《南方》杂志的党刊基因里。

从 2003 年到 2023 年，《南方》杂志走过了不平凡的 20 年。从历史的纵坐标来看，传媒业正经历着百年未有之大变局，伴随着互联网的崛起，媒体“拐点论”的声音不绝于耳。传统媒体原有的发展道路已经不可持续，党刊也不例外；从全国的横坐标来看，在时代的改革呼声中，全国党刊百花齐放，各地都在摸索新的党刊发展道路。在改革开放的先行地，如何走出广东特色的党刊高质量发展道路，对这个问题能否正确作答决定着《南方》杂志的前途未来。

从 2003 年到 2023 年，“敢为人先”始终是《南方》杂志的精神气质。《南方》杂志始终坚持有思想、有温度、有功用、有综合传播力和可持续发展能力的“四有”智慧型党刊探索，率先走出了一条时政党建大刊的道路，在重大主题宣传、思想理论建设、媒体融合探索、智慧化转型、可持续发展、体制机制创新等诸多领域走在全国党刊前列。凭借优秀的出版品质荣获“中国出版政府奖期刊奖”“全国百强社科期刊”“新中国 60 年有影响力的期刊”“广东省出版政府奖”等奖项，成为全国省级党刊公认的排头兵。

明者因时而变，知者随事而制。“我们是谁？”“我们要坚守什么？”“我们要创新什么？”面对前所未有的媒体变革，《南方》杂志清晰地回答好了三个时代之问。坚持守正，创新才有方向；不断创新，守正才有活力。如何在变与不变中把握好使命和责任，不断提升党刊的价值和传播力，这是《南方》杂志一直思考、一直探索的问题。

不变的是什么？

时代在变，初心不变。党报党刊的政治方向、舆论导向、价值取向不会改变，传播好党和政府声音、展示好社会进步主流、反映好人民群众呼声的使命不会改变。《南方》杂志始终坚持政治家办刊，在围绕中心、服务大局中找准坐标定位，发挥党刊在理论阐释、舆论宣传、联系群众等方面的优势，主动发声、善于发声、权威发声、精彩发声传递主流舆论声音，在万物皆媒的时代打造引领导向的“舆论主场”。

媒体介质在变，内容为王不变。好的内容才有生命力，才能产生更大的影响力。打造有生命力的“政经纸”“深度纸”“思想纸”，是《南方》杂志在媒体差异化竞争中的比较优势，是《南方》杂志保持勃勃生机的发展动力。《南方》杂志秉承“深度凝聚力量”的办刊理念，做到胸中有大局、研究有深度、报道有作为，系列重大主题报道频频出圈，获得中国新闻奖、中宣部“期刊主题宣传好文章”等奖励。特别是在思想立刊方面，《南方》杂志高举理论大旗打造“思想高地”，行思兼备发出“南方声量”，创新理论表达“破壁圈粉”，把习近平新时代中国特色社会主义思想的真理伟力转化为广东改革开放和创新发展大局中的实践伟力，在纷繁复杂的舆论场中发挥“定盘星”的作用，成为广东独具价值的思想理论阵地和党员干部学习园地。

变的是什么？

从传统媒体走向融合媒体，探索正能量澎湃大流量的媒体转型之路。没有传播力就没有一切。南方报业在纸媒时代之所以能“一纸风行”，就是因为传播力做得好。破解内容生产能力强大与传播能力不足的矛盾，是新形势下党刊需要面对的考验。做好党的新闻舆论工作，要坚持“读者在哪里，受众在哪里，宣传报道的触角就要伸向哪里”，推动党的声音直接进入各类用户终端，占领新的舆论场。

媒体融合转型不是简单的相加，而是要产生化学反应、释放乘数效应。南方杂志社坚持“两个融合”的方向：进一步融入南方报业传媒集团，进一步与新兴媒体融合。一方面，作为南方报业传媒集团的重要组成部分，南方杂志与南方日报、南方网、南方+客户端都是党的权威媒体平台，组成一种新的媒体生态，整合形成“报、刊、网、端”立体传播格局，达到“此强彼强”的效果。南方杂志社承建南方+客户端观点频道，创建掌上“思想罗盘”，成为主流党端的思想理论“压舱石”；承建南方+客户端党建频道，成为率先在省级新闻客户端里开设的、全国领先的党建专业频道。另一方面，南方杂志社找准“专注政治、政坛、政策，分享思想、理论、观点，服务广大党政干部”

的新媒体发展定位，以党刊特色吸引受众流量，以内容优势赢得传播优势。特色栏目稿件一经上线随即引起关注，现象级网红新闻产品提升党刊引导力。

南方杂志社对准传播力建设这个“城墙口”冲锋，打造出融合发展的优质样本，真正实现了传统媒体与新兴媒体的“此长彼长”。《南方》杂志的月发行量达到128万份左右，是全国发行量最大和最有影响力的省级党刊之一。同时，全媒体核心传播矩阵影响力与日俱增，阅读流量稳居全国地方党刊前列。

从传统媒体走向智慧媒体，提升党刊围绕中心、服务大局的新能力。对党刊受众精准画像，可以发现党的政策的执行者、经济发展的决策者、公共事务的管理者等是党刊的重要受众群体。担当党委政府的决策智囊，是南方杂志社智库发展的独特竞争力，也是南方杂志社智慧转型的价值主张和发展主线。

南方杂志社凭借强大的高端影响力、专业研究力、大众传播力、舆论引导力等优势，走出了一条“中国特色，南方气质”的党刊智慧转型道路，在全国党刊中率先组建党建智库，多篇调研报道和智库研究获得省委书记、省长等省领导批示，相关经济改革报道把基层声音送到了中央，为党委政府提供决策参考。

2023年是改革开放45周年，也是《南方》杂志创刊20周年。无论我们走得再远，都不能忘记来时的路。《深度凝聚力量——〈南方〉杂志创刊20周年行思录》一书的出版，回望记录南方杂志社从“传统媒体”到“融合媒体”再到“智慧媒体”的两次飞跃，深度研究南方杂志社在历次重大转型关头的理性思考、率先探索、转型道路，这是一场承前启后、继往开来的思想碰撞，将为党刊高质量发展再出发提供启示和思考。

近日，习近平总书记对宣传思想文化工作作出重要指示强调，新时代新征程，宣传思想文化工作面临新形势新任务，必须要有新气象新作为。建成高水平新型主流媒体，是我们的美好愿景。虽然前途是光明的，但是道路是曲折的，转型发展没有一蹴而就、一劳永逸的捷径，必须抱持“长期主义”。展望新征程，沿着习近平总书记和党中央指引的方向，《南方》杂志要坚持守正创新，加快深度融合转型步伐，全面提升党媒现代传播力，勇当高水平新型主流媒体建设“先行者”，为巩固壮大奋进新时代的主流思想舆论作出更大贡献。

是为序。

（作者系中国记协副主席，南方报业传媒集团党委书记、社长）

目　录

开　篇

接过广东省委机关刊的“红色接力棒”

陈广腾 姚燕永

习近平总书记对宣传思想文化工作提出“七个着力”要求，强调“着力提升新闻舆论传播力引导力影响力公信力”，为新时代党刊事业高质量发展指明了前进方向、提供了根本遵循。

党刊事业是百年伟业的重要篇章，回首百年党史，从革命、建设到改革、发展的不同年代，总有一条党刊红色文脉贯穿其中。在中国共产党百年辉煌历程中，党刊始终坚守共产党人初心使命，高扬马克思主义理论旗帜，宣传党的主张，反映群众呼声，在党的各个历史时期发挥了重要作用。

早在南方日报社工作时，我们就一直关注同属省委重要舆论宣传平台的几份党刊。《南方》杂志创刊后，我们还曾应邀协助过相关选题的组稿约稿，撰写过文章。然而直到接过广东省委机关刊的“红色接力棒”，真正走进党刊、了解党刊、投身党刊，才真正感受到“党刊姓党”沉甸甸的责任与担当，才逐渐在适应媒体融合发展新形势新任务的“四有”党刊探索中，体悟到党刊的历史使命与时代价值。

筚路蓝缕，致敬改革

正所谓万事开头难。在田径的接力比赛中，第一棒尤为重要，不仅考验运动员的水平，更考验其反应速度和综合素质。在省委机关刊《南方》杂志的这场“红色接力”中也同样如此。《南方》杂志的创刊前辈们，以极高的政治觉悟和专业素养，满怀豪情、攻坚克难，对杂志的创刊倾注心血，以完美姿态跑出第一棒，真正实现“在创新中脱颖而出”。

《南方》杂志的诞生，既是报刊改革治理的要求，又是广东改革开放的需要，因此其自创刊起就承担着改革创新的使命。2003年中央对报刊进行治理整顿，广东省委决定集中资源和力量，以“四刊汇流”创办由省委主管主办的新的省委机关刊物。同时也正如发刊词所言，广东改革开放多年来“一马当先”，但在2003年面临全国各地“万马奔腾”的新形势时，广东亟需一个强有力的党刊阵地以加快发展、率先发展、协调发展，更好地发挥排头兵作用，《南方》杂志应运而生。

2003年10月，南方杂志社筹办领导小组成立，由时任省委常委、宣传部部长蔡东士同志任筹办领导小组组长，时任省委宣传部常务副部长胡国华同志、南方杂志社首任社长蔡玉明同志任副组长；由蔡玉明同志兼任筹办领导小组办公室主任，时任省委宣传部新闻处处长曾少华同志、助理调研员倪谦同志任副主任。曾参与创办新华社《瞭望》杂志的刘野老师、徐民和老师应邀担任顾问。这些《南方》杂志的“创刊元老”们，为杂志创办付出了巨大的努力。仅用72天，就完成了刊号的申请和杂志的采编工作，并争取到了76万份的发行数量，创造了令人惊叹的“南方速度”。

这些年来，杂志社从领导班子到普通年轻员工，从来没有忘记“创刊元老”们的巨大贡献。如今，张贴在杂志社办公室走廊上的社史简介系列宣传海报，是每一位新员工都必须详细了解的“入职第一课”。每年我们也会以各种方式座谈茶叙，每每听老顾问、老领导们回忆起《南方》杂志初创的那段筚路蓝缕的岁月，听他们在笑声中轻松讲述的一个个实则艰难的创刊小故事，总是不由心生敬意。

正是他们以高瞻远瞩的视野和改革创新的信念，确立了《南方》杂志的办刊定位、办刊思路和办刊风格；正是他们以扎实的作风、严实的谋划，为《南方》杂志的发展奠定了坚实的基础。

二十年弹指一挥间，我们要向参与创刊的前辈们致以最崇高的敬意，我们要倍加珍惜省委为《南方》杂志创办所提供的政治待遇和发展条件，始终牢记坚守党刊的职责使命，不断开创党刊事业发展新局面。

融合转型，厚积薄发

如果从党刊的视角进一步寻根溯源，广东党刊红色文脉可以追溯到1921年春南迁广州的《新青年》杂志，最早的省委机关刊则是创办于1926年的中共广东区委机关刊《人民周刊》。从《新青年》《人民周刊》到《红旗》（又称《红旗周刊》）和《新华南》，再到《上游》《广东支部生活》以及后来的“四刊汇流”诞生新的《南方》，广东党刊红色文脉始终伴随时代潮流，从广东的改革发展大潮中汲取智慧和力量，在继承和发扬中积淀红色基因、积蓄创新势能。

随着中国特色社会主义进入新时代，我们这一辈人也荣幸地接过《南方》

杂志的“红色接力棒”。我们这一代“接棒人”，彼时正面临着媒体转型融合发展大潮的强烈冲击，党刊融合转型发展迫在眉睫。面对媒体融合发展和新型主流媒体建设的新形势新任务，在巨大的转型挑战中我们也迎来重大的发展机遇。通过党刊全媒体建设实现深度融合发展，实现建强主力军、深耕主阵地、唱响主旋律，让思想传播更有高度、理论阐释更有力度、主题宣传更有效度，这不仅是党刊面临的新课题，也是新时代赋予党刊的新任务。

自2014年以来，我们积极响应党中央号召，从自身可持续发展需要出发，以建设有思想、有温度、有功用、有综合传播力和可持续发展能力的“四有”智慧型党刊社为战略，大力推动媒体融合纵深发展、体制机制一体革新，探索具有南方特色的党刊高质量发展之道。

一是打造“有思想”的理论高地。南方杂志社始终倡导行思兼备的理论风尚和思想潮流，2015年起，逐渐增加每期刊物的理论评论版面，推出《南方》杂志理论季刊，组建核心理论专家队伍，承担南方+观点频道的建设，立体打造具有南方特色的理论版块。在省委宣传部的支持和指导下，先后推出《传习录》《新思想引领新征程》《悦理轩》等一批理论品牌栏目，把深刻阐释习近平新时代中国特色社会主义思想作为首要政治任务抓实抓好。同时，持续推动原创评论向全局性、战略性、理论化方向跃升，截至2023年10月，已有6篇原创评论员文章相继被中央机关刊《求是》杂志转载。

二是夯实“有温度”的媒体担当。近年来，《南方》杂志聚焦中心工作、深入基层一线，以党刊的思想力度和报道深度书写社会的温度，先后推出《兄弟扶贫记》《笔从溪碧来》《蹲点老区访初心》等一大批优秀“走转改”新闻作品，受到社会各界读者的欢迎和好评。同时全面提升杂志“颜值”，强化杂志视觉体系呈现“端庄、大气、雅致”的悦目观感，多次获得“中国最美期刊”荣誉奖项。

三是强化“有功用”的服务功能。在近年来的几次改版中，我们坚持强调读者意识，强调服务性，力求做到“必读”“实用”“好用”，努力成为称职的学习平台。无论是理论学习、执政理念，还是党务知识、行政技能等方面，读者都能在杂志上读到、学到有用的知识。

四是构建“有综合传播力和可持续发展能力”的党刊传播渠道。面对传统媒体和新兴媒体融合发展的大趋势，南方杂志社明确“两个融合”思路：进一步融入南方报业传媒集团、进一步与新兴媒体融合。2015年以来，南方杂志社开通南方杂志微信公众号，打开杂志新的媒介窗口，承办的观点频道和党建频道相继在南方+客户端上线，推出一大批“正能量+大流量”的媒体融合精品。与此同时，杂志社积极鼓励以下沉带动服务、以转型拓展空间，通过南方党建智库等新抓手持续下沉，围绕党建传播、党建研究、党建服务这三大核心任务，不断延伸以党建为核心内容的智慧化产品线，提升党刊可持续发展能力。

行稳致远，奔向未来

习近平总书记强调：“年轻干部要接过艰苦奋斗的接力棒，以一往无前的奋斗姿态和永不懈怠的精神状态，勇挑重担、苦干实干。”今天，牢牢攥住《南方》杂志“红色接力棒”的，还有南方杂志社一批平均年龄不足40岁的年轻编辑记者，他们是《南方》杂志的现在和未来。要想行稳致远，继续跑好这场接力赛，就必须继续拿出高度的政治责任感和历史使命感，以守正创新的意识和走在全国党刊前列的自觉担当，切实履行广东省委机关刊的职责使命。

一是统筹处理好守正与创新的关系。守正与创新是辩证统一的，在推进融合发展过程中，我们要坚持在守正的基础上创新，在创新的进程中守正。具体来说，就是要在努力做好党的喉舌的同时，根据时代发展趋势和受众需求，在优化平台结构、内容供给侧改革、提升技术赋能、创新体制机制等方面下狠功夫，创新探索建立符合全媒体运行特点和规律的新模式、新架构，在不断学习探索、不断变革图强中实现与时俱进的自我完善、自我超越。

二是统筹处理好内容与传播的关系。在全媒体时代提供深度、权威、专业的内容，仍是推进全媒体融合发展的关键和核心竞争力，然而“酒香也怕巷子深”，成功的融合之道应该是实现正能量和大流量双赢。具体来说，南方杂志社要坚持充分发挥传统纸媒内容生产优势，将其与新媒体的技术和传播等优势紧密结合，深入实施党刊品质提升工程，突出做好重大主题宣传报道、加强社会热点问题舆论引导，注重融南方之庄重于语境之亲切中，打通党媒与社会两大话语体系，实现主旋律内容的立体化呈现、精准化传播、正能量涌动。

三是统筹处理好技术与产品的关系。全媒体时代信息传输技术飞跃发展，技术赋予了“内容”更为复杂的数据内涵与功能外延。围绕技术进行产品生产、分发和设计，真正形成依托于互联网的生产能力，才能更好地提升“四力”，只有内容和技术相互支撑、相互融合，才能美美与共，行稳致远。近年来，南方杂志社打造了一套立得住、叫得响、传得开的音视频、动漫、H5、海报、VR等多维立体融媒产品矩阵。未来，更要依托南方报业强大的技术支撑，用好南方报业各类技术平台，通过提供优质化的内容来共享技术服务，通过技术平台化来实现内容与平台的融合，推动媒体融合发展，实现正能量和大流量同频共振。

四是统筹处理好顶层设计与基层实践的关系。主流媒体的顶层设计，贯穿从“合而为一”到“融为一体”的媒体融合全过程，而在基层实践探索所得出的成功经验，决定着自身融合的广度和温度。南方杂志社近年来对原有的组织结构、生产流程、薪酬考核、人才培育等体制机制进行除弊革新，已初步建立起一套高效能、精细化的支撑保障体系。同时，积极鼓励一线员工进行融媒探索、融合实践，一大批有想法、有实践的融媒项目、融媒产品应运而生。

五是统筹处理好一专和多能的关系。媒体竞争关键是人才竞争，媒体优势核心是人才优势。深融时代，亟须大力培养一专多能型人才，培养一批优秀的全媒体人才。党刊采编人员不仅要懂新闻采编业务，更要向全能型人才方向拓展。具体来说，在人才培育和任用中，要通过组建各类业务工作室，发挥每个人的比较优势，把策划交给擅长头脑风暴的人、把文案交给妙笔生花的人、把直播交给能说会道的人、把视频交给善于追光逐影的人，同时不断完善采编人员岗位成长通道，以业绩论英雄，让年轻人才争相成为名编、名记、名评论员、名主播。

站在创刊20周年的新起点上，我们这场“红色接力赛”仍在继续。我们将以创刊20周年为契机，进一步推动《南方》杂志的内容改革，提升杂志的品质和影响力，积极推动南方杂志社全媒体和南方党建智库建设提质升级。我们将以更开放的姿态、更广阔的视野、更深入的思考来跑好我们这一棒，让广东党刊红色文脉在守正创新中行稳致远，奔向更光明的未来。

（陈广腾系南方报业传媒集团副社长、副总编辑，
南方杂志社党委书记、社长；
姚燕永系南方杂志社党委副书记、总编辑）

百年党刊的历史价值和时代使命

——以《南方》杂志的源流和实践为例

执笔：陈广腾　姚燕永　郭芳
课题组成员：陈广腾　姚燕永　汪蓉　母发荣　郭芳　殷立飞

在中国共产党的百年征程中，党报党刊始终是党的意识形态工作的主阵地，高扬党的旗帜，宣传党的主张，为人民发声，在革命、建设、改革各个历史时期发挥了重要而独特的作用。

党中央高度重视宣传思想文化工作。“着力提升新闻舆论传播力引导力影响力公信力”，是习近平文化思想的重要内容。习近平总书记强调“要建成新型主流媒体”“塑造主流舆论新格局”。党刊是党的新闻舆论工作的重要组成部分。面对当前的时代之变、发展之变、传播方式之变、受众群体之变，党刊面临着宣传工作新任务、舆论生态新变化、媒体格局新调整等时代命题，需要走出高质量发展道路、塑造主流舆论新格局。

广东是中国改革开放的精彩舞台，《南方》杂志也是中共党刊发展的精彩样本。在时代的改革呼声中，《党风》《广东支部生活》《文明导报》《粤海同心》四份杂志汇流，广东省委机关刊《南方》杂志于2003年12月26日创刊。20年里，《南方》杂志经历了变与不变，时代在变、方法在变、形式在变、路径在变，不变的是作为党和人民喉舌的担当、围绕中心服务大局的使命。20年里，《南方》杂志经历了两次重大探索，实现了从“传统媒体”到“融合媒体”再到“智慧媒体”的飞跃，率先走出了一条时政党建大刊的道路，荣获“中国出版政府奖期刊奖”“全国百强社科期刊”“新中国60年有影响力的期刊”“广东省出版政府奖”等奖项。

“敢闯敢试”始终是《南方》杂志的鲜明底色。一方面，南方杂志社融合转型加快脚步，重大主题报道频频出圈，《湾区大未来》《蹲点老区访初心》《“12221”——“粤字号”农产品成功出圈密码》等报道获得中国新闻奖、中宣部“期刊主题宣传好文章”、国家乡村振兴局“乡村振兴好新闻”等荣誉；《以点破“面”——世行广东农业面源污染十年治理记》等报道获得广东新闻奖一等奖。另一方面，南方杂志社走出一条“中国特色，南方气质”的党刊智慧转型道路，在全国党刊中率先组建党建智库，多篇深度调研报道和智库研究获得省委书记、省长等省领导批示，相关经济改革报道把基层声音送到了中央，为党委政府提供决策参考。

习近平总书记强调要“努力推出有思想、有温度、有品质的作品”，体现了鲜明的马克思主义新闻观。长期坚持有思想、有温度、有功用、有综合传播力和可持续发展能力的“四有”智慧型党刊探索，聚焦思想高度、报道深度、民生温度、服务力度、传播效度“五度”浓墨重彩做好主题报道，加快探索转型新路径，是践行习近平总书记关于党的新闻舆论工作重要论述的生动实践，也是《南方》杂志塑造主流舆论新格局的出圈密码。

一、历史价值：百年广东党刊的源流发展和宝贵经验

百年党刊见证初心如磐。党刊是中国共产党百年历程的忠实记录者、书写者、传播者，为党完成各阶段的历史使命发挥着重要的舆论引领作用。从《人民周刊》到《红旗》，从《新华南》到《南方》，百年来广东党刊发展积累了宝贵历史经验。

（一）党刊是先进思想的传播者

传播马克思主义、宣传党的理论、指导推动工作，是百年来党刊的核心任务。20世纪20年代初，广州作为最早对外通商的口岸之一，已经具备了组织工人运动、传播马克思主义的历史条件，进步报刊如雨后春笋般涌现。《新青年》杂志开了通过刊物在中国传播马克思主义的先河，1921年4月因在上海被查封而南迁广州，陈独秀、瞿秋白向全国吹响革命号角。1926年2月7日，中共广东区委书记陈延年、宣传部部长张太雷创办《人民周刊》，成为广东省委机关刊的文脉之源。陈独秀、陈延年、邓中夏、阮啸仙、恽代英等都在《人民周刊》发出振聋发聩的呼声，《人民周刊》成为广东宣传革命的一面旗帜。注重思想建党、理论强党，是我们党的鲜明特色和光荣传统。一直以来，广东党刊始终高扬党的旗帜，宣传阐释党的创新理论，承担起教育党员、宣传群众的重任。

（二）党刊是党的主张的宣传者

党刊是党的宣传阵地，在不同历史时期始终围绕党的中心任务反映党的主张、体现党的意志。1927年10月，张太雷在香港创办广东省委机关刊《红旗》，对宣传动员广大群众参与广州起义起了极大作用。1939年4月，中共广东省委在韶关以抗日统一战线的名义创办省委机关刊《新华南》，在日军的炮火下坚持出版两年多，成为抗战期间发行量最大的地方党刊，有力推动华南

抗日爱国工作。1945年11月，广东区委遵照党中央的指示，在香港创办《正报》，后从报纸改为旬刊。在很长一段时间里，《正报》是华南地区党员群众唯一能接触到的党报党刊，成为华南地区最重要的舆论阵地。新中国成立后，党刊的作用逐渐从鼓动革命转向组织和宣传群众围绕党的路线方针推进社会主义建设。1958年8月，广东省委机关刊《上游》杂志创刊，寓意"高举红旗、力争上游"。1959年1月，《广东支部生活》创刊，曾以137万册的期发行量成为全国发行量最大的党刊之一。一路走来，党刊在广东始终没有断流，始终是历史发展的参与者、推动者。

（三）党刊是人民群众的书写者

"为什么人的问题，是一个根本的问题，原则的问题。"早在80多年前，毛泽东同志已经鲜明地阐释了文化宣传工作的根本要求。广东党组织的第一份机关刊的发刊词指出，"《人民周刊》是为人民利益奋斗的刊物"，广东省委对《新华南》办刊提出"对象是群众性的，应该是提高群众的政治觉悟性"的要求，到《南方》杂志的发刊词提出"必须在办刊的指导思想、内容和方式上充分反映人民群众的愿望和要求，反映人民群众的智慧和创造"。人民所需、人民所向在百年广东党刊的新闻实践中有着鲜明的体现。

《南方》杂志创刊后，接过广东党刊先驱的如椽巨笔，踏上传承党刊历史使命与时代价值的新征程。

二、时代命题：坚持党媒姓党，巩固壮大奋进新时代的主流思想舆论

当前，世界之变、时代之变、历史之变正以前所未有的方式展开，互联网的崛起正在媒体领域催发一场前所未有的自我革命，党报党刊面临着宣传工作

新任务、舆论生态新变化、媒体格局新调整等时代命题。

新时代新征程，宣传思想文化工作面临新形势新任务，必须要有新气象新作为。“巩固壮大奋进新时代的主流思想舆论”，是习近平总书记在党的二十大报告中作出的重要论断。百年党报党刊发展的历史证明，坚持正确的舆论导向，就能凝聚人心、汇聚力量，推动事业发展。

（一）统筹处理变与不变的关系

当前时代环境、发展环境、传播方式、受众群体在发生深刻变化，党的宣传工作面临着新任务。从时代环境看，世界百年未有之大变局加速演进，向世界讲好中国故事，塑造中国共产党执政形象，是党报党刊的职责所系；从发展环境看，中华民族伟大复兴进入关键时期，战略机遇和风险挑战并存，越是任务艰巨，越是形势复杂，越是要加强党的宣传思想文化工作；从传播方式看，媒体介质的快速迭代带来传播格局的深刻变革，党报党刊改进创新宣传工作任务之艰巨前所未有；从受众群体来看，当前社会声音多元复杂、思想交锋激烈碰撞。越是在关键时刻，越是有重大问题，越需要主流舆论主动发声、及时发声、权威发声，引领导向。

新的时代命题倒逼党报党刊应变而动、因变制宜，技术可以更新、平台可以多元、内容可以更优、形式可以丰富，坚持党的领导不会改变，坚持以人民为中心的正确导向不会改变。马克思主义新闻观告诉我们，党媒姓党。习近平总书记强调“着力加强党对宣传思想文化工作的领导”。作为党报党刊，要始终坚持守正创新，把握好转型发展变与不变的辩证统一。

坚持党的领导，意味着党媒既是党引领舆论的阵地，也是传播思想的平台。习近平总书记将“用党的创新理论武装全党、教育人民”作为宣传思想文化工作的首要政治任务。《求是》杂志发挥中共中央机关刊的示范作用，把目光投向发展第一线，用脚步深入改革最前沿，理论联系实际宣传习近平新时代中国特色社会主义思想。《新湘评论》杂志秉持“新媒体引导先行，刊物深度解读跟进”思路，打造思想理论宣传类微公号“指点”。“浙江宣传”微公号立足“说人话、切热点、有态度”的理念，上线10个月粉丝数已达240多万，多篇爆款文章刷屏网络。

坚持以人民为中心，意味着党媒要坚持眼睛向下、脚步向下，切实走好新时代群众路线。尤其是在媒体格局深刻变化的形势下，生硬说教无法形成有力的舆论引导，无法形成润物细无声的张力。俯下身子倾听一线声音，才能如习近平总书记所说的“真正把群众面临的问题发现出来，把群众的意见反映上来，把群众创造的经验总结出来”。

（二）统筹处理正能量与大流量的关系

每一种新媒体的问世，都会给现有的媒体带来颠覆式革命。全媒体时代，舆论生态正发生巨大变化。传统媒体原有的传播路径受到严重冲击，面临着大量受众流向互联网、阅读率下滑、影响力式微的考验。两组数据直观地折射出传统媒体和新兴媒体间传播力的此消彼长：截至2022年12月，我国网络新闻用户规模达7.83亿，占网民整体的73.4%；与之形成对比的是，作为衡量报刊传播影响力的关键指标，发行量和印刷量遭遇了断崖式下滑。2012—2022年，全国报纸总印量降幅超过60%，期刊出版总印数下降了40%左右。值得注意的是，万物皆媒的传播特点使得舆论生态呈现出新的特征：大众麦克风时代，身处纷繁复杂的“舆论广场”，党媒打造引领导向的“舆论主场”面临着更多的挑战。

正能量何以澎湃大流量？习近平总书记指出：“党报、党刊、党台、党网等主流媒体必须紧跟时代，大胆运用新技术、新机制、新模式，加快融合发展步伐，实现宣传效果的最大化和最优化。”加快传统媒体和新兴媒体融合发展，是党中央壮大主流思想舆论的重大战略部署。贯彻落实好党中央决策部署，加快推动媒体深度融合发展是处理正能量和大流量关系的关键所在。

在媒体融合转型浪潮中，面对碎片化的快餐式阅读、真假难辨的庞杂信息，党媒的核心竞争力在于优质内容生产，在权威性、准确性和公信力等方面具有无可替代的优势。但是破解内容生产能力强大与传播能力不足的矛盾，是新形势下党媒需要面对的考验。近年来，党媒朝着融合转型猛攻，在持续探索中诞生了一些成功的实践。在党报方面，作为中共中央机关报，人民日报社启动“融媒体工作室”计划，鼓励采编人员跨部门、跨媒体、跨地域和跨专业组织，孵化出学习大国等近50个融媒体工作室，成为全媒体新闻生产的“轻骑兵”；南方报业传媒集团整合优势资源建设的南方+客户端，总下载量突破1.78亿、入驻“南方号”的单位超过7000家，成为广东第一权威移动发布平台。在党刊方面，《当代陕西》杂志设立“问政陕西”频道，建立网络民意吸纳等联动机制，形成“互联网+问政+媒体”的特有优势；《当代党员》杂志构建了以重庆市委党建门户七一客户端为支点的“4+3+N”全媒体格局，七一客户端入选国家新闻出版署“数字出版精品遴选推荐计划”，等等。

（三）统筹处理媒体与智库的关系

在互联网的冲击下，媒体格局正在面临重新调整：传统媒体经受着行业的剧烈变革，面临着大量受众转移到互联网、广告和发行等传统主营收入受到冲击、优秀人才外流等重重考验。如果不能改变这一困局，传统媒体只能不断萎缩，甚至退出历史舞台。传统媒体智慧化探索，则为重塑传播影响力、发展增长极、人才凝聚力提供了方向。

推进国家治理能力现代化以及经济社会发展各领域对于决策的科学化、数据化、信息化的要求，蕴藏着对智库服务的巨大需求。近年来，越来越多的党媒探索智慧化转型，这是党媒围绕中心、服务大局的基因决定的，是党媒顶天立地、耳目喉舌、决策咨询的功能决定的，是党媒聚合党政、专家、社会等各方面资源的独特优势决定的，也是党媒面对当前媒体格局深刻变化的主动选择。

党中央鼓励新闻媒体探索高端智库建设。习近平总书记在党的十九大报告中提出，要加强中国特色新型智库建设。早在2015年，中共中央办公厅、国务院办公厅发布《关于加强中国特色新型智库建设的意见》，支持中央重点新闻媒体先行开展高端智库建设试点。2018年，原国家新闻出版广电总局印发《关于加快新闻出版行业智库建设的指导意见》，鼓励主流新闻出版单位建设媒体型智库。

媒体智库在国内属于新生事物，目前仍在探索中前行。对党媒在智慧化转型中扮演的角色进行研究可以发现：中央媒体中，新华社侧重调查研究，《人民日报》侧重理论研究，《光明日报》侧重发布。地方媒体中，南方报业传媒集团在全国率先探索组建媒体智库矩阵，推出了系列重量级智库产品和服务，为当前媒体转型提供可借鉴的路径；广西日报传媒集团通过跨界融合，形成智慧政务等产业集群，并联手共建“广西智库发布平台”，强化在引导舆情等领域的合作，等等。

三、党刊担当：坚持政治家办刊，在围绕中心、服务大局中找准坐标定位

坚持党的领导，坚持政治家办刊，是百年来广东党刊发展积累的宝贵历史经验。“高举旗帜、引领导向，围绕中心、服务大局”，始终是党的新闻舆论工作的重要职责使命。

习近平总书记表示：“新闻舆论工作者要增强政治家办报意识，在围绕中心、服务大局中找准坐标定位。”作为省委机关刊，《南方》杂志既要有“站在天安门上看问题”的全局视野，又要有“站在田埂上找感觉”的人民情怀，始终

坚持胸怀大局、把握大势、着眼大事，发挥党刊在理论阐释、舆论宣传、联系群众等方面的优势，在重大主题报道中体现出思想高度、报道深度、民生温度。

（一）有思想：深度凝聚力量，有力唱响主流舆论的南方声音

有思想，意味着以党刊的思想高度和报道深度书写改革发展，这是《南方》杂志秉承“深度凝聚力量”的办刊理念的生动折射，也是在媒体差异化竞争中获得比较优势的必然选择。近年来，《南方》杂志以思想打造特色、用高度确立权威、凭深度扩大影响，围绕习近平总书记视察广东、中国共产党成立100周年、学习宣传贯彻党的二十大精神、改革开放45周年、粤港澳大湾区建设、决战决胜脱贫攻坚、全面推进乡村振兴等重大主题进行深度策划，推出系列重磅报道，引起社会反响和广泛好评。

1.注重行思兼备，以思想高度打造南方思想理论高地

党刊的高度，体现为思想高度、视野宽度、理论深度。党刊是党的理论宣传的重要阵地。《南方》杂志高度重视理论评论建设，着力打造行思兼备的南方思想理论高地，以思想含量赢得传播流量，凸显引领导向的党刊担当。

高举理论大旗打造“思想高地”。《南方》杂志强化党刊的思想引领作用，全方位宣传、解读、阐释习近平新时代中国特色社会主义思想以及党的重大方针政策、决策部署，为广东在新征程中走在全国前列提供思想舆论和智慧支持。2015年6月，《南方》杂志重磅改版推出理论季刊，推出《理论粤军榜》《南粤行思榜》等品牌栏目，组建核心理论专家队伍，这是《南方》杂志历史上的一次重要创新。截至2023年10月，共出版34期，刊载文章上千篇，成为南方思想理论高地的重要支撑和招牌之作。党的二十大召开前，《南方》杂志率先推出《求索与超越——以中国式现代化推进中华民族伟大复兴》理论读本，阐释中国式现代化鲜明的理论品格、重大时代价值与世界意义，体现了党刊的思想维度和引领力度。深入学习贯彻习近平总书记视察广东重要讲话、

重要指示精神，省委宣传部、南方日报社、南方杂志社联合出版《牢记习近平总书记嘱托　新起点上再创新局》理论口袋书，赠送给全省十余万党政机关干部，成为“一册在手，方便阅读”的重要参考读物。

行思兼备发出“南方声量”。时代是思想之母，实践是理论之源。把习近平新时代中国特色社会主义思想的真理伟力转化为广东改革开放和创新发展大局中的实践伟力，这是《南方》杂志始终倡导的行思兼备的理论品格。从《治国理政新理念新思想新战略的广东实践》《“十四五”规划告诉我们——中国蓝图与广东机遇》，到《读懂粤港澳大湾区——中央要求、湾区所向、三地所长》《走在全国前列大问计》，《南方》杂志始终立足广东实践，在理论阐释、政策解读、建言献策等方面发挥影响力，为理论创新和实践创新的精彩互动发出“南方声量”。比如，改革开放45周年到来之际，习近平总书记视察广东为改革发展锚定航向。《南方》杂志推出封面观点《激活“三大动力”，再造一个新广东》大型报道，回望广东在改革开放中崛起的经验，阐释激活改革、开放、创新“三大动力”，再造新征程广东关键新优势的时代使命、探索实践，在领导干部中引发强烈共鸣和讨论。

创新理论表达“破壁圈粉”。南方杂志社高度重视“思想产品”研发，培养社内评论铁军，不断提升“即时”评论力，持续推出揭示规律、指引方向、凝聚力量的系列特色原创评论，创建“南方原创评论”品牌。围绕“战疫”舆论引导等重大主题，持续推出多组系列原创评论，其中《复工的从容脚步写着中国的韧性和坚强》等6篇评论员文章获得《求是》杂志全文转载。同时，《南方》杂志稳步推进符合新媒体时代传播规律的理论阵地建设，于2016年5月承建南方+客户端观点频道，创建掌上“思想罗盘”。其突出传播思想观点的高、深、广、新、全，成为主流党端的思想理论“压舱石”。此外，新时代的理论传播必须面向青年等群体。《南方》杂志创新理论表达方式，以视频评论、漫评等形式，把“有意义”的理论表达得更“有意思”，最大程度提高理论传播的覆盖面与到达率。比如，时政短视频《杨阿洋快评》，围绕各类重大主题、热点问题推出快评专题共计90多期，以轻松的视频化表达方式深入浅出地讲述理论，全网流量达到1000多万。

2.找准坐标定位，以报道深度诠释改革发展实践探索

党刊的深度，体现为深度研究、前瞻思考、全球视野。党刊是主流舆论的有力引领者。《南方》杂志围绕党委政府中心工作，就党委政府重大决策、重大事件、发展热点等进行全方位、多角度、立体式的深度报道，对于宣传党的声音、推动改革发展、引导社会舆论发挥着重要作用。

研究有深度，做强主流舆论阵地。党刊要始终做好党的政策主张研究者，时刻关注研究党和政府关心什么、强调什么，才能让重大主题报道在坚持正确的舆论导向中始终饱含强大的思想伟力。学深悟透习近平新时代中国特色社会主义思想，是当前做好重大主题报道的“指南针”“定盘星”。《南方》杂志坚持不懈加强理论学习，研读发展政策，观察趋势走向，把握发展大势，提高在重大主题报道中的政治判断力、政治领悟力、政治执行力，在重大主题报道中凸显方向性、前瞻性、战略性、系统性。聚焦党的二十大宣传报道，《南方》杂志重磅推出200页的专题策划《跨越历史向复兴》，生动展现“非凡十年”广东牢记嘱托、感恩奋进的精彩故事和跨越发展，为读者打造具有极强的思想、理论和史料收藏价值的杂志。《湾区大未来》系列报道的诞生，便是在对党的政策主张的长期研究中找准坐标定位的经典案例。作为粤港澳大湾区重大合作平台，横琴、前海是习近平总书记一手缔造的改革开放典范。2021年4月，习近平总书记亲自主持研究审议横琴、前海两个合作区方案。《南方》杂志敏锐地捕捉到这个重要信号，《湾区大未来》策划从此开始谋篇布局。正因为前期的精准研判，当年9月中央发布两个合作区重磅方案三天后，《南方》

杂志及时推出《横琴写初心》《世界级湾区的“发展密码”》等多篇深度报道，展现支持和推动香港、澳门更好融入国家发展大局的美好前景，成为一组同时荣获中国新闻奖和中宣部“期刊主题宣传好文章”的优秀作品。

报道有作为，当好“两个重要窗口”的传播者。有为、有用、有品，是重大主题报道追求的目标。广东是中国改革开放的精彩舞台，创造了举世瞩目的发展奇迹。习近平总书记指出，广东既是向世界展示我国改革开放成就的重要窗口，也是国际社会观察我国改革开放的重要窗口。“两个重要窗口”的重要地位，决定了向外界展示全面真实的中国发展、湾区发展、广东发展，是《南方》杂志做好报道的职责使命。一方面，做好对外传播，讲好湾区故事，起到凝聚人心、引领导向的重要作用。《南方》杂志关于港澳青年奋斗在湾区的报道，被中央政府驻香港联络办、中央政府驻澳门联络办等官网转载，并被香港商会、香港青年创新创业协会、在粤港澳青年等转发。讲好湾区故事，对港澳青年而言“湾区不再只是地图上的地理概念”，有利于吸引他们融入湾区。另一方面，做好对内传播，讲好广东故事，为广东改革发展鼓与呼。《南方》杂志高举改革开放的旗帜，推出《深圳，为什么行——深读中国改革开放的精彩样本》《广东的世界500强朋友圈》《城市基层党建的“粤式”创新》《海上新广东》等系列重大主题报道，落点精准，从实践和理论梳理出可复制、可推广的广东探索，为全国提供“广东经验”“广东智慧”。

胸中有大局，才写得了大文章。作为省委机关刊，《南方》杂志要思考省委书记、省长在想什么，甚至要思考省委书记、省长尚未想到的，才能在报道中“看得准”“看得远”“看得深”。比如，以世界眼光思考广东发展，策划《南方》杂志历史上第一次跨国取经报道，便是在这样的背景下诞生的。时任中共中央政治局委员、广东省委书记汪洋履新不久，提出解放思想要有世界眼光，敢于向新加坡等世界一流城市叫板。《南方》杂志就此策划前往新加坡，推出《李显龙：得不到民心，就得不到选票》等6篇报道。《取经新加坡》系列报道对转型中的广东很有借鉴意义，并在国内外产生了很大影响。两个月后，汪洋出访东盟四国时，将当期杂志作为特别礼物赠送给新加坡总理李显龙。双方会谈时，李显龙多次提及《南方》杂志对他的独家专访，并称报道给他留下深刻印象。以世界眼光、中国视野思考广东发展，是《南方》杂志的价值主张。一方面，《南方》杂志始终坚持国际视野，在粤港澳大湾区、营商环境建设等报道中对标世界一流样本，注重借鉴全球先进经验；另一方面，《南方》杂志始终坚持国内视野，前往浙江、江苏、福建等地调研，聚焦乡村振兴、创新驱动、县域振兴、生态建设等话题推出多篇调研报道，为广东发展提供借鉴启示。

（二）有温度：坚持人民情怀，回应人民重大关切

有温度，意味着党刊在人民群众中的影响高低、受众多寡，取决于是否全心全意为人民服务，让报道契合时代要求、人民需求，以民生温度彰显党刊的人民情怀。一直以来，党刊是党密切联系群众的重要桥梁和纽带。“团结人民、鼓舞士气，成风化人、凝心聚力”，这是习近平总书记对党的新闻舆论工作提出的重要方向。

回应人民重大关切。党刊如何摆脱严肃刻板、工作味强的面孔，更好地宣传群众、引导群众、服务群众？作为党的媒体要抓住两头，一是党委政府这一头，即宣传、解释好重大方针政策、决策部署；二是人民群众这一头，即要抓住和回答其关切的问题。抓住这两头，就可以把权威性、指导性与群众性、可读性结合起来，让报道有声有色。《南方》杂志认真研究报道主题与人民根本利益之间的内在联系，将党委政府的中心工作与民生重大关切相结合，既有政策主张，也有人民视角，以民生见国计、以微观见宏观。比如，关于破解农民“增产不增收”难题，《南方》杂志持续多年跟踪调研。广东是经济大省，也

是农业大省。然而，前些年特色农产品滞销事件时有发生。2018年，“中国菠萝第一县”湛江市徐闻县遭遇10万亩菠萝滞销，最低跌到5分钱/斤也无人问津，影响数万农户。记者蹲点徐闻调研，发现天气灾害并非菠萝滞销的根本原因。记者挖掘出“同县菠萝价差60倍，农民却不愿转型升级”“‘中国菠萝第一县’为何发展大而不强”等问题背后的深刻原因。稿件被人民日报客户端等转载并引发诸多留言，读者表示该报道“对农村问题讲得很具体很透彻”。

挖掘人民好故事。党刊报道既要有大叙事，也要见小切口。善于从人民中挖掘好故事，才能让报道变得更有感染力和传播力，让报道的温度直抵人心。从麻风村到溪碧村，彰显着党刊的人民情怀。一方面，以人见情，以事说理，方能引发强烈共鸣，激发人民的共情点。《南方》杂志持续跟踪报道江门开平市“麻风村”——玲珑村，讲述麻风病医生董淑猛、徐娜夫妇大学毕业就扎根大山深处，十多年如一日照顾麻风病康复老人的感人事迹。《南方》杂志在弘扬“身边好人”精神的同时，还专门设立了“好人帮好人”平台，吸引社会各方力量参与。另一方面，文以载道，新闻也应载道，党刊报道要与时代共振、与党和人民同频。《南方》杂志敏锐地捕捉到一段发生在汕尾陆丰市溪碧村的红色故事：南昌起义部队南下广东后，周恩来同志曾在陆丰养病，为感谢当地赤卫队员的照料，送给其一支金笔。记者沿着线索一路深入采访，以“笔从溪碧来”为报道主题，引导各界关注活化红色资源、助推老区苏区的振兴发展，成为讲好“不忘初心、牢记使命”红色故事、坚守党刊职责使命的一次生动实践。

四、融媒转型：让正能量澎湃大流量，推动党的声音占领新的舆论场

习近平总书记强调要“扩大主流价值影响力版图，让党的声音传得更开、

传得更广、传得更深入”。要做到有综合传播力和可持续发展能力，意味着党刊要让正能量赢得大流量、好声音成为最强音，以传播效度为党刊融媒创新赋能。

这场互联网催发的前所未有的媒体融合变革，对党刊是危亦是机，克服了危即是机，错过了机就是危。一旦转型成功，党刊将突破原有纸质传播、单向传播、周期传播的局限，推动党的声音直接进入网站、微博、微信、客户端等各类用户终端，占领新的舆论场。

但媒体融合转型并非一蹴而就、一劳永逸：作为月发行量超过百万份的广东省委机关刊，《南方》杂志经历了前期的“跟随”策略，到“摸着石头过河”，再到“依托两个融合，实现借船出海”，逐步探索出一条正能量澎湃大流量的党刊融合发展之路。

（一）全媒体形成全矩阵，让党的声音传得更开

读者在哪里，受众在哪里，宣传报道的触角就要伸向哪里。探索构建新型传播平台，积极掌握互联网宣传的主动权，是党刊的自我革命。

坚持互联网思维，建设全媒体传播矩阵。一方面，从纸端到指端，形成裂变式的传播效应。南方杂志社坚持“两个融合”的方向：进一步融入南方报业传媒集团，进一步与新兴媒体融合，整合形成“刊、网、微、端”立体传播格局。目前，南方杂志社已经组建《南方》杂志微公号、南方+客户端观点频道、南方+客户端党建频道、外宣机构号In-Depth GD（深读广东）等全媒体核心传播矩阵，并持续拓展《南方》杂志人民号、《南方》杂志学习强国号等传播阵地。《南方》杂志的重磅报道发布后，迅速形成二次分发、多次传播，形成广泛而有力的传播效果。另一方面，加大党媒联动力度，壮大传播“朋友圈”。在重大主题报道中党媒可以建立“深度联动、协同发布、传播聚合”机制，扩大主流价值影响力版图。南方杂志社推出的《习近平总书记的广东足

迹》系列报道，追访总书记曾经走过的广东城市，记录地方牢记嘱托、砥砺奋进的发展道路。相关报道经《珠海特区报》《汕头日报》《潮州日报》等地方党报头版全文转载，同步在40多家党委政府微公网站转发，形成强大报道声势。

坚持用户思维，创新表达方式精准传播。全媒体时代，轻阅读、快时效、强互动、定制化成为受众获取新闻和资讯的重要选择。党刊在融合转型中必须紧跟时代，大胆创新表达方式精准传播。目前，南方杂志社已经形成视频、动漫、长图、音频等极具党味的全媒体产品体系。2017年，南方杂志社与广东省直机关工委联合策划"党的组织生活制度"动漫学堂，并在《南方日报》《南方都市报》重点版面刊发，在多个新媒体平台同步发布，并作为优秀作品被广东省委组织部报送中央组织部。"南方VR"打破传播时空限制。2021年起，南方杂志社推出35期"吾土吾乡·红色村VR巡礼"专题，全网点击量超过2000万，入选"中国报业媒体融合'用得好'案例库名录"。

（二）主流变身顶流，让党的声音传得更广

媒体融合发展必须坚持内容为王，以内容优势赢得发展优势。互联网时代催生的新闻报道"同质化"，难以有效吸引受众的眼球。《南方》杂志怎样寻找自身优势、做出党刊特色，实现传播效果最大化、发挥党刊宣传的正能量?

以党刊特色吸引受众流量。南方杂志社坚守党刊特色，找准了"专注政治、政坛、政策，分享思想、理论、观点，服务广大党政干部"的新媒体发展定位，在众多读者眼中的画像清晰可见。《人事》《政观广东》《区域观察》等品牌栏目的稿件一经上线，随即引起强大阅读流量。《政观广东》栏目紧跟省委主要领导调研步伐，一市一评，一城一品，采用深度观察、轻量解读的形式，创下流量新高。《区域观察》栏目用全国视野聚焦广东高质量发展，深度解读发展政策，剖析地方转型样本，推出《粤苏鲁浙发展启示录》《21地市竞

争力榜单出炉，哪些城市发展后劲领跑全省》系列报道，引起省厅领导、市委书记的关注互动，给广东发展带来思考。

以内容优势赢得传播优势。《南方》杂志在深度报道上形成的独特优势，成为打造网络传播爆款的尖刀连。2016年11月，《南方》杂志推出专题报道《奔跑吧！理工大》，聚焦广东创新转型中理工院校建设的探索，受到广大读者高度关注，成为《南方》杂志微公号阅读量首次突破10万的作品。自此10万+、100万+、1000万+流量的作品不断涌现。南方杂志社持续6年跟踪练江治污问题，陆续推出人文环保类系列纪录片《江望》第一季、第二季，真实记录广东练江从“污染典型”蝶变成“治污典范”的历程，累计观看量、影响人群数量突破百万。在《蹲点老区访初心》大型融合报道中，《南方》杂志走读梅州大埔、汕尾海丰等老区苏区，寻访到多位老红军、老革命的后代，听他们讲述当年热血沸腾的革命故事，从革命历史中读懂初心与使命，从老区苏区的现实发展探寻全面小康道路。这组报道入选中宣部“期刊主题宣传好文章”。

（三）主力军挺进主战场，让党的声音传得更深入

媒体竞争关键是人才竞争，媒体优势核心是人才优势。媒体融合，重在人的融合。

创新体制机制打造党刊转型“轻骑兵”。南方杂志社推动传统骨干采编人员向全媒体人才转型，持续推进“南方名记”“南方主笔”“融媒菁英”等培养工程。这些融媒“轻骑兵”在创新中脱颖而出，成为率先挺进主战场的主力军。同时，南方杂志社探索实施工作室制，造就一支具有专业精神、生产成果多、社会影响大的融合转型队伍。近年来一批全媒型、专家型的主流网红脱颖而出，创造了诸多高流量作品。在“网红效应”的辐射带动下，更多骨干采编人员成长为所在领域的领军人才，塑造了传统媒体融合转型实践中的核心优势。

现象级网红产品提升党刊舆论引导力。目前，南方杂志社原创视频节目越来越有影响力，并探索出现象级网红主播的发展路径。2021年，南方杂志社推出建党百年视频产品《一纸承诺鉴初心》系列纪录片，讲述军事家叶挺、爱国音乐家冼星海等用情至深的入党故事，得到社会高度肯定。2023年，南方杂志社独家推出“广东高质量发展”系列纪录片，其中第一部《开山凿江 百里输水——这项工程何以改变广东》获得高度评价，全网观看量超过千万。主流网红也进群入圈，《党知部》《小南说案》《杨阿洋快评》《梦享时分》《时节广东》《粤讲粤有李》等网红专栏相继诞生，成为深耕各自垂直领域的新媒体产品标兵。

五、智媒探索：影响有影响力的人，当好党委政府的思想库和智囊团

习近平总书记对新闻舆论工作者的角色有着深刻定位。新闻舆论工作者不仅要做党的政策主张的传播者、时代风云的记录者，还要做社会进步的推动者、公平正义的守望者。有功用，意味着党刊不仅是信息的供应商，也是思想的供应商，要以服务力度拓展党刊智慧转型新空间。

对党刊读者进行精准画像，可以发现其主要为党政领导、各级公务员、基层党员干部群众等。怎样影响有影响力的人？从传统媒体走向智慧媒体，党刊的角色被赋予了更多的时代色彩，既是党的政策主张传播者，也是党的建设的思想库、改革发展的瞭望者、党委政府决策的智囊团。

深度凝聚力量，为南方杂志社智慧转型提供了发展基础。《南方》杂志特有的权威性、专业性、指导性，为培育专家型记者编辑提供了优质土壤，在媒体智慧化转型中扮演着关键角色。《南方》杂志凭借强大的高端影响力、专业

研究力、大众传播力、舆论引导力等优势，在全国党刊中率先探索从“传统媒体”向“智慧媒体”的战略转型，走出一条“中国特色，南方气质”的党刊智慧转型道路，成为党委政府的有力助手和参谋。

（一）坚持党刊特色，当好党的建设的思想库

在全面从严治党的背景下，党建智库应运而生。2017年11月，南方杂志社在全国党刊中率先组建南方党建智库，确定了“做党建垂直领域的思想运营者”的定位，构建党建传播、党建研究、党建服务三大核心平台。目前，“南方党建智库”品牌蔚然成型，诸多探索得到广东省委组织部、省党建研究会等部门的关注和肯定。

打造党建传播力。党刊在党建传播领域的独特优势，是南方党建智库的核心竞争优势。南方杂志社全力打造广东最专业的党建全媒体传播平台，党建新媒体项目入选“全国报刊媒体融合创新100佳优秀案例”。同时，努力拓展党建传播渠道，为基层党建创新传递更多正能量。南方杂志社在全国率先组织召开“全国党刊基层党建创新案例暨首届广东基层党建创新案例交流会”，发起成立“全国党刊红色教育联盟”，发布《强自基层——广东基层党建创新力报告》，这也是省内党建智库在该领域推出的首份研究报告。活动征集到诸多广东乃至全国优秀案例，体现了各地基层党组织的最新成果。

深耕党建研究力。研究能力，是南方党建智库的核心资源优势。南方党建智库汇聚了广东乃至国内一流党建学者，并依靠高水平的研究队伍推出高质量的智库研究成果。同时，南方党建智库自建研究员队伍，密切研究关注全省乃至全国党建领域的实践与创新。2022年，南方党建智库被广东省委组织部推荐为省党建研究会理事单位。南方党建智库聚焦党建垂直领域的关键环节展开深入研究，着力当好广东全面加强党的领导和建设的参谋和助手。目前，南方党建智库已邀请省内外200多位理论专家学者，为150多个国家级、省市

各级党建研究课题提供智力支撑。南方党建智库与原省扶贫办联合调研撰写的《“广东扶贫济困日”活动10周年专题调研报告》，获得省委书记、省长批示肯定。

创新党建服务力。为党的建设新的伟大工程服务，为各级党委决策服务，为基层党组织解决党建难题服务，是党建智库的鲜明特色。南方党建智库结合自身资源和优势，精准制定智库服务发展策略，在党建领域突出“参谋、助手、平台”等角色：一是做上级党委部门决策党建工作的参谋。南方党建智库受广东省委组织部委托承担领导班子政治建设、物业管理党建、镇街党校建设等多项调研课题，并撰写研究报告、制定指导意见。二是做机关企事业单位研究党建工作的助手。南方党建智库与江门等地合作共建18个基层党建研究基地，组织“党建专家观察团”下沉一线，研究基层党建经验和问题，为各级党组织提供决策参考。三是做党员群众参与党建工作的平台。南方党建智库推出了一批红色出版物、红色视频、红色空间等个性化、定制化的党建服务和产品。

（二）大兴调查研究，当好改革发展的瞭望者

调查研究是我们党的传家宝。当好改革发展的瞭望者，是党刊的使命所在，也是党刊调研报道的独特优势。《南方》杂志始终坚持调查研究，聚焦党委政府中心工作、改革发展新情况新问题新经验、民生诉求关切等问题深入报道，反映基层一线的呼声，引起党委政府的关注，成为推动社会前行的力量。

坚持到一线去。到群众中去，到实践中去，这是党刊始终坚持的报道立场和工作方法。调研越深入，思想也就越深刻，抓问题也就越精准。徐闻菠萝滞销事件发生后，广东依托农产品“12221”市场体系改革创新，诸多特色农产品走向全球。2021年，《南方》杂志再次蹲点徐闻，调研走访“12221”市场体系全链条，破解菠萝“屡生产屡滞销、增产不增收”的丰收悖论。

《“12221”——“粤字号”农产品成功出圈密码》系列报道为全国乡村振兴提供“广东方案”，获得国家乡村振兴局“乡村振兴好新闻”奖。

坚持问题导向。直面改革发展的焦点、难点、痛点，在持续跟踪调研中抓住“真问题”、得出“深思考”、探索“好对策”，真正推动解决发展难题，这是党刊调研报道的价值所在。南方杂志社在调研报道中形成有价值的建议思考、为党委政府提供决策参考，已经有着许多成功的范例。《南方杂志·领导参阅》自2010年创办以来，聚焦改革发展、转型升级、自主创新、区域协调发展等重大主题，推出多篇领导参阅稿件，获得省委书记、省长等省领导多次批示。其中相关经济改革报道被报送中央，把基层声音送到了中南海。比如，《取经新加坡》跨国报道结束后，思考仍在继续。记者将广东的转型升级和新加坡发展经验联系起来，撰写了《政府可以引进世界一流的科研团队，却引进不了数以千万计的产业工人》等稿件。相关稿件获得省委书记批示，推动省里组织研究有关政策性意见。

（三）坚持率先探索，当好党委政府决策的智囊团

作为党的重要舆论阵地，党刊要坚持用户思维，以受众需求牵引媒体供给。党刊可以对受众进行精准服务，将重大主题报道进一步延伸至课题研究、榜单评选、会议论坛等智库产品，担当党委政府的参谋和助手，以智慧转型的影响力提升媒体的党政传播力、高端影响力。

生产有影响力的智库新闻。互联网时代新闻报道“同质化”现象愈演愈烈，倒逼党刊探索供给侧结构性改革，增加有独特价值的智慧化内容供给，实现思想创新力与舆论传播力的有力结合，以智库传播重塑主流媒体舆论引导力。《广东竞争力报告》是对经济发展问题的深度研究报告，曾获省委书记多次批示。南方杂志社与广东省社科院组建研究团队，连续多年推出《赢在后劲——独家发布广东竞争力报告》特刊，为广东继续领跑全国提供决策参考。

特刊在省委全会、广东两会、全国两会引起参会人员的讨论，受到省厅领导、市委书记等关注，相关内容被写入地方党代会报告。报告还引起山东、江苏等地关注，山东省委机关报微公号跟进转载相关内容，引起数万点击量和大量讨论。

为党委政府决策提供智库服务。党刊的智库研究成果在经济发展、社会治理等领域建言献策，为党委政府和社会公众提供新维度、新思路，有效服务党委政府中心工作，有效提升了新型主流媒体的影响力。广东省委、省政府在全国率先开启乡村振兴驻镇帮镇扶村工作。《南方》杂志推出《蹲点乡村问振兴——广东驻镇帮镇扶村周年调查》大型报道的同时，省委农办、省农业农村厅、省乡村振兴局联合南方杂志社组建评选委员会，面向全省组织开展“百份优秀乡村振兴调研报告”等评选活动，推进乡村振兴工作走深走实，引起社会强烈反响。省委农办点赞“这是很有意义的活动”。同时，南方杂志社承担驻镇帮镇扶村研究课题，为乡村振兴建言献策。近年来，南方杂志社承担广东省委组织部、省委宣传部、省委统战部等诸多部门的课题调研或智库服务，得到省领导多次肯定和批示。

（郭芳系南方杂志社财经部主任）

百年广东党刊的发展历程及历史意义

执笔：林绪武
课题组成员：陈广腾　汪蓉　林绪武　母发荣　郭芳　殷立飞

中共党刊是中国共产党百年历程的忠实书写者。中国共产党之所以能够顺利完成不同历史阶段的中心任务和伟大使命，党刊发挥了独特而重要的作用。

从《广东群报》《人民周刊》《新华南》到《共产党员》《广东支部生活》《南方》，在革命、建设、改革的不同历史时期和发展阶段，中国共产党广东区委、省委创办了多种地方党报党刊，成为党的宣传工作和新闻舆论工作不可或缺的组成部分，从而为顺利完成不同历史时期党的中心任务和伟大使命发挥了百年广东党刊的重要作用，具有重要的历史价值。

一、百年广东党刊的发展历程

（一）党成立前后至土地革命战争时期的孕育探索

1915年9月，陈独秀创办《青年杂志》，宣扬资产阶级新文化，批判封建旧文化，掀起新文化运动，一年后该刊更名为《新青年》。1918年11月，该刊第5卷第5号登载李大钊的《Bolshevism的胜利》《庶民的胜利》，传播十月革命的消息。第6卷第5号为“马克思主义研究”专号，发表李大钊的《我的马克思主义观》，体现该刊逐渐由宣扬资产阶级文化转变为传播马克思主义。自1920年第8卷开始，该刊设“俄罗斯研究”专栏。因而，《新青年》是具有党刊属性的进步报刊，为马克思主义传播和中国共产党创建作出重要贡献。

1920年11月7日，李达等在上海创办《共产党》月刊，为中国共产党的创建提供了舆论宣传、思想准备。党成立后不久，达成使命的《共产党》即停刊。

国民革命时期，中共中央党刊得到初步发展。1923年，创办中共中央机关刊《前锋》，出版3期即停刊。1926年，中共中央主办党内机密刊物《中央政治通讯》，八七会议后转为党内公开刊物，1928年底，不定期刊发中央文件汇编，1930年停刊[1]。

国民革命失败和第一次国共合作破裂后，中国共产党遭遇重大挫折，党组织被迫转入地下或秘密状态。与此同时，中央党刊发展遭遇困境。1927年10月，创办《布尔塞维克》作为中央机关秘密刊物，先为周刊，后转为半月刊、月刊，1932年7月被迫停刊，出版近5年共52期。该刊是中国共产党发展困境的一个缩影，但也是“中国革命新道路的指针”。

因此，从党成立前后至土地革命战争时期，中央党刊的数量较多，但受到国内政治局势影响，多数党刊存续时间较短，是党刊发展的孕育探索阶段。这一时期广东党刊的发展，既是中央党刊发展的缩影，又具有自身的亮点和特色。

1920年6月，陈公博、谭平山、谭植棠等从北京大学毕业后回到广州。10月19日，他们在广州正式创办《广东群报》，尚不能说其是某种组织，而

“是一个宣传机构”[2]，每期印行1000份左右[3]。总编辑由陈公博担任，新闻编辑由谭平山负责，副刊编辑由谭植棠负责。该报创办得到了陈独秀的大力支持，创刊号发表了陈独秀的《敬告广州青年》一文，他希望广州的青年“诸君讲求社会需要的科学”，“切切实实研究社会实际问题底解决方法”，“做贫苦劳动者底朋友”[4]。1921年1月，陈独秀到达广州，正是在他的支持下，广州成立了真正的共产党组织，其后，《广东群报》成为“从事党的宣传工作的正式机关报”[5]。因而，该报是广州乃至广东共产党最早创办的党报，在广东党报党刊史上具有重要的奠基作用和价值。1921年6月，《新青年》登载《广东群报》的广告称，该报是“中国南部文化运动的总枢纽，是介绍世界劳动消息的总机关，是在广州资本制度底下奋斗的一个孤独子，是广东十年来恶浊沉霾空气里面的一线曙光”，是“文化运动的中心、世界消息的总汇、改造社会的前驱”[6]。这实际上体现了该报的角色定位和立场使命。

尽管“粤政府批准将每月津贴广东群报三百元”[7]，然而，事实上“该报每月需要七百元”[8]，报社当时很难维持下去，1922年六七月，《广东群报》停刊，经费紧张是重要原因之一。

1923年6月，《新青年》在广州复刊，由原来的月刊改为季刊，并正式成为党中央的机关刊，对广东党刊的发展产生积极的影响。《〈新青年〉之新宣言》提出：“《新青年》的职志，要予社会以正确的指导，要予中国平民以知识的武器。《新青年》乃不得不成为无产阶级革命的罗针。”[9]这是中国共产党成立后《新青年》。

1925年5月31日，中华全国总工会在广州创办《工人之路》周刊。6月24日，该刊改由中华全国总工会省港罢工委员会主办，并改为四开四版日报，邓中夏担任主编。先后辟有短评、论文、特载、省港罢工消息、省港新闻、国内新闻、世界新闻、工人常识等栏目。1927年，广州“四一五”政变前被迫停刊。

国民革命时期，地方党刊亦得到初步发展。1926年2月7日，《人民周刊》创刊于广州，是中共广东区委的政治机关刊物，1927年4月10日停刊，共出版50期。共产党人张太雷、陈延年、陈独秀、周恩来、邓中夏、罗绮园、彭湃、恽代英等，均为该刊重要撰稿人。

《人民周刊》的《本刊宣言》阐述了刊物的使命：第一，"是要给反帝国主义运动——民族运动——以理论上与策略上的指导"。第二，"是要唤起民众——特别是工农群众参加民族运动；并指导革命民众——特别是工农自己阶级的组织之发展"。第三，"是要对于巩固革命基础的广东，以及扩大革命基础之意见，诚意的贡献于民众与国民政府之前"[10]。因此，该刊充分发挥其作为广东区委机关刊的"喉舌"作用，积极宣传反帝反封建的国民革命思想，驳斥各种反动宣传，为巩固和扩大革命统一战线、指导广东的工农革命运动、推动北伐战争而广泛宣传和动员，成为广东宣传国民革命的一面旗帜。

1927年10月，中共广东省委在张太雷领导下创办秘密机关刊《红旗》，后来成为广州苏维埃工农民主政府的机关报，由半周刊改为日报。该刊为宣传和动员广大工农群众参加起义斗争、鼓舞革命斗志发挥了积极作用。

大革命失败后，广东区委陆续创办《红旗》半周刊和《党的生活》《南方红旗》《正义周刊》《支部生活》《新生活半月刊》《省委通讯》等刊物，宣传对象有的是广大群众，有的是青年或工人群体，为广东党组织领导基层斗争发挥了作用。

总体来看，《人民周刊》《红旗》作为最早的广东区委机关刊，是百年广东党刊发展的历史起点，奠定了百年广东党刊发展的重要基础。

（二）全面抗战至解放战争时期的逐步发展

1937年4月，中共中央机关刊物《解放》周刊在延安创办发行，后改为半月刊，至1941年8月停刊，共出版134期。该刊自第17期开始，一直沿用毛泽东同志所题写的刊名。全面抗战一周年之际，他又为《解放》封面题词：“坚持抗战，坚持统一战线，坚持持久战，最后胜利必然是中国的。”据统计，该刊发表了著名的《抗日游击战争的战略问题》《论持久战》《论新阶段》《新民主主义论》等毛泽东署名文章29篇。

1937年12月，《群众》周刊在武汉创刊，是国统区公开出版发行的中共中央机关刊物，成为国统区民众理解马克思主义的重要平台，扩大了中国共产党的影响，推动和巩固了抗日民族统一战线的发展。1946年6月该刊迁至上海，1947年3月遭国民党查封停刊。1947年1月，中共在香港创办《群众》周刊并发行至海外，成为争取广大中间势力、维护海外中共形象的重要渠道。新中国成立后，《群众》周刊香港版宣告终刊。

1939年10月，中共中央在延安创办内部理论刊物《共产党人》，1941年8月终刊，共出刊19期。毛泽东同志曾在《〈共产党人〉发刊词》中提出“专门的党报”“党的建设伟大工程”等重要命题，提出武装斗争、统一战线、党的建设是中国革命三个主要法宝的重大论断[11]。

全面抗战至解放战争时期，中国共产党逐渐走向成熟，中共办刊经验日趋丰富，中央党刊的存续时间相对较长，是中共党刊逐步发展的阶段。

同样，全面抗战时期，华南作为敌后主要战场之一，各地各级党组织创办的报纸数量很多，党刊相对较少。

1937年8月，中共广东省委与国民党广东省党部合作建立了第一个统战性群众抗日组织——抗日救亡呼声社，并创办社刊《救亡呼声》旬刊，1938年10月，广州沦陷后该刊停办，共发行20余期。《救亡呼声》刊登大量政论文章，高举抗日民族统一战线的旗帜，为推动广东地区的抗日救亡运动发挥了重要的舆论引导作用。1937年11月，广东省委还在广州创办《抗战大学》半月刊，后改为不定期刊。该刊以宣传团结抗日为主题，除介绍抗战相关的政治、军事、统战、群众运动等知识，宣传中共政策主张外，还汇集刊发一系列重要抗日文章，如周恩来的《争取更多更大的胜利》、张闻天的《我们对于民族统一纲领的意见》、郭沫若的《持久战的必要条件》、叶剑英的《目前抗战中的几个主要问题》等。广州沦陷后，该刊转移到香港继续出版两期后停刊，累计出版15期。《抗战大学》关注青年力量，为抗战时期青年的工作和学习答疑解惑，呼吁青年学生参与到抗战相关岗位，并指导青年学生参加抗战工作，提出青年要有“坚定的信仰”“确定的立场”，逐渐成为抗日先锋阵地，坚定了民众尤其是青年群体的抗战胜利信心，在抗战初期为巩固抗日民族统一战线作出了努力。

广州沦陷后，中共广东省委迁至韶关。为了继续深入宣传抗战主张和贯彻抗日民族统一战线方针政策，1939年4月，广东省委以抗日统一战线的名义，在韶关以“团结抗战，打败日寇，肃清汉奸，建设新中国新华南”[12]为办刊宗旨，创办《新华南》半月刊，以扩大政治影响。《新华南》的创刊号提出，该刊的任务在于反映一般政治工作和民众动员经验；研究当前，尤其是华南的政治、经济、文化等抗战工作问题等。中共广东省委对《新华南》提出具体办刊要求，“刊物形式是统一战线的，但是不能失去我们自己的立场”“内容是政治化的，同时又是研究与批评性质的”[13]。因此，《新华南》从第4期开始，期期有明确的中心内容，中心“都经过宣委讨论，主要论文都是经过组织的决定，反映组织上的意见”[14]，成为中共广东省委的重要舆论阵地。

《新华南》最突出的特点是团结抗战。《新华南》充分考虑了其身处国统区的客观现实，不仅邀请诸多进步民主人士如李章达、任毕明等担任编委，还得到国民党第四战区司令张发奎的支持，从而得以在国统区公开出版发行。其主要的撰稿人群体既有共产党人，也有国民党人，还有进步民主人士等。从内容来看，《新华南》设有社论、特辑、工作与通讯、抗战讲座、评介等专栏，围绕团结抗战这一主题，介绍抗战形势与任务、各地抗战经验、人物典型等，反映抗日战争实际情况，同投降、分裂思想行为作斗争，多种形式宣传中共抗日方针政策，宣传马克思主义。除了发挥舆论宣传作用外，《新华南》参与了许多政治活动，直接参与斡旋，成功营救博罗队成员，影响范围逐渐扩大至江西、湖南、广西等省区。可以说，《新华南》无论是形式还是内容都充满了抗日民族统一战线的色彩。

随着国民党转向消极抗战，并掀起两次反共高潮，抗日民族统一战线面临严峻挑战。在国民党严控新闻出版之际，《新华南》广泛宣传中共中央提出的“坚持抗战，反对投降；坚持团结，反对分裂；坚持进步，反对倒退”的口号，有力地维护了广东团结抗战大局，创造出“广东统一战线精诚团结的例子”[15]。

《新华南》的公开创办发行，得益于第二次国共合作的实现，但也受国民党“限共”政策影响，编辑出版工作的开展并不十分顺畅，因为国民党顽固派的新闻审查，《新华南》由半月刊改为月刊，1940年3月，被迫停刊，6月又复刊。此后，《新华南》更是担负起在广东宣传中共主张的重任，直至1941年春夏间再次被迫停刊。正如所言，《新华南》“开辟了一个与国民党顽固派进行合法斗争和‘非法’斗争相结合而以合法斗争为主的强大统一战线阵营”[16]，成为中国共产党在总结经验的基础上，因地制宜、因时制宜创办刊物的典型之一。

这一时期，广东省委还创办了综合性半月刊《新军》，刊发内容涉及政治、经济、社会、文化、国际消息等各方面，经常发表一些论及解放区、游击区的文章，对国民党政府的时政方针也时有批评。虽然发行时间不长，但影响较大。

此后，广东的进步报刊屡遭查封，发行时间较长的只有中共领导的几个游击区发行的报纸，其中东江纵队发行的《前进报》和中共潮汕地委主办的《团结报》影响较大[17]。《新华南》之后，再没有出现过影响较大的党刊。

（三）新中国成立至新时代的稳定兴盛

新中国成立后，在清理整顿旧报刊的同时，党领导的新报刊相继问世。1958年，中共中央机关刊《红旗》正式创办，初为半月刊，后改月刊，1980年又改半月刊。1987年底，中央政治局决定撤销红旗杂志社，由中央党校主办一个党内理论刊物，由中央书记处组织实施，之后又确定刊物的性质为：中共中央委托中央党校主办的全党公开发行的理论刊物。1988年4月21日，中央确定新刊名称为《求是》，邓小平题写刊名，并确定该刊的读者对象为县级以上领导干部和理论、宣传工作者。[18]1988年6月底，《红旗》停刊，7月1日，《求是》创刊，仍是半月刊。1989年7月，党的十三届四中全会召开一个月后，该刊改为中共中央主办，恢复党中央机关刊地位，一直出版至今。自2019年第1期开始，《求是》每期第一篇都刊发习近平总书记的重要文章，充分体现了中央党刊的定位和宗旨。

1959年，中共广东省委宣传部创办《共产党员》月刊，1960年，该刊因故停刊。粉碎“四人帮”后，广东的党刊发展步入稳定兴盛阶段。1976年，《文明导报》率先创刊。该刊由广东省委宣传部主办，重点内容是宣传党的方针政策、思想政治工作，后来又增加了社会主义精神文明建设的内容。1981年，《共产党员》月刊复刊，更名《广东支部生活》，并改由中共广东省委组织部主办。该刊以“宣传党的路线、方针、政策，传播党的基本知识，加强党的自身建设”为宗旨，成为广东省各级党组织的专业刊物，发行量多年超过百万份。1988年，广东省纪委创办《党风》，对全省党员进行党性、党风、党纪教育。1991年，广东省委统战部创办《粤海同心》月刊，从此，广东统战部门有了自己的宣传阵地。

2003年12月26日，《南方月刊》正式创刊，是由《广东支部生活》与《党风》《文明导报》《粤海同心》四刊汇流而成，由广东省委主管主办，作为广东省委机关刊。2006年，《南方月刊》成为全国地方党刊第一大刊。2007年，该刊调整为半月刊。2009年，《南方月刊》更名为《南方》杂志，提出新的办刊目标："突出时政风格、满足读者阅读习惯、形成南方特色。"并对《南方》杂志的封面和内文版式进行全新的设计。2010年1月，南方杂志社创办《南方杂志·领导参阅》，通过内部渠道，向各级党委、政府反映所掌握的全省各地和各条战线出现的新情况、新问题和新经验，积极发挥内参的作用。2016年，紧紧围绕"党刊姓党"的办刊思想，《南方》杂志提出打造"广东第一党建传播平台"的愿景，探索媒体融合之路。该刊提出融合转型发展，要以大党建传播理念统揽全局，全力打造"广东第一党建传播平台"，因而，该刊调整内容结构，扩充"大党建"内容。2017年，《南方》杂志提出建设"党建全媒体"的发展思路，新媒体产品更加突出党建特色，竭力打造广东最专业的党建传播平台。因此，该刊相继推出南方杂志微信公众号，南方先锋号微信公众号，南方+新闻客户端观点频道、党建频道，政坛网等新媒体平台，搭建起广东"党建全媒体"矩阵，为新时代推进全面从严治党和解决大党独有难题，发挥了广东党刊的重要作用，彰显了广东党刊积极作为的使命担当。

二、百年广东党刊的丰富内容

新民主主义革命时期，广东作为近代民主革命的策源地、北洋政府时期南方军政府所在地，国民党统治相对稳固，共产党开展各项工作难度较大。因此，这一时期的广东党刊是在恶劣的环境中求生，对党的各项方针政策的宣传比较迂回，相较于苏区、边区等地创办的党刊的宣传而言比较委婉含蓄。正因如此，这一时期广东党刊具备一些独有的特点。新中国成立后，广东的党刊同中央及其他地方党刊相配合，围绕党在不同时期的中心任务，积极发挥舆论宣传、思想引领、社会动员、媒体监督等作用，为建设社会主义和中国特色社会主义及党的自身发展和完善作出应有贡献。

新民主主义革命的“号角”。1926年5月，国共两党联合挥师北伐。稍早前创刊的《人民周刊》旗帜鲜明地提出刊物的宗旨：“是反对帝国主义及其一切依附帝国主义或帝国主义所赖以生存的军阀，官僚，买办阶级，地主。”[19]围绕这一宗旨，该刊通过揭露和批判帝国主义和军阀等的真实面目，帮助中国民众进一步认清敌人的反动面目，号召其积极参加到反抗帝国主义和军阀等反动势力的国民革命斗争之中。9月12日，中国共产党广东区委员会发表宣言呼吁：全国的革命势力团结起来，抵制英帝国主义，反对炮舰政策[20]。该刊阐明中国工人运动的新变化，认为五卅运动后中国职工运动取得惊人的进步，呈现几种新现象：一是“工人阶级事实上取得国民革命的领袖地位”，二是“各地工人群众需要一个地方的总组织”“集中势力，谋全国的大联合”，三是“资产阶级更深刻觉悟而向无产阶级进攻”[21]。并号召“全国的工农及其他革命阶级应组织起来或扩大他们的组织，以准备向帝国主义总攻击”。[22]1926年冬，随着北伐战争的胜利和工农群众运动的发展，国民党右派掀起一股反对国共合作和工农运动的逆流。周恩来在《人民周刊》撰文，一面指出：“我们承认革命的中国国民党是中国国民革命的领导者，中国共产分子必须加入国民党共同奋斗。”一面又强调共产党不能放弃对工农的领导权。[23]全面抗战开始后，《新华南》根据抗日形势的变化，揭露日寇在华南的罪行，分析日寇的阴谋，并时常对国际国内形势、华南战局进行分析，总结经验教训，让民众始终保持清醒认识，号召青年们不但要参加抗战，还要参加建国。即使是在逆境中，《新华南》也始终坚持高举抗日的旗帜，鼓舞群众，给华南人民以精神武装，吹响革命号角，坚定抗战信心，为抗日战争和中国革命的胜利作出了重要贡献。

广东工农运动的"指南"。新民主主义革命时期的广东党刊，对广东地区工农运动的指导具体且细致，有力地推动了当地工农运动的发展。这既有国统区工作开展难度大的因素，也体现这一时期党刊编撰群体的使命感和责任感，诚如《人民周刊》所言："本刊孤军奋斗了八个月，对于广东的运动，自信不无小补。"期盼有更多的革命刊物，"共同努力发表民众的要求与指导民众的运动"[24]。党刊对工农运动的指导，既有着眼于大局的总结，如提出通过加强国内团结、开展民众运动、开展抗日游击战争、建立新军、加强民主政治等，克服抗战时期政治、经济、民生等方面的困难和弱点，也有从细微处着眼的具体工作安排，如对1940年暑期工作内容与布置方法的介绍，对西江民众动员的经验教训和潮汕青年如何建立民众武装，肯定了青年们对全民团结工作方式的熟练运用，认为这"是抗战中最出色的最光荣的表现"[25]。此外，《新华南》还指导如何进行反对汪精卫运动，通过介绍经验教训引导妇女工作、乡村工作的开展等，为基层民众运动工作者更好地深入动员、组织、教育广大工农群众提供了工作指南。

统一战线的"桥梁"。早在第一次国共合作期间，中共广东区委就借助党刊提出，中国革命的形势需要联合战线，中国共产党亦认为联合战线是必需的，高呼要打破敌人的阴谋，革命群众要一致团结起来共同奋斗，"以达到我们共同的目的——打倒帝国主义与军阀，建立统一全国的国民政府"。[26]蒋介石提出整理党务案后，张太雷撰文指出："革命的结合是国民党势力之所在，失之则失其势力。所以我们可以说攻击共产分子不是共产分子的问题而是国民党生死的问题，是整个儿国民革命的问题。”[27]党刊通过正面肯定国民党的变化，“有几点惊人的进步”[28]，以维持和巩固国共合作，期望共同推动国民革命的胜利。因此，中国共产党广东区委员会向中国国民党第二次中央全体会议发表公开宣言，高呼“中国国民党与中国共产党的合作万岁！”[29]全面抗战开始后，《新华南》提出首要任务是“要坚持抗战团结，反对任何方式的投降分裂”，并“拥护国民政府抗战到底”[30]。1939年下半年，中共同各民主党派携手发起民主运动，《新华南》积极响应，连续刊登大量文章。后来担任该刊第一编委的李章达提出，“为了动员和集中全民族的一切有生力量参加抗战”，“为了要坚持抗战到底，巩固国内团结，力求全国进步”，“为了要彻底实现三民主义，驱逐日寇出境”，必须实行民主政治。编委石辟澜则指出，“采取民主的办法，使各种政治力量有机会共同担负起一部分责任，恰恰是巩固中国统一的重要条件”。《新华南》将抗战宣传工作与抗日民族统一战线工作密切结合，将各党派、各阶层爱国进步人士紧密团结在党的周围，为民族解放、国家独立事业作出贡献。《粤海同心》更是统一战线的刊物，为宣传改革开放新时期的爱国统一战线发挥了阵地作用。

传播马克思主义和中国化马克思主义的“利器”。首先，《广东群报》刊发、转载、翻译了马克思、恩格斯、列宁的文章，传播马克思列宁主义的基本原理、基本理论。同时，该报参加了反对无政府主义的论战，为马克思主义早期传播扫除一些错误的思想障碍，不仅认为马克思主义适用于中国，还唤醒一些先进知识分子逐步树立起共产主义信仰，为促进马克思主义在广东的早期传播作出了重要贡献，也为扩大广东党组织的组织基础发挥了积极作用。其次，《人民周刊》借助“五五”纪念马克思，发文高度评价马克思生平：“马克思非但是一个大经济学家大哲学家大社会学家，并且是一个谋无产阶级解放与人类解放的导师。他是科学社会主义的创造者。”强调纪念马克思对于中国民众而言具有特殊意义：第一，马克思指出世界资本主义—帝国主义必然崩溃，增加了中国民众反帝国主义运动的决心与勇气；第二，马克思认为社会是进化的，是谁都不能阻挡的，中国青年应当打破迷信的、封建的、宗教的、帝国主义的及一切反动的思想文化；第三，马克思主义提出判断某阶级是否革命与革命性的成分，一定先看其阶级的经济利益与革命的关系如何；第四，列宁更发展了马克思主义，为东方革命运动提供许多策略上的指导[31]。同时，《人民周刊》指出，马克思主义绝不是机械的宗教，也不是玄学，“马克思主义是一种解释宇宙的方法论，并且是改造宇宙的一种工具。马克思主义是全人类历史发展到最高阶段的一种结晶体”。因而，马克思主义是创造人类新社会的指南，“是一切革命的指南，是一切被压迫阶级反抗和脱离压迫和剥削阶级的武器”。马克思主义同样是中国革命唯一的指南，只有站在马克思主义的观点上，才能制定中国革命正确的策略。《人民周刊》登载的《共产主义原理》[32]《反对国家主义之倾向》[33]《社会主义史绪论》[34]等，宣传社会主义和共产主义有关知识和理论，扩大马克思主义传播。再次，《广东支部生活》借助纪念日策划报道，宣传马克思主义、毛泽东思想、邓小平理论。1998年是《共产党宣言》发表150周年、真理标准问题大讨论20周年、党的十一届三中全会召开20周年，在纪念这些具有伟大历史意义的重大事件之际，该刊特别推出系列专题策划，分为学习篇、解放思想篇、改革开放篇、精神文明篇、反腐倡廉篇、丰碑篇，连续6期刊登，约请了马克思主义研究领域的权威专家撰写文章，帮助党员加深对马克思主义、毛泽东思想、邓小平理论的认识和理解。最后，《南方》杂志成为学习和宣传习近平新时代中国特色社会主义思想的党刊重镇。该刊提出了“四个着力打造”的思路和建设“四有”新型党刊的目标，尤其提出着力打造行思兼备的南方思想理论高地，并为此采取了一系列举措，撰写了一系列要论，推出了一系列专栏，约写了一系列文章，不断把学习和宣传习近平新时代中国特色社会主义思想推向深入，彰显了“理论粤军”的功力和实力。

三、百年广东党刊的历史意义

通过回顾百年广东党刊的发展历程、梳理百年广东党刊的丰富内容，我们可以总结百年广东党刊的历史价值大致有这几点。

首先，百年广东党刊书写了中国共产党理论创新史的广东篇章。党刊是中国共产党领导创办和发展起来的，作为党的喉舌，党刊见证了中国共产党理论创新史的百年辉煌，积极传播和阐释毛泽东思想和中国特色社会主义理论体系，对其形成、发展、完善发挥了重要的作用。百年广东党刊是中国共产党领导中国人民进行革命、建设和改革实践而不断推进理论创新的书写者、见证者。20世纪80年代以来，广东始终处于改革开放最前沿，为中国特色社会主义道路的探索及其理论体系的形成、发展、完善提供了极为重要的实践土壤。新时代以来，《南方》杂志把迎接、宣传、贯彻党的十九大、二十大和新中国成立70周年、中国共产党成立100周年摆在最突出重要的位置，围绕主题和主线，牢牢守住重大时刻党刊的主阵地角色，充分发挥党刊的主力军作用，隆重推出《红色走读　初心逐梦》《革命到底，永葆初心》《跨越历史向复兴》等专题，建党百年百版特刊第一辑《百年奋斗恰风华》、第二辑《伟大复兴启新程》，开辟《新思想引领新时代》《传习录》《开卷》《悦理轩》等专栏，为党的理论创新史浓墨重彩地书写了广东学习、宣传、贯彻、落实习近平新时代中国特色社会主义思想的崭新篇章，生动诠释了“党刊姓党”的历史使命和价值。

其次，百年广东党刊是了解和学习中共党史、新中国史、改革开放史和社会主义发展史的生动素材。百年广东党刊的发展历程和丰富内容，有利于广大人民群众增进对中共党史、新中国史、改革开放史和社会主义发展史的认识，正确认识中国共产党在新民主主义革命、新中国成立、改革开放和中国特色社会主义建设中不可替代的领导地位和执政地位，今后仍然要牢牢坚持中国共产党的领导核心地位不动摇，加强党的全面领导；读懂中国共产党从弱小到强大、从幼稚到成熟的发展历程，新时代要深入推进全面从严治党和党的自我革命，深入回答“建设什么样的长期执政的马克思主义政党、怎样建设长期执政的马克思主义政党”的时代之问，确保党长期执政、永续执政；见证中华民族迎来了从站起来、富起来到强起来的伟大飞跃，要以中国式现代化全面推进中华民族伟大复兴；明晰中国从迈开历史性的脚步实行改革开放到进入全面深化改革的深刻变化，特别是新时代取得了许多历史性成就和历史性突破；凸显中国特色社会主义在社会主义发展史上的独特地位，更加坚定不移地走中国特色社会主义道路，从而为全面建设社会主义现代化国家和全面推进中华民族伟大复兴凝聚广泛共识，汇聚磅礴力量。

再次，百年广东党刊是开展爱国主义教育的鲜活文本。爱国主义教育是永恒的时代话题，在复杂的国内外环境下，百年广东党刊发展壮大的历史，蕴含着丰富的精神资源，这种精神力量鼓舞着中国人民不断开拓进取。新民主主义革命时期，《人民周刊》《新华南》等党刊所书写的许多可歌可泣的革命先烈、抗日英烈的感人故事和牺牲精神；改革开放和社会主义现代化建设新时期，《广东支部生活》《党风》《文明导报》《粤海同心》等报道的许多敢闯敢拼、奋发有为的动人情景和改革开放精神；新时代，《南方》杂志《先锋担当》《脱贫攻坚》《抗击疫情》等栏目介绍的许多催人奋进的事迹和“闯创干”精神等，都是新时代爱国主义教育的力量源泉。而且百年广东党刊是红色文化的重要组成部分，要把这些党刊的内容通过多种形式转化为普及读物和公众活动，从而推动和实现红色文化的创造性转换与创新性发展，直接服务于家庭教育、学校教育、社会教育，有利于引导青少年和社会各界正确认识百年广东党刊，进而关注和阅读新时代党刊、党媒，为全面推进中华民族的伟大复兴贡献广东社会各界人士的智慧和力量。

新民主主义革命时期，“中国共产党的责任是要集中与扩大无产阶级的力量以准备夺取政权，参加民族革命运动是集中与扩大无产阶级力量的最好方法[35]。”新中国成立以来，中国共产党的执政地位、执政能力不断巩固和提高，中华民族迎来了从站起来、富起来到强起来的伟大飞跃，中国人民逐渐过上了美好幸福的生活。新时代新征程，要继续加强党的全面领导，以中国式现代化全面推进中华民族伟大复兴。习近平总书记指出：“党的新闻舆论工作是党的一项重要工作，是治国理政、定国安邦的大事。”[36]党刊作为意识形态的重要阵地，长期以来为中国特色社会主义的建设和发展提供舆论支持和思想引领。无论时代如何变化，党刊的舆论引导作用、思想引领作用都不会改变。新时代党刊仍然是党的宣传思想文化传播的主要平台，仍然是凝聚人心全面建设社会主义现代化国家的重要武器，只要大胆作为，一定大有可为。

（作者系北京大学马克思主义学院教授、博士生导师，
北京大学中国特色社会主义理论体系中心研究员）

参考文献

[1] 邢永福,赵云云.《中央政治通讯》简介[J].党的文献,1989(6).

[2]广州共产党的报告[M]//中共中央文献研究室.建党以来重要文献选编(1921—1949):第1册.北京:中央文献出版社,2011:16.

[3]谭天度.回忆广东的“五四”运动与共产主义小组的建立[M]//广州青年运动史研究委员会.五四运动在广州资料选编,1984:61.

[4]陈独秀.敬告广州青年[M]//中共广东省党史研究委员会办公室选印.广东群报选辑,1964:2.

[5]广州共产党的报告[M]//中共中央文献研究室.建党以来重要文献选编(1921—1949):第1册.北京:中央文献出版社,2011:17.

[6]陈独秀.新青年[J].1921,9(2).广州:陈独秀,1921.

[7]佚名.新闻报[N].1922-1-4(2).

[8]广州共产党的报告[M]//中共中央文献研究室.建党以来重要文献选编(1921—1949):第1册.北京:中央文献出版社,2011:17.

[9]叶文益.广东革命报刊史1919—1949[M].北京:中共党史出版社，2001:382.

[10]佚名.本刊宣言[J].人民周刊,1926(1).

[11]毛泽东.发刊词[J].共产党人,1939(1).

[12]中共广东省委党史研究室.中国共产党广东历史第一卷(1921—1949)[M].北京:中共党史出版社，2021:391.

[13]中央档案馆,广东省档案馆.广东革命历史文件汇集(甲37册)[M].1982:57.广州:广东省档案馆,1982.

[14]中共广东省委党史研究室.华南抗战号角:《新华南》[M].广州:广州人民出版社,1999年:310.

[15]中共广东省委党史研究室.华南抗战号角:《新华南》[M],广州:广州人民出版社,1999年:286.

[16]左洪涛.一身正气两袖清风:忆张文先生[M]//中国人民政治协商会议广东省委员会文史资料研究委员会.广东文史资料:第66辑.广州:广东人民出版社，1991:2.

[17]宁树藩.中国地区比较新闻史(下)[M].上海:复旦大学出版社，2018:1009.

[18]苏星.《红旗》停刊与《求是》创刊[J].百年潮,2002(8).

[19]佚名.本刊宣言[J].人民周刊,1926(1).

[20]佚名.为反对英国炮舰政策宣言[J].人民周刊,1926(23).

[21]中夏.五卅后中国职工运动之新现象[J].人民周刊,1926(1).

[22]佚名.中国共产党广东区委员会为省港罢工自动的停止封锁宣言[J].人民周刊,1926(26).

[23]周恩来.现时政治斗争中之我们[J].人民周刊,1927(37).

[24]佚名.欢迎国民周刊出版[J].人民周刊,1926(27).

[25]李筱峰.潮汕青年是怎样建立民众武装的[J].新华南,1939,1(8).

[26]佚名.给国民党中央国民政府国民革命军及广东人民的一封公开的信[J].人民周刊,1926(7).

[27]太雷.到底要不要国民党[J].人民周刊,1926(14).

[28]中夏.中山先生逝世后之国民党[J].人民周刊,1926(5).

[29]佚名.共产党广东区委员会对于中国国民党第二次中央全体会议宣言[J].人民周刊,1926(12/13).

[30]梅生."七七"三周年与今后的任务和工作[J].新华南,1940,2(8).

[31]佚名.五月纪念周宣传大纲[J].人民周刊,1926(10).

[32]英格士.共产主义原理[J].人民周刊,1926年(29).

[33]知本.反对国家主义之倾向[J].人民周刊,1926年(29).

[34]尹常.社会主义史绪论[J].人民周刊,1926(32).

[35]西比.中国共产党为什么要干民族革命运动[J].人民周刊,1926(29).

[36]习近平.习近平谈治国理政第二卷[M].北京:外文出版社,2017:331.

深度凝聚力量——《南方》杂志创刊 20 周年行思录

瞬　间

四刊汇流

根据2003年中共中央办公厅、国务院办公厅《关于进一步治理党政部门报刊散滥和利用职权发行，减轻基层和农民负担的通知》精神，省委决定停办《党风》《广东支部生活》《文明导报》《粤海同心》四份杂志，创办由省委主管主办的机关刊物——《南方》杂志。

《党风》《广东支部生活》《文明导报》《粤海同心》

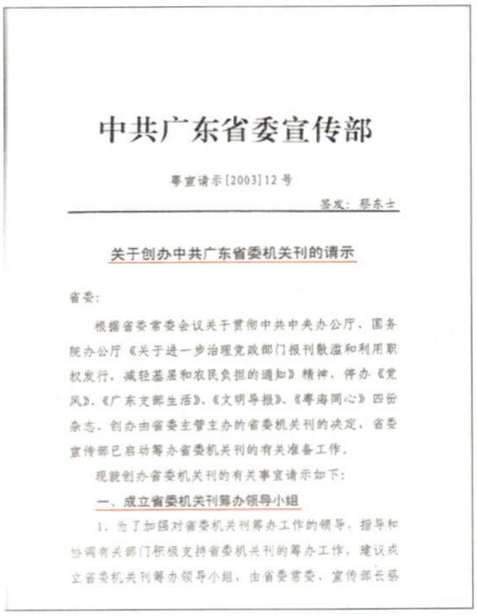

中共广东省委宣传部

粤宣请示[2003]12号

签发：蔡东士

关于创办中共广东省委机关刊的请示

省委：

根据省委常委会议关于贯彻中共中央办公厅、国务院办公厅《关于进一步治理党政部门报刊散滥和利用职权发行，减轻基层和农民负担的通知》精神，停办《党风》、《广东支部生活》、《文明导报》、《粤海同心》四份杂志，创办由省委主管主办的省委机关刊的决定，省委宣传部已启动筹办省委机关刊的有关准备工作。

现就创办省委机关刊的有关事宜请示如下：

一、成立省委机关刊筹办领导小组

1、为了加强对省委机关刊筹办工作的领导，指导和协调有关部门积极支持省委机关刊的筹办工作，建议成立省委机关刊筹办领导小组，由省委常委、宣传部长蔡

中共广东省委宣传部《关于创办中共广东省委机关刊的请示》

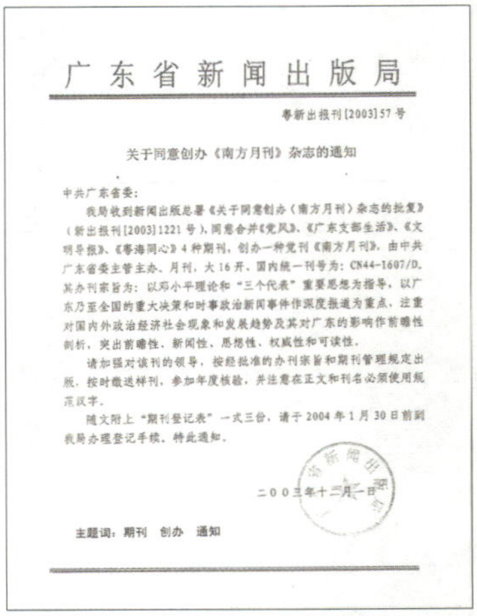

广东省新闻出版局

粤新出报刊[2003]57号

关于同意创办《南方月刊》杂志的通知

中共广东省委：

我局收到新闻出版总署《关于同意创办（南方月刊）杂志的批复》（新出报刊[2003]1221号），同意合并《党风》、《广东支部生活》、《文明导报》、《粤海同心》4种期刊，创办一种党刊《南方月刊》，由中共广东省委主管主办、月刊，大16开，国内统一刊号为：CN44-1607/D。其办刊宗旨为：以邓小平理论和"三个代表"重要思想为指导，以广东乃至全国的重大决策和时事政治新闻事件作深度报道为重点，注重对国内外政治经济社会现象和发展趋势及其对广东的影响作前瞻性剖析，突出前瞻性、新闻性、思想性、权威性和可读性。

请加强对该刊的领导，按经批准的办刊宗旨和期刊管理规定出版，按时缴送样刊，参加年度核验，并注意在正文和刊名必须使用规范汉字。

随文附上"期刊登记表"一式三份，请于2004年1月30日前到我局办理登记手续，特此通知。

二〇〇三年十二月一日

主题词：期刊　创办　通知

广东省新闻出版局《关于同意创办〈南方月刊〉杂志的通知》

筚路蓝缕

省委同意省委宣传部呈报的《关于创办中共广东省委机关刊的请示》，专门成立了省委机关刊筹办领导小组，启动筹办省委机关刊的有关准备工作。筹备办于2003年10月13日决定租用合群大厦二楼4间客房、借用省委宣传部《文明导报》杂志社50万元开始办公。

2003 年 12 月，省委领导与筹备办人员合影

喷薄而出

2003年12月26日，中共广东省委主管主办的大型综合刊物《南方》创刊号正式出版，沿用《广东支部生活》发行渠道发行，月发行量达76万份。时任中共中央政治局委员、省委书记张德江为《南方》撰写发刊词，题为《在创新中脱颖而出——祝贺〈南方〉杂志创刊》。

[发刊词]　SOUTH 南方

在创新中脱颖而出

——祝贺《南方》杂志创刊

■张德江

中共广东省委机关刊物《南方》杂志正式创刊了，我热烈祝贺这一新刊物的诞生!

广东是一块不断创造奇迹的神奇热土，中国近现代史上许多推动历史进程的重大事件都在这里发生。中国的改革开放令世界瞩目，广东一马当先，"杀出一条血路"，再次创造了奇迹，仅用了二十余年的时间，国内生产总值翻了四番多，居全国首位，人民生活得到很大改善。更重要的是，广东用生动而成功的实践回答了：什么是改革开放，怎样搞改革开放；什么是社会主义市场经济，怎样发展社会主义市场经济；什么是中国特色社会主义，怎样建设中国特色社会主义。广东的实践，充分证明了邓小平理论是正确的，充分证明了"三个代表"重要思想是正确的，充分证明了走中国特色社会主义道路是正确的。广东改革开放取得的辉煌成就，给全党全国人民以信心和力量，为建设中国特色社会主义作出了巨大贡献。

当今世界政治经济的巨大变化，为我们的发展带来了机遇也带来了挑战，但机遇大于挑战。我们要紧紧抓住本世纪头20年的战略机遇期，深化改革、扩大开放，加快发展，沿着中国特色社会主义道路继续奋勇前进。改革开放二十几年来，国内情况也发生了很大变化。原来广东在全国一马当先，现在全国万马奔腾。广东面临着在新形势下如何加快发展、率先发展、协调发展，更好地发挥排头兵作用的新考验。百舸争流，不进则退。我们既要认真总结经验，充分肯定成绩，鼓舞士气，增强信心，同时又要增强忧患意识，看到差距，树立"追兵就是标兵""对手就是老师"的意识，认真贯彻落实胡锦涛总书记视察广东的指示精神，坚持科学的发展观，全面建设小康社会，率先基本实现社会主义现代化。

广东改革开放所取得的辉煌成就，归根到底，是邓小平理论和"三个代表"重要思想正确指引的结果，是广东人民勇于实践、勇于开拓的结果。今后20年广东要"增创新优势，更上一层楼"，创造新的辉煌，……

第二，突出理论建设。一个不重视理论学习、理论建设的党是没有前途的党；没有正确理论指导的实践，是盲目并注定要失败的实践。从毛泽东思想到邓小平理论再到"三个代表"重要思想，我们党的理论与时俱进，是指导我们各项事业沿着正确方向改革创新、繁荣发展的科学理论。《南方》责无旁贷地要以科学的理论武装人，使之转化为指导干部群众建设中国特色社会主义伟大实践的强大思想武器和物质力量；要用科学的理论回答改革进入整体推进的攻坚阶段和发展……

……和方式上充分反映人民群众的愿望和要求，反映人民群众的智慧和创造。要最大限度地贴近实际、贴近生活、贴近群众，用群众喜闻的内容、乐见的形式，来增强刊物的权威性、指导性和可读性，成为干部群众的良师益友、精神宝库和理论学习的辅导教材。

第五，努力创新。党刊在人民群众中的信誉高低、受众多寡，很大程度上取决于它的宣传艺术，取决于人民群众爱看不爱看，喜欢不喜欢。党刊办得好不好，既取决于它的导向是否正确，也取决于它在……

《南方》杂志创刊号版面

《南方》杂志创刊号封面

融入南方

2006年3月6日，广东省机构编制委员会下发《南方杂志社机构编制方案》：南方杂志社为副厅级事业单位，实行党委领导下的社长负责制。由省委主管主办，委托省委宣传部代行主管、主办职能。同时，作为成员单位并入南方报业传媒集团。

2014年11月7日，蔡玉明社长与陈广腾社长顺利交接

2023年2月，南方杂志社员工大合照

砥砺前行

在省委的重视和关心下，《南方》杂志在创办新型党委机关刊的实践中迈出了坚实的步伐，形成了较好的发展势头，成为广东宣传舆论工作的一个重要阵地。与同期全国其他党刊相比，《南方》杂志以其“专业化”的时政报道、深度报道的特色，打破了党刊历来的传统面孔，令人耳目一新。

2007 年第 1 期《南方》杂志由月刊改为半月刊，月发行量达到 110 多万份

2012 年第 1 期《南方》杂志从半月刊改为双周刊，月发行量达到 114 万份

卷首 南方

让学习成为领导干部的工作和生活方式

■中共中央政治局委员、广东省委书记 汪洋

当世界发展步入21世纪第二个十年的时候，我省科学发展正处于由探索向全面深化的关键时期。我们面临前所未有的机遇和挑战，也面临前所未有的考验和检验。在新的形势下，一项带有长期性、根本性的任务更加突出地摆在我们每个党员特别是领导干部面前，这就是要积极投身学习型党组织建设，让学习成为每一位领导干部的工作和生活方式。

学习是我们党与时俱进、永葆生机的优势所在。党领导中国革命、建设和改革的历史，就是一部创造性学习的历史。当今世界，信息大爆炸，知识大更新，我们党要始终走在时代前列，就必须加强学习，努力建设学习型政党。当代中国，正处于改革攻坚期、发展关键期、矛盾凸显期。学习是领导干部增强党性、提高本领、做好工作的重要前提。谁不重视学习、不善于学习，谁就称不上是一个合格的领导干部。

广东改革开放的实践，特别是党的十七大以来应对国际金融危机的实践雄辩地证明：解放思想，善于学习，以科学的理论武装头脑，指导实践，是我们战胜困难、不断前进的制胜法宝。面对经济社会发展转型的新形势，面对率先科学发展的重大使命，我们各级领导干部必须在知识结构上来一个质的转变，在学习能力上来一个大的提高。

人类知识浩如烟海，社会实践日新月异。领导干部在全面学习政治、经济、文化、科技、社会和国际等各方面知识的同时，必须进一步突出学习的重点。第一，要认真学习党的基本理论。这是运用正确的立场、观点、方法分析问题、解决问题的根本所在。要学习辩证唯物主义和历史唯物主义，尤其掌握好科学认识世界和改造世界的工具。第二，要着重学习最急需的知识。这是结合实际开展工作的内在要求。比如，要促进产业结构调整，就必须学习本地现有产业以及未来重点发展产业的基本知识，弄清上下游产业结构、历史发展脉络和今后发展方向等。第三，要善于务虚。这是党的十七届四中全会对建设学习型政党提出的新要求。要集中集体的智慧，加强对全局性、前瞻性、政策性问题的思考和研究。第四，要提升境界。小平同志说过，“不注意学习，忙于事务，思想就容易庸俗化”。领导干部在“关注脚下”的同时，也要“关注星空”，做一个胸怀全局，尊重历史，着眼未来的领导干部。

从领导干部所处位置和担负职责看，学习的全部目的在于运用。其中一个关键问题，就是要使学习成为领导干部的工作和生活方式。要带着问题学、结合工作学，形成学以致用、用以促学、学用相长的良性循环。开卷有益，要多读书读好书善读书，汲取营养，开拓眼界，不断提高学习的质量。要以批判的眼光审视学习内容，结合实际创造性地发挥和运用。要建立健全学习的制度和机制，促进形成持续学习、终身学习的良好习惯。领导干部不仅自身要努力学习，而且要以自己的示范行动促进全党、全社会的学习，共同推动学习型社会建设。

一直以来，作为省委机关刊物的《南方》杂志，坚持以科学的理论武装人，以提高党员干部理论素养和学习能力为己任，为营造尊重知识、崇尚学习的良好氛围作出了独特贡献。希望《南方》杂志再接再厉，努力成为广大党员学习的园地、思想的论坛，成为促进干部知识转型的好帮手。

在农历虎年即将来临之际，我借《南方》杂志之卷首，向广大读者和全省党员致以节日的问候！同时，也希望在新的一年，广大党员干部特别是领导干部加强学习，改进学习，提高思想，增进才干，在各自工作岗位上，为广东当好推动科学发展、促进社会和谐的排头兵作出新的贡献！□

1

2010—2012年，时任中共中央政治局委员、省委书记汪洋多次在《南方》杂志刊发署名文章

30年的改革开放历程证明，先行一步的精神动力总是来自思想的解放。

中共中央政治局委员、广东省委书记汪洋履新后的第一份施政纲领特别强调：增强忧患意识，树立世界眼光，坚持以人为本。

"叫板新加坡"——这个博采中式儒家价值观与西式民主管理制度之长形成独特政经文化，在土地、水、能源等资源匮乏条件下创造经济奇迹，并实现"居者有其屋"的花园国度，客观上可以为推动广东各地进一步解放思想，争当实践科学发展观排头兵提供有益的借鉴。

本刊为此特派记者前往新加坡，跨海取经。

李显龙：得不到民心，就得不到选票

"从政第一原则：不是每个问题都有解决答案。每个选民都有自己的苦衷，我们应在了解情况后，通过制度设计，系统化地解决问题。"

■本刊特派新加坡记者 母发荣 郭芳

时间：6月4日晚
地点：新加坡宏茂桥区
事件：新加坡总理李显龙接见选民

2008 年 6 月，第 10 期《南方》杂志推出《取经新加坡》系列报道，受到了新加坡总理李显龙的高度赞誉，时任中共中央政治局委员、省委书记汪洋将本刊作为礼物赠予李显龙，并指示向中国驻新加坡使馆赠送《南方》杂志

南方杂志
领导参阅
总第1期
南方杂志社 编
2010年1月18日

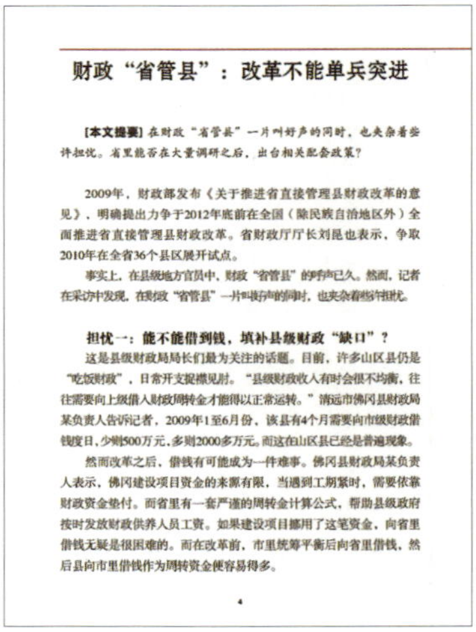

财政"省管县"：改革不能单兵突进

[本文提要] 在财政"省管县"一片叫好声的同时，也夹杂着些许担忧。省里能否在大量调研之后，出台相关配套政策？

2009年，财政部发布《关于推进省直接管理县财政改革的意见》，明确提出力争于2012年底前在全国（除民族自治地区外）全面推进省直接管理县财政改革。省财政厅厅长刘昆也表示，争取2010年在全省36个县区展开试点。

事实上，在县级地方官员中，财政"省管县"的呼声已久。然而，记者在采访中发现，在财政"省管县"一片叫好声的同时，也夹杂着些许担忧。

担忧一：能不能借到钱，填补县级财政"缺口"？

这是县级财政局局长们最为关注的话题。目前，许多山区县仍是"吃饭财政"，日常开支捉襟见肘。"县级财政收入有时会很不均衡，往往需要向上级借入财政周转金才能得以正常运转。"清远市佛冈县财政局某负责人告诉记者，2009年1至6月份，该县有4个月需要向市级财政借钱度日，少则500万元，多则2000多万元。而这在山区县已经是普遍现象。

然而改革之后，借钱有可能成为一件难事。佛冈县财政局某负责人表示，佛冈建设项目资金的来源有限，当遇到工期紧时，需要依靠财政资金垫付。而省里有一套严谨的周转金计算公式，帮助县级政府按时发放财政供养人员工资。如果建设项目挪用了这笔资金，向省里借钱无疑是很困难的。而在改革前，市里统筹平衡后向省里借钱，然后县向市里借钱作为周转资金便容易得多。

4

2010 年 1 月 18 日，《南方杂志 · 领导参阅》创刊，第 1 期刊发的《财政"省管县"：改革不能单兵突进》一文获得时任中共中央政治局委员、省委书记汪洋批示，文中相关观点报送中央

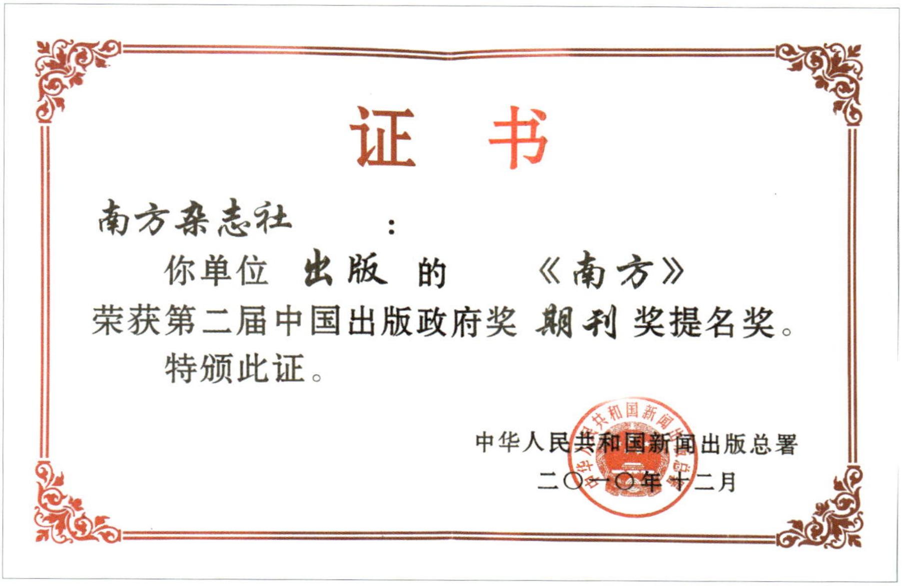

证　书

南方杂志社：

你单位出版的《南方》

荣获第二届中国出版政府奖期刊奖提名奖。

特颁此证。

中华人民共和国新闻出版总署

二〇一〇年十二月

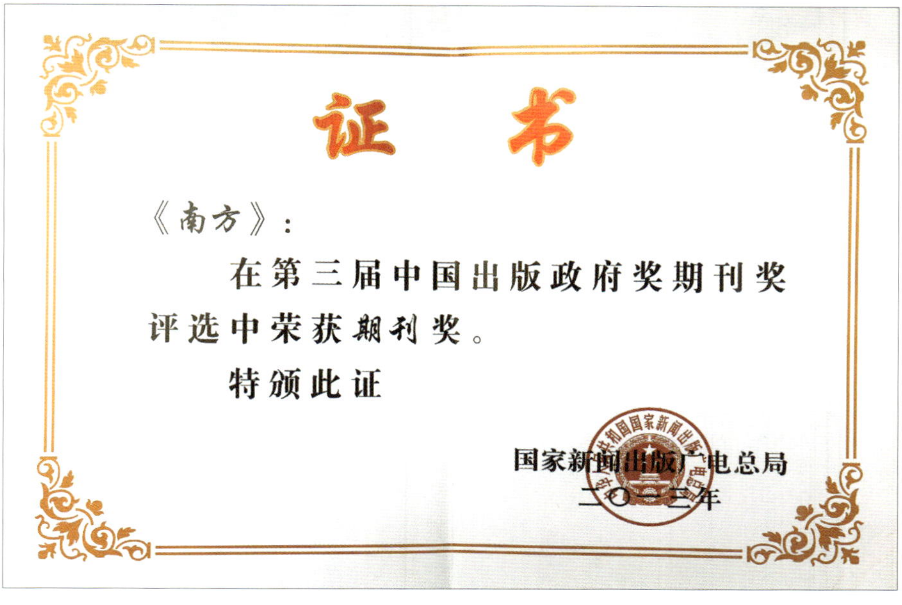

证　书

《南方》：

在第三届中国出版政府奖期刊奖

评选中荣获期刊奖。

特颁此证

国家新闻出版广电总局

二〇一三年

《南方》杂志先后获得“第二届中国出版政府奖期刊奖提名奖”“第三届中国出版政府奖期刊奖”和“全国百强社科期刊”“广东省优秀品牌期刊”等荣誉

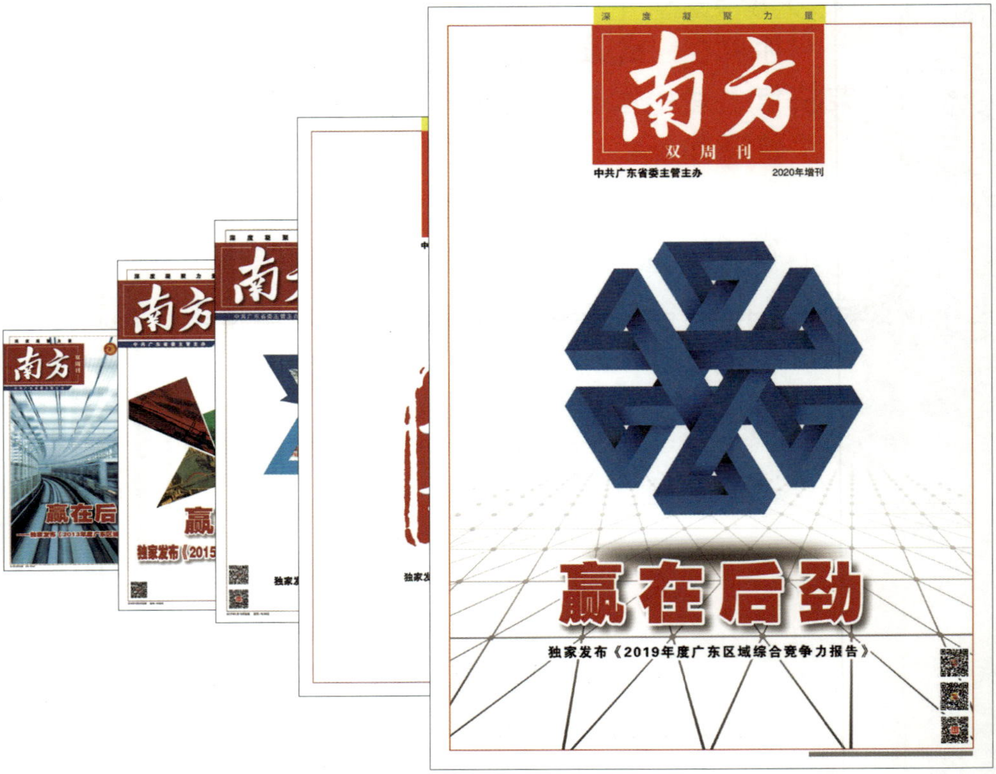

2014 年起，南方杂志社与广东省社科院组建研究团队，连续多年推出《赢在后劲——独家发布广东竞争力报告》特刊，在省委全会、广东两会、全国两会引起参会人员的讨论，受到省厅领导、市委书记等关注，相关内容被写入地方党代会报告

“四有”探索

2014年，南方杂志社确定了“打造一份有思想、有温度、有功用、有综合传播力和可持续发展能力的智慧型党刊”的发展战略，持续推进党刊话语平台创新，推动纸媒生产力向跨平台生产力转变，全力构建体现广东最权威时政党建大刊社视野的综合立体传播格局。

2014 年 12 月 19 日，南方杂志社举行“党刊使命与南方价值”采编研讨会

2015 年 2 月 11 日，南方杂志社举行“方向与路径”发展研讨会

（一）打造“有思想”的理论高地

南方杂志社始终倡导行思兼备的理论风尚和思想潮流，用科学的理论应对改革进入整体推进的攻坚阶段和发展处于全面提升的关键时期的新情况、新问题，注重以理论评论文章揭示规律、指引方向、凝聚力量。

特稿 Feature

基础在学，关键在做

——在广东省直机关“两学一做”学习教育党课上的讲话（摘录）

（2016年8月29日）

■中共中央政治局委员、广东省委书记　胡春华

我们党是一个有着8800多万党员的大党，仅我省就有510多万名党员，24万多个基层党组织，这样大规模的队伍要保持强大凝聚力和战斗力，很重要的是要养成守纪律讲规矩的习惯，确保党的集中统一

“两学一做”，基础在学，关键在做。要把学习党章党规和学习系列讲话统一起来，把学和做统一起来，通过学做结合、以学促做，使全体党员在思想上政治上行动上更加团结统一，使党的各级组织更加坚强有力。

要通过学习党章党规养成按纪律规矩办事的习惯

党章是党的根本大法，是全党必须遵循的总规矩；党纪党规是党章的延伸和具体化，是各级党组织和全体党员必须遵守的行为规范和准则。习近平总书记多次强调，要牢固树立党章意识、规矩意识，认真贯彻执行党章和党内各项制度规定，用党章党规从严管党治党。我们党是一个有着8800多万党员的大党，仅我省就有510多万名党员，24万多个基层党组织，这样大规模的队伍要保持强大凝聚力和战斗力，很重要的是要养成守纪律讲规矩的习惯，确保党的集中统一。当前我省改革发展稳定任务十分繁重，增强党章意识、规矩意识，才能确保中央和省委的各项重大决策部署政令畅通、落到实处，推动我省经济社会持续健康发展。去年，党中央以党章为依据，颁布了新修订的《中国共产党廉洁自律准则》和《中国共产党纪律处分条例》。我们一定要认真学习贯彻《准则》和《条例》，自觉用《准则》和《条例》规范工作生活的方方面面。《条例》把党的纪律具体化为政治纪律、组织纪律、廉洁纪律、群众纪律、工作纪律和生活纪律等六个方面，每一个党员都要全面严格遵守。

一是要严守政治纪律。习近平总书记指出，政治纪律是最重要、最根本、最关键的纪律，遵守党的政治纪律是遵守党的全部纪律的重要基础。遵守政治纪律，最核心的就是坚持党的领导，坚持党的基本理论、基本路线、基本纲领、基本经验、基本要求，在思想上政治上行动上时刻同以习近平同志为总书记的党中央保持高度一致，自觉维护中央权威。广东地处改革开放和对敌斗争“两个前沿”，意识形态领域的渗透与反渗透斗争十分激烈，这对我省广大党员严守政治纪律提出了更高要求。要把严守政治纪律作为政治“生命线”，在大是大非面前时刻旗帜鲜明、站稳立场。任何人都不能拿政治纪律和政治规矩当儿戏、逾越底线、触碰红线，就一定要严肃追究政治责任。二是要严守组织纪律。每个党员必须时刻绷紧组织纪律这根弦，任何时候都要相信组织、依靠组织、服从组织，遵守组织程序，服从组织决定，自觉接受组织安排和纪律约束。我省各级党组织、广大党员在执行组织纪律方面总体上是好的，但也有一些基层党组织、少数党员还存在组织观念薄弱、组织纪律涣散等突出问题，这在省直机关也有不同程度的表现。

4

2016 年 9 月 9 日出版的第 18 期《南方》杂志独家刊发时任中共中央政治局委员、广东省委书记胡春华在广东省直机关“两学一做”学习教育党课上的讲话摘录稿《基础在学，关键在做》

2018 年 4 月 9 日，第 6 期《南方》杂志获得时任广东省委常委、宣传部部长傅华同志的批示肯定

开卷 | 01

持续推动主题教育扎实有效开展

○《南方》杂志编辑部
○本文责编／林若川

9月5日，学习贯彻习近平新时代中国特色社会主义思想主题教育第一批总结暨第二批部署会议在北京召开。会议认为，在党中央坚强领导下，各地区各部门各单位在第一批主题教育中牢牢把握“学思想、强党性、重实践、建新功”的总要求，在以学铸魂、以学增智、以学正风、以学促干上取得明显成效。下一步，要以高度负责的精神把第二批主题教育科学谋划好、精心组织好。省委常委会近日召开会议，强调要做好统筹谋划，推动第二批主题教育扎实有序开展，坚持标准不降、力度不减，强化前后衔接、上下贯通，注重分级分类指导，注重解决实际问题，推动主题教育走深走实、见行见效。

学习贯彻习近平新时代中国特色社会主义思想，用科学的理论武装头脑、统一全党，必须常修常炼、常抓不懈。集中教育虽有时限，思想理论学习却无穷期，践行初心使命更无止境。持续推动主题教育扎实有效开展，关键在深化于学把稳思想之舵，内化于心做到真学真信，躬耕于行奋力创出实绩。

深化于学，就是要确保学习真正静下心、悟得深。习近平新时代中国特色社会主义思想博大精深，蕴含着研究问题、解决问题的科学世界观和方法论。深入领会这一重要思想的精髓要义，绝不能浮于表面，而是要带着问题反复学、带着思考时常学、带着工作认真学，真正理解和把握其精神实质，把核心要义学到手、记在心、用于行。

只有善于学习，才能善于进步。时代在变化、思想在发展，我们的学习也必须因应时与势，做到持续深化、锲而不舍。广大党员干部要认认真真读原著、学原文、悟原理，通过系统、深入、扎实的学习，真正做到知其然更知其所以然。各级党委（党组）要把开展第二批主题教育作为重要政治任务紧紧抓在手上，层层压实责任，加强督促指导，坚持统筹兼顾，善始善终、善作善成，确保取得实效。

内化于心，就是要通过真学真信，自觉做习近平新时代中国特色社会主义思想的坚定信仰者和忠实实践者，深刻领悟“两个确立”的决定性意义，增强“四个意识”、坚定“四个自信”、做到“两个维护”。思想是一种精神的力量，党员干部要通过学习党的创新理论，不断汲取真理力量和实践伟力，在学习过程中高扬理想信念，坚定勇毅前行的信心与决心。

虚花结不出实果，虚功求不到实效。本次主题教育“不划阶段、不分环节”，目的是在理论学习、调查研究、推动发展、检视整改的有机融合中力戒形式主义。开展第二批主题教育，同样要注重把准目标要求，注重加强分类指导，注重解决实际问题，注重抓好衔接联动，注重防止形式主义、官僚主义，求真务实推动主题教育向纵深发展。

躬耕于行，就是要用理论指导实践，把学习成果投入应用，让人民群众看到主题教育的成效。要坚持以人民群众的满意为尺度，做到真正发现和解决一批实际问题，真正办成一批民生实事，真正解决人民群众最关心最直接最现实的利益问题，认真总结好、坚持好、运用好第一批主题教育的经验，做到学思用贯通、知信行统一。

对于全省广大党员干部而言，要切实把主题教育激发出来的学习、工作热情转化为敢闯敢干的精气神，围绕着省委“1310”具体部署，围绕大湾区建设、制造业当家、“百千万工程”、绿美广东生态建设等中心工作，找准切入点、把握关键点、抓住结合点，力求在推动中心工作、推动高质量发展中做出实实在在的成绩。

凿不休则沟深，斧不止则薪多。第二批主题教育开展单位和人员范围广、类型多、数量大，同群众的联系更直接，群众期待解决的问题更具体。全省各级党组织要慎终如始抓落实、驰而不息谋发展，持续推动主题教育扎实有效开展，把第二批主题教育抓出高质量好效果，奋力在推进中国式现代化建设中走在前列再建新功。

《南方》杂志高度重视理论评论工作，持续推动原创评论向全局性、战略性、理论化方向跃升，截至目前，已有《持续推动主题教育扎实有效开展》等6篇原创评论员文章相继被中央机关刊《求是》杂志转载

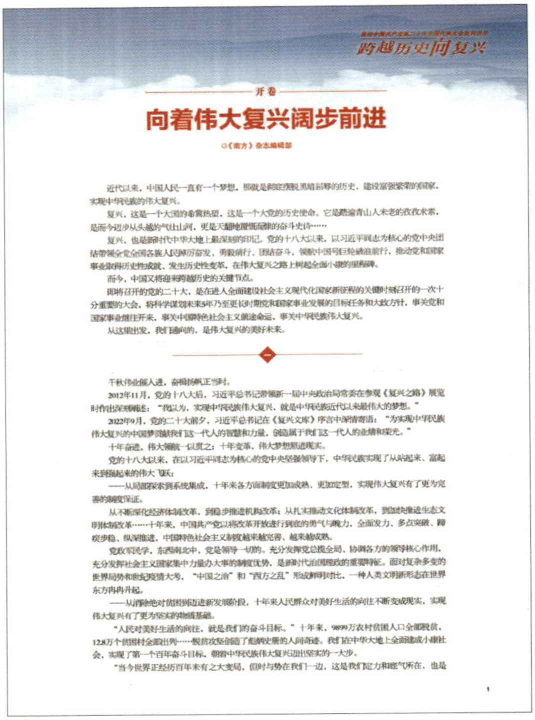
奋进中国共产党第二十次全国代表大会胜利召开

跨越历史向复兴

开卷

向着伟大复兴阔步前进

○《南方》杂志编辑部

近代以来，中国人民一直有一个梦想，那就是彻底摆脱黑暗屈辱的历史，建设富强繁荣的国家，实现中华民族的伟大复兴。

复兴，这是一个大国的希冀热望，这是一个大党的历史使命。它是踏遍青山人未老的孜孜求索，是而今迈步从头越的气壮山河，更是天翻地覆慨而慷的奋斗史诗……

复兴，也是新时代中华大地上最深刻的印记。党的十八大以来，以习近平同志为核心的党中央团结带领全党全国各族人民踔厉奋发、勇毅前行、团结奋斗，领航中国号巨轮破浪前行，推动党和国家事业取得历史性成就、发生历史性变革，在伟大复兴之路上树起全面小康的里程碑。

而今，中国又将迎来跨越历史的关键节点。

即将召开的党的二十大，是在进入全面建设社会主义现代化国家新征程的关键时刻召开的一次十分重要的大会，将科学谋划未来5年乃至更长时期党和国家事业发展的目标任务和大政方针，事关党和国家事业继往开来，事关中国特色社会主义前途命运，事关中华民族伟大复兴。

从这里出发，我们通向的，是伟大复兴的美好未来。

一

千秋伟业催人进，奋楫扬帆正当时。

2012年11月，党的十八大后，习近平总书记带领新一届中央政治局常委在参观《复兴之路》展览时作出深刻阐述：“我以为，实现中华民族伟大复兴，就是中华民族近代以来最伟大的梦想。”

2022年9月，党的二十大前夕，习近平总书记在《复兴文库》序言中深情寄语：“为实现中华民族伟大复兴的中国梦贡献我们这一代人的智慧和力量，创造属于我们这一代人的业绩和荣光。”

十年奋进，伟大领航一以贯之；十年变革，伟大梦想照进现实。

党的十八大以来，在以习近平同志为核心的党中央坚强领导下，中华民族实现了从站起来、富起来到强起来的伟大飞跃：

——从局部探索到系统集成，十年来各方面制度更加成熟、更加定型，实现伟大复兴有了更为完善的制度保证。

从不断深化经济体制改革，到稳步推进机构改革；从扎实推动文化体制改革，到加快推进生态文明体制改革……十年来，中国共产党以将改革开放进行到底的勇气与魄力，全面发力、多点突破、蹄疾步稳、纵深推进，中国特色社会主义制度越来越完善、越来越成熟。

党政军民学，东西南北中，党是领导一切的。充分发挥党总揽全局、协调各方的领导核心作用，充分发挥社会主义国家集中力量办大事的制度优势，是新时代治国理政的重要特征。面对复杂多变的世界局势和世纪疫情大考，“中国之治”和“西方之乱”形成鲜明对比，一种人类文明新形态在世界东方冉冉升起。

——从消除绝对贫困到迈进新发展阶段，十年来人民群众对美好生活的向往不断变成现实，实现伟大复兴有了更为坚实的物质基础。

“人民对美好生活的向往，就是我们的奋斗目标。”十年来，9899万农村贫困人口全部脱贫，12.8万个贫困村全部出列……脱贫攻坚创造了彪炳史册的人间奇迹。我们在中华大地上全面建成小康社会，实现了第一个百年奋斗目标，朝着中华民族伟大复兴迈出坚实的一大步。

“当今世界正经历百年未有之大变局，但时与势在我们一边，这是我们定力和底气所在，也是

1

2022 年 10 月 9 日出版的第 20、21 期《南方》杂志合刊的社论文章《向着伟大复兴阔步前进》获中央网信办高度评价，并安排全国 80 余家主流平台全网推送，总阅读量超过 1000 万

融会贯通

团结奋进新征程

悦理轩

理论创新每前进一步，理论武装就要跟进一步。正如习近平总书记强调的，新时代以来，党的理论创新和实践创新是十分生动的，我们的学习也应该是生动的。为讲好讲活党的创新理论，学懂弄通党的二十大精神，《南方》杂志本期起开设“悦理轩”专栏，以党的二十大报告为蓝本，紧密联系实际，创新理论宣传，以短实新的文风，让中国化时代化的马克思主义更加为读者所认同、所喜爱、所拥有。敬请读者关注。

○策划：林春川 刘艳辉
○本栏责编：刘艳辉

党的二十大何以载入史册

我们的现代化为何最难最伟大

2022 年第 22 期《南方》杂志推出的《悦理轩》专栏，被列为省委宣传部 2023 年度工作重点项目之一，积极培育一批青年理论专家作者，得到省委宣传部理论处高度肯定

（二）夯实“有温度”的媒体担当

《南方》杂志通过聚焦时事热点、回应社会关切、捕捉公众情感，将工作重心转移到人民群众的生产、生活和思考上，捕捉社会公民的情感指向，以党刊的思想力度和报道深度书写社会的温度，进一步发挥好党刊服务改革发展大局的功能。

2022 年 11 月，《湾区大未来》系列报道同时获得第三十二届中国新闻奖二等奖和第六届中宣部“期刊主题宣传好文章”。这是南方杂志社首次获得中国新闻奖

2020年11月，聚焦老区苏区振兴发展的《蹲点老区访初心》系列报道入选中宣部出版局主办的第四届“期刊主题宣传好文章”。这是南方杂志社首次入选该奖项

2021年8月，《南方》杂志封面关注《“12221”——“粤字号”农产品成功出圈密码》获得国家乡村振兴局主办的“乡村振兴好新闻”二类作品

2021—2022 年，《南方》杂志推出《伟大复兴启新程》《百年奋斗恰风华》《跨越历史向复兴》《感恩奋进的广东答卷》等系列专刊特刊，受到中央网信办、广东省委宣传部、广东省委党校等单位的广泛热议和好评

2023 年第 7 期《南方》杂志精心策划推出了 21 个版的封面要闻专题《更扬云帆立潮头》，全面反映广东省委部署全省学习贯彻习近平总书记视察广东重要讲话、重要指示精神，凝聚全省广大党员干部奋进力量，以新气象、新作为开创广东发展新局面的生动实践

2023 年，《南方》杂志深入宣传党的二十大重大决策部署和省委“1310”具体部署，聚焦高质量发展主题和“强信心”主旋律，先后推出《再造一个新广东》等十余个重大主题报道和融媒产品，取得良好的社会影响和广泛的传播效果

特别策划
SPECIALS

笔从溪碧来

——源自“总理金笔”的红色往事与初心叩问

求证之路1

姐夫赠笔竟是南昌起义红色文物？

老记者告诉单位同事：55年前姐夫送给他的金笔，原是周总理南昌起义之后所赠。《南方》杂志记者踏上求证之路：这是真的吗？

2019 年开始，南方杂志社以《笔从溪碧来》为题，通过还原一段革命战争年代的历史流动，引导各界关注活化红色资源、助推老区苏区的振兴发展，全网阅读量近百万，成为讲好“不忘初心、牢记使命”红色故事、坚守党刊职责使命的一次生动实践

（三）强化“有功用”的服务功能

《南方》杂志进一步强调读者意识，强调服务性，力求做到“必读”“实用”“好用”，努力成为称职的学习平台。无论是理论学习、执政理念，还是党务知识、行政技能等方面，读者都能在杂志上读到、学到有用的知识。

特别策划

城市基层党建的“粤式”创新

○ 策划／王巍
○ 执行／张蓓蕾　陈健鹏

经过近40年改革开放，广东站在了一个新的历史起点。城
态、交往方式等发生了前所未有的深刻变革，新的经济和社
宇、各类园区、商圈市场和互联网行业蓬勃发展，成为我省
济转型、人才汇聚的前沿和主战场，也对城市基层党建提出
党的十八大以来，习近平总书记对加强基层党建尤其是
一系列重要指示，指出做好城市工作，必须加强和改善党的
领导、党政齐抓共管的城市工作格局。
近年来，广东省委以战略眼光，高起点谋划城市基层党
接管理”的原则，大胆探索创新城市新兴领域党建工作，取
层党建工作发生深刻变革。
在寸土如金的广州国际金融中心大厦46层，一个占地约
语”的党群服务站，改变了由过往单纯依靠入驻企业自建党
站稳了脚跟、打开了局面、扩大了影响；
在年产值达到1000亿元的深圳湾创业广场，党建与产
起创业”成为了这里的流行语；
在园区分布广泛、产城高度融合的东莞，组织生活开展到
底下，63个园区党群服务中心让“阳光雨”洒满了东莞大地；
在“中国电子第一街”华强北，总面积达1300平方米的华
创新商圈党建“四共”新模式，成为了各级党组织的红色家园
在互联网企业腾讯公司，“互联网+”的思维融入党建
头科研攻关，开发出微信等代表性产品，充分发挥了党组织
锋模范作用……
可以看到，无论是物理空间还是“互联网+”形式，如今
省各类新经济体中生根发芽，做到了“人在哪里、党员在哪里
里”。本期，《南方》杂志推出特别策划，带您一起走进广东
者，看他们如何主动适应城市发展形势任务，探索创新城市

探索具有广东特色的城市基层党建

○《南方》杂志记者／张蓓蕾　陈健鹏　通讯员／粤组　发自广州
○ 本文责编／张蓓蕾

9月19日，省委常委、深圳市委书记王伟中（前排左三），省委常委、组织部部长邹铭（前排左二）在深圳湾创业广场考察城市基层党建工作的经验和做法

城市基层党建是夯实党在城市执政之基的重大部署，是推进城市治理体系和治理能力现代化作出的战略选择。党的十八大以来，习近平总书记对加强基层党的建设尤其是城市基层党建工作作出了一系列重要指示。今年7月18日至19日，中共中央组织部在上海召开全国城市基层党建工作经验交流座谈会，提出了进一步推进城市基层党建创新发展。

广东目前的城市基层党建情况如何？广东将如何抓好城市基层党建工作？9月18日至19日，广东省委组织部在深圳召开全省城市基层党建工作经验交流会。广东省委常委、组织部部长邹铭在会上要求，要深入学习领会习近平总书记加强城市基层党建的重要思想，认真贯彻落实中央大抓城市基层党建的决策部署和中组部关于城市基层党建的部署要求，因势而变、顺势而为，与时俱进，抓好广东城市基层党建工作。

中央决策部署完全符合广东实际

十八大以来，广东省委深入学习贯彻习近平总书记系列重要讲话精神和党中央治国理政新理念新思想新战略，高度重视城市基层党建工作。中共中央政治局委员、省委书记胡春华对城市基层党建多次专题研究，听取汇报，深入调研，作出一系列批示指示。

邹铭在全省城市基层党建工作经验交流会上表示，中央大抓城市基层党建的决策部署完全符合广东实际。经过近40年改革开放，广东发展已经站在了一个新的历史起点，需要应对很多新情况新变化。

“比如，我省区域发展不平衡，珠三角地区城镇化率超过84%，而粤东西北地区则大量人口流出，城市建设管理存在许多短板。又如，我省各类园区、商务楼宇、商圈市场、互联网业蓬勃发展，新的经济和社会组织大量涌现，成为我省深化改革、对外开放、经济转型、人才汇聚的前沿和主战场，也是加强党建的重要阵地。要应对这些新情况新变化，解决这些新问题，都需要我们切实加强城市基层党建，发挥组织优势，统筹各方资源，凝聚推动城市建设

31

2017 年第 19 期《南方》杂志，推出独家特别策划《城市基层党建的“粤式”创新》，时任省委组织部部长邹铭作出批示表扬

南方杂志社全力打造的“南方党建智库”项目，被确定为集团着力推进的十二项重点工作和重点项目之一。图为 2017 年 11 月 24 日，杂志社召开南方党建智库专家咨询会后，时任南方报业传媒集团党委书记刘红兵（中），南方杂志社党委书记、社长陈广腾（左五），时任南方杂志社总编辑王巍（右五）和与会专家合影

2021年12月29日，南方杂志社与广东开放大学围绕“推进新时代党的建设新的伟大工程”和“抓好后继有人这个根本大计，培养造就大批堪当时代重任的接班人”等内容，举行交流座谈会。图为会后，时任广东开放大学党委书记刘启宇（右四），南方报业传媒集团党委书记、社长黄常开（中），南方杂志社党委书记、社长陈广腾（左四）和南方杂志社总编辑姚燕永（左三）等合影

2017 年 11 月起，南方党建智库相继推出了一批红色出版、红色文化、红色视频、红色空间等党建服务和产品，通过提供“有功用”的服务，致力于做上级党委部门决策党建工作的参谋、机关企事业单位研究党建工作的助手、广大党员群众参与党建工作的平台

2020 年 10 月，省委组织部与南方杂志社联合编印《乡村先锋号——广东农村基层党建专题》汇编，得到了省委组织部领导的充分肯定，成为中组部首次调研广东农村基层党建重要参考材料

2020 年 1 月，南方杂志社发布《强自基层——2019 年广东基层党建创新力报告》，为切实加强党的领导和党的建设，推动广东开创基层组织建设的新局面，提供了有力的思想保证和舆论支持

2019 年，南方杂志社成立南方党建研究院。近年来，南方党建研究院先后推出一批研究成果，得到省委、省委组织部和各级组织部门、合作单位的高度肯定

2019 年 7 月，南方杂志社助力广州市非公有制经济组织党委，升级改造广州非公党建展览馆。这是目前全国省会城市中最大的非公党建展览馆，中央、省、市领导多次到访调研，并给予充分肯定和高度评价

2019 年 12 月 14 日，由中国期刊协会党刊分会、南方杂志社、全国党刊研究会主办，全国党刊红色教育联盟、南方党建智库承办的“守初心 担使命”全国党刊基层党建创新案例暨首届广东基层党建创新案例交流会在广州举办

2021 年 12 月 24 日，由南方杂志社（南方党建智库）举办的“百年奋进　永葆初心”第二届广东基层党建创新案例交流会在广州召开

（四）构建“有综合传播力和可持续发展能力”的党刊传播渠道

面对传统媒体和新兴媒体融合发展的大趋势，从履行好党刊的责任使命考虑，南方杂志社从“摸着石头过河”到“依托两个融合，实现借船出海”，持续深入推进融合发展，抢占网络空间话语权，使《南方》杂志的思想、温度和功用向互联网各平台延伸，最终实现党刊综合传播力的提升。

2021 年 3 月 24 日，南方杂志社召开“技术赋能　深融智转——建党百年的南方责任与机遇”专题研讨会

2022 年 3 月 4 日，南方杂志社召开“提升党刊综合传播力”专题研讨会

2023 年 2 月 22 日，南方杂志社召开“向着高质量发展再出发”专题研讨会

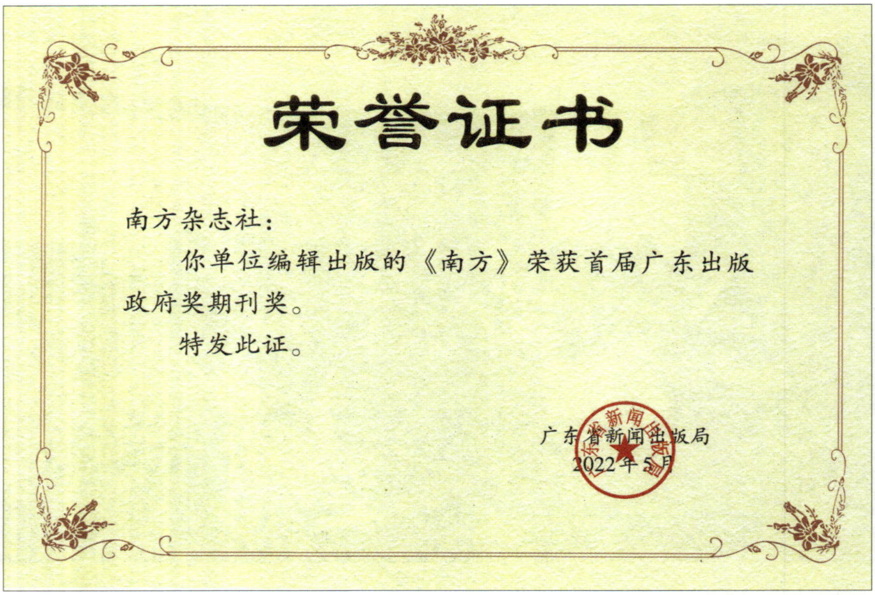
荣誉证书

南方杂志社：

你单位编辑出版的《南方》荣获首届广东出版政府奖期刊奖。

特发此证。

广东省新闻出版局

2022年5月

荣誉证书

南方杂志社：

荣获首届广东出版政府奖先进出版单位奖。

特发此证。

广东省新闻出版局

2022年5月

近年来，凭借稳定、优秀的内容品质，《南方》杂志荣获广东省出版政府奖的期刊奖和先进出版单位奖等奖项

2019—2020 年，《南方》杂志先后入选中宣部“庆祝新中国成立 70 周年”和“决胜全面小康、决战脱贫攻坚”期刊主题宣传优秀选题资助项目

2018 年 6 月 22 日，在中共广东省直属机关工作委员会的指导下，南方杂志社推出 15 集“党的组织生活制度”动漫学堂，在南方杂志微信公众号、南方 + 客户端、南方网等同步发布，《南方日报》《南方都市报》重点版面刊发相关报道，被广东省直党建、广东司法行政等几十个党政部门微信公众号转载，全网阅读量超 500 万

2018 年 12 月，由南方杂志社承办的中国期刊协会党刊分会年会第一次推出了 VR 主题展馆，这是当时全国党刊中首个自主研发建模打造的在线展览，甫一推出就在各兄弟党刊中掀起 VR 热潮

初心百年

党刊百年鉴初心

◎《南方》杂志记者／黄曦 发自广州等地
◎本文责编／林若川

扫上阅读更多内容

红色文脉，百年荣光续辉煌

越磨越砺，矢志担当志不移

初心不改，以人民的名义

2021 年，在第八届广东省网络文化精品宣传推广活动中，《党刊百年鉴初心》获得“建党百年主题网络文化精品”奖项

2022 年，《一纸承诺鉴初心 · 星海回声》作为新闻纪录片参评项目入围中国新闻奖相关专项奖初评名单

2023 年 2 月，独家推出“广东高质量发展”主题纪录片《开山凿江　百里输水——这项工程何以改变广东？》，获得省委宣传部高度评价，被南方日报、羊城晚报等 20 多家全省重点网站和新媒体平台在大图位置进行轮播推广

2022年以来，以迎接宣传贯彻党的二十大等重大主题报道为契机，南方杂志社孵化系列新媒体产品“轻骑兵”，主流“网红”进群入圈，成为深耕各自垂直领域的新媒体产品标兵

2016 年 3 月，南方杂志社承办并顺利召开中国期刊协会党刊分会会长工作会议

2018 年 12 月 24—27 日，由中国期刊协会党刊分会主办、南方杂志社承办的中国期刊协会党刊分会 2018 年年会在广州成功举行，这是广东首次举办全国性党刊交流研讨活动

2023 年 10 月 27—28 日，中国期刊高质量发展论坛在上海召开，此次论坛规格很高，汇聚了全国各地各领域期刊代表，中宣部领导出席。陈广腾社长在主论坛作《坚持“四有”目标，聚焦“五度”发力，做好党刊主题宣传》的主题演讲，此次主会场演讲嘉宾共 9 位，南方杂志社是唯一一家党刊代表

第一章

初心脉绪

在创新中创刊　在时代中迭代

——对话广东省委宣传部原常务副部长、《南方》杂志筹办领导小组副组长　胡国华

采访整理：杨洋

“在创新中脱颖而出！”

2003年12月26日，在改革开放先行地，《南方》杂志诞生。

笔力千钧的发刊词，寄寓着广东省委对机关刊的殷殷期待，也开宗明义点出这本杂志的基因和使命。

“《南方》杂志因创新而生，因创新而盛，这二十年来与时代同行、推动融合发展，不断开创党刊事业发展新局面，关键在于创新始终不忘守正，坚守党刊的初心。”

广东省委宣传部原常务副部长、《南方》杂志筹办领导小组副组长胡国华接受《南方》杂志记者专访时，回顾了创刊创业的故事，关注杂志二十年来的点滴成长，寄望南方杂志社在新时代新征程上，能够继续以守正创新的正气和锐气，彰显党刊新作为。

四刊合流，高站位高规格创办

《南方》杂志：《南方》杂志的诞生有着怎样的时代背景？广东省委给予了怎样的重视和支持？

胡国华：《南方》杂志其命维新，她的孕育，首先是时代创新的需要。

正如发刊词所言，2003年，改革开放二十多年了，国内情况发生了很大变化。广东多年来“一马当先”，当时全国各地“万马奔腾”，我省面临着在新形势下加快发展、率先发展、协调发展，更好地发挥排头兵作用的新考验。在这样的背景下，我们亟需一个强有力的党刊阵地，传递党的声音，总结历史开拓未来、联系实际指导实践。

她的出世，也是改革创新的产物。

2003年中央对报刊进行治理整顿，每个省的省委只能主管主办1份党刊，这确立了中央和省(自治区、直辖市)委两级办刊的新格局。当年9月，根据中央有关精神，广东省委决定停办省纪委主办的《党风》、省委组织部主办的《广东支部生活》、省委宣传部主办的《文明导报》、省委统战部主办的《粤海同心》四份机关刊物，集中资源和力量，创办由省委主管主办的新的省委机关刊物，这就是“四刊合流”。

时任中共中央政治局委员、广东省委书记张德江对杂志的筹办工作十分重视和关心，省委对创刊进行高站位高规格的谋划，专门成立了省委机关刊筹办领导小组。时任省委常委、宣传部部长蔡东士担任组长，从机构编制的落实，到出版的布局谋篇，一次又一次批示督办，一次又一次亲临现场。我当时任省委宣传部常务副部长，又有过参与创办新华社《瞭望》杂志的经历，因此担任副组长，负责组建队伍，邀请新华社《瞭望》杂志原副总编辑参与创刊筹备。

同年11月，《砥柱》《南方》两个拟定名送到张德江书记手里，他亲笔圈定，刊名为《南方》。12月26日，《南方》杂志创刊号诞生。张德江书记还为《南方》杂志撰写了题为《在创新中脱颖而出》的发刊词，蔡东士常委亲自审阅了创刊号的版式设计和稿件。

也正因为“四刊合流”顺利推进，全省报刊整顿在省层面先动起来，起到引领作用，很多市、县、区相应的改革就更好推进了。《南方》杂志的诞生客观上推动了这一改革。

她的成长，另辟党刊传承创新之路。

省委对《南方》杂志的寄望写进了发刊词，首要是“坚持党性原则”“把党的政治观点、方针政策、决策部署，准确生动地体现和贯注到报道”，特别强调“努力创新”“要在众多刊物中脱颖而出，成为后起之秀，必须博采众长，在继承中努力创新”，在风格上“既要有理论刊物的庄重严肃，又要有大众读物的生动活泼；既有时效性，又有收藏价值”。

《南方》杂志创刊号大十六开、彩色印刷，深度解析政策、传递高层声音、关注社会民生……她勇于创新，打破了党刊历来的传统面孔，令人耳目一新。

《南方》杂志：《南方》杂志从筹备到诞生用了72天，这样的“南方速度”背后，还有着哪些关键因素？

胡国华：肩负着省委的重托，《南方》杂志筹办领导小组办公室克服各种困难，全力以赴，在72天的时间内，就完成了刊号的申请和杂志的采编工作，并仅用不到一个月时间便争取到了76万份的发行数量，创造了令人惊叹的“南方速度”。

“南方速度”的背后，是《南方》杂志“新”与“老”的结合。说《南方》杂志新，是因为她是一个全新的媒体，从采写编评，到出版发行，全部是新的理念、新的人马。她的使命也新，她以创办一份“广东《瞭望》”“全国一流的省委机关刊”为目标，以“办出特色，脱颖而出”为标高，她的责任是向全省公务员、党员呈现一道丰富、健康而且实用的精神大餐。

说《南方》杂志老，是因为她站在了“四大巨人”的肩膀上，基础好、起点高。《党风》创刊于1998年，每月发行量达36万份，对广东党风党纪建设情况报道全面、系统而且深入；《广东支部生活》创刊于1959年，曾以上百万册的期发行量成为全国发行量最大的党刊之一，在全省党建领域极具权威性；《文明导报》创刊于1976年，每月发行量达13万份，是广东精神文明建设领域的舆论喉舌；《粤海同心》创刊于1991年，她立足广东、面向海内外，深刻反映了新形势下的统战成就和人物风采。四份杂志较好地在各领域实现了她们的历史使命，也为杂志的诞生积淀了历史、积蓄了势能。

正是在这样“新”与“老”的碰撞中，《南方》杂志才有了“一出生就风华正茂”的底气。

办出特色，锚定“深度”定位

《南方》杂志：《南方》杂志创业之初历经了筚路蓝缕的时光，有哪些令人难忘的故事？

胡国华：2003年9月，省委宣传部批给筹办领导小组办公室50万元借款。筹办领导小组办公室的同志们租下广州市合群大厦一个不到30平方米的小办公室，于当年10月15日“开工”了。

在余下两个多月的时间里，筹备办的同志跑刊号，跑发行，想方案，定选题，组稿，采访，细写精编，付梓印刷……那些日子，小办公室夜夜灯火通明；那年的岁末，冬日的筹备办天天热火朝天。

创刊号出来之后，当时张德江书记阅后即作批示：“《南方》杂志创刊号，我已经看了，感觉很好……”这是巨大的鼓舞，有力的鞭策。杂志在领导干部和社会各界中反响很好。

《南方》人发愤图强，默默奉献，克服了“筹办”状态下的种种困难，头三年里完成了四次大改版，月发行量首破百万大关，刊物整体质量迅速跃居全国省级党委机关刊物的排头兵。

至今犹记，头三年我作为杂志社的“编外”编辑，每一期都参与审稿。当时网络还没那么发达，我身兼省委宣传部常务副部长等职务，经常出差，有时候是时任社长蔡玉明坐飞机到北京、到长沙、到武汉……来送审稿件。

《南方》杂志：在您看来，《南方》杂志保持旺盛生命力的密码是什么？有什么是我们要一直坚持下去、继续做好的？

胡国华：《南方》杂志一直坚持正确的办刊方向，围绕中央和省委的重大决策部署，生动鲜明地记录了广东最近20年的发展历程，赢得了党委政府部门的重视，受到了干部群众的欢迎，确立了主流媒体的地位，成为省委的重要舆论宣传阵地。新的征程上，《南方》杂志仍须努力，明确定位，办出特色，这是刊物的取胜法宝。作为广东省委机关刊，《南方》的特色，是办出深度，体现深度。

深度来自深层的挖掘。要扎扎实实、不畏艰辛地深入基层、深入群众、深入生活，采集挖掘真实的新闻动态、事件与人物。有了真实，才可能有深度。

深度来自深入的剖析。报纸强调的是灵敏的嗅觉、快速的反应、丰富的资讯；期刊讲求深层的思辨，要由表及里、见微知著、追根溯源。

深度来自深刻的见解。要把广东改革发展的实践放在全国甚至全球的视野下观照，透过现象看本质，发现规律，提炼观点，以科学的论点论证洞悉新情况、回答新问题，解疑释惑。

深度来自高超的办刊艺术。必须深入浅出，有品、有用、有味。既要有党刊的庄重严肃，又要有大众读物的生动活泼；既要有时效性，又要有收藏价值。

深度取决于一支团结协作、充满活力、勇于创新、能打能拼的队伍。敏锐的政治嗅觉、高度的责任感、过硬的业务能力，是队伍的基本要求。

有了深度，方能勇立时代潮头，引领舆论走向；有了深度，方能彰显《南方》本色，更有力地体现中央和省委的决策，更深切地反映人民的愿望和呼声；有了深度，方能更好地彰显主流声音，凝聚全省人民的力量，为广东走在前列、当好示范、扎实推进高质量发展发挥更大作用。

从过去到现在再到将来，《南方》杂志都应该牢牢锚定“深度”定位，深度打造特色，深度成就价值，用深度扩大影响，用深度确立权威，用深度凝聚力量！

守正创新，续写百年文脉

《南方》杂志：《南方》杂志二十载，也是媒体发展最快的时期。您关注到杂志有哪些探索实践？

胡国华：这二十年来，尤其是党的十八大以来，习近平总书记多次对媒体融合发展提出明确要求，为推动媒体融合发展指明了前进方向、提供了根本遵循。我们要深入学习贯彻习近平总书记关于推动媒体融合发展的重要论述，加强全媒体传播体系建设，塑造主流舆论新格局。

知常明变者赢，守正创新者进。

《南方》杂志近年来大力推进有思想、有温度、有功用、有综合传播力和可持续发展能力的“四有”党刊社建设，持续推动媒体融合向纵深发展，不断研究并改进党刊的传播方式，实现传播效果最大化，提升党刊综合传播力。

党刊办得好不好，取决于她的导向是否正确，观点是否鲜明，干部群众爱不爱看。《南方》杂志以“创新”为起点，在发展上不断开拓、锐意求索，在时代中迭代，在全国党刊和新闻出版界获得了认可。

《南方》杂志：1921年春，《新青年》编辑部南迁广州，点亮广东党刊百年文脉；1926年春，《人民周刊》在斗争中创办；1959年，《南方》杂志的前身之一《广东支部生活》创刊。从广东党刊的百年历史中，《南方》杂志继承了什么？创新了什么？

胡国华：南方杂志社走到今天，能够在时代的潮流中勇立潮头，紧紧把握几个字——守正创新。

“守正”是为继承。党刊姓党，是中国共产党百年奋斗历程留给党刊最坚实的信念，绘就广东省委机关刊《南方》杂志最厚重的底色。从百年党刊的历史来看，《南方》杂志坚守着《共产党人》的初心，延续了《新青年》的思想激荡，勃发《人民周刊》的改革基因，有着《少年》《赤光》的青春昂扬……在继承百年党刊文脉的基础上，《南方》杂志这些年无论如何变，都坚守党刊的导向、基调和服务大局的立场。

我们有两方面的经验一直坚守得很好：第一是做好政治建设。始终牢记党刊的职责使命，坚持党性原则、突出理论建设、注重实践、着眼群众。杂志坚持把马克思主义基本原理和党的创新理论结合起来，坚持把历史视野和现实关照贯通起来，着力构筑起学习宣传贯彻习近平新时代中国特色社会主义思想的新高地。第二是深度凝聚力量。报纸强调的是灵敏的嗅觉、快速的反应、丰富的资讯；期刊讲求深层的思辨，要由表及里、见微知著、追根溯源。《南方》锚定这一特色，以党刊的思想力度和报道深度书写社会的温度，近年频频获得中国新闻奖、广东新闻奖。

“守正”是《南方》二十年的根和本，也是过去、现在、将来需要紧紧依靠的基础，惟此才能不断开创党刊事业发展新局面。

“创新”是为改革。随着全媒体时代的到来，传播格局和舆论生态发生了巨大的变化，党的重要舆论阵地——党刊也迎来了新的挑战。如何让党刊声音传得更开、传得更广、传得更深入？《南方》杂志在全国党刊中率先进行深度融合、立体传播，大力推动媒体融合纵深发展、体制机制一体创新，坚持“两个融合”方向，一是融入南方报业传媒集团，二是与新兴媒体进一步融合，将纸媒内容特别是专长的党建内容与南方网、南方+客户端相融合，实现正刊内容在集团主要PC端、移动端网络平台的多次传播，为更好走进互联网下半场奠定基础，形成与新时代主流媒体使命担当相适应的新型党刊品格和理论思想力量，在新时代参与续写百年党刊的新精彩。

（杨洋系南方杂志社时政部主任助理）

打好三张牌　铸就一把剑

——对话南方报业传媒集团原党委书记、管委会主任　范以锦

采访整理：许俊仟

20年砥砺前行，南方杂志社在传统媒体时代经历辉煌，也经受了新媒体艰难转型的考验，终于在全媒体时代走上深度融合之路后铸就了新的辉煌。

“《南方》杂志的经历虽然与别的媒体有相似之处，但其地位、所处的大环境和小环境都有独特之处。《南方》杂志正是明确了自身的优势，打好了‘党媒牌、广东牌、南方牌’这三张牌，才能从容应对顺境和逆境，不断实现新的突破，在新的历史时期铸就融合之剑，往新型主流媒体行列大步迈进。”范以锦是南方报业传媒集团原党委书记、管委会主任，也是暨南大学新闻与传播学院名誉院长、教授、博士生导师，他长期关注、支持《南方》杂志发展。在《南方》杂志创刊20周年之际，他在接受记者专访时谈到了对这份党刊的观察与思考。

彰显“三牌”优势

《南方》杂志：您一直关心《南方》杂志的发展。在您看来，近年《南方》杂志在前行中有哪些变化和发展特色？

范以锦：《南方》杂志不是一般的纸媒，它是广东省委机关刊物。打出的第一张牌就是党媒牌。

在传统媒体时代，有一种说法认为党报党刊“官办官看，走不了市场，很难有所作为”。《南方》杂志对此有不同见解，坚定地把别人认为的“劣势”看成是优势。政坛的读者量非常大，而且党刊不只面向政坛，在企事业单位乃至各类机构党的组织系统中都可以找到自己的读者。这难道不是“市场”吗？这种特殊人群拉动的特殊市场是很大的，从《南方》杂志自创办后，一直保持高发行量就可见一斑。当然，其发行量与国家政策的引导有一定关系。然而，《南方》杂志运营者清醒地意识到，决不能把优势当优越感而止步不前。要把优势发挥好，务必牢记党刊的党性和人民性相统一的原则。《南方》杂志把宣传党的方针政策和中心工作作为己任，认真经营好重大主题报道，并将全心全意为人民服务的宗旨贯穿办刊的实践，贴近民生、反映民意，将严肃的硬新闻变得更加鲜活，吸引更多人来阅读。在传统媒体时代，《南方》杂志的这一优势尤为明显，不仅有高发行量，传阅率也较高。这样的发行量，可看成有效发行量。

第二张牌，是广东牌。

《南方》杂志打广东牌有三方面的内涵：其一，《南方》杂志主要在广东发行，广东受众是主要读者群，因此《南方》杂志坚持办出广东地域特色，深深扎根于这片沃土中。其二，广东是中国改革开放的排头兵、先行地、实验区，许多首创的经验受国人关注、世界瞩目，因此及时聚焦相关重大决策，呈现“敢为天下先”的人和事，提升了《南方》杂志的品位。其三，办在广东的《南方》杂志在改革开放前沿的大环境下，也从中受到了熏陶和感染，推动了自身的改革和发展。《南方》杂志从创办之日起就不断探索发展壮大之路。无论是成功的经验，还是探索中的不足，都给《南方》杂志当今和未来的发展提供借鉴。

第三张牌，是南方牌。

南方报业传媒集团有良好的办报理念、卓著的专业追求和创新精神，并经过长期的打造，逐步形成了在业内外有广泛影响力的南方品牌。《南方日报》自1949年创办之后，首先把自己培育成名报，然后又先后办出了《南方农村报》《南方周末》《南方都市报》等名报。随着市场经济大潮的到来，以《南方日报》为龙头的南方报业传媒集团应运而生。各成员单位有共同的理念追求，营造了良好企业文化，既有集团的主文化，又有各成员单位的亚文化，形成各具特色的个性品牌，“南方报业”也成为这些个体品牌凝聚而成的大品牌。

南方杂志社加入南方报业传媒集团后，在多品牌战略中同步发展。《南方日报》与《南方》杂志，一个是省委机关报，一个是省委机关刊，他们之间有一种并行的关系；“南方”大品牌与《南方》杂志品牌相互辉映，相得益彰。南方报业传媒集团和省委机关报《南方日报》有了《南方》杂志品牌的支撑，显得更加强大和更具社会影响力；而《南方》杂志背靠南方报业传媒集团和省委机关报，也更具权威性，彰显了根深叶茂的生命力，并从中得到了更多可资利用的资源。

“南方”的道路避免了有一些报刊进入到集团之后“集”而不“团”的局面，真正实现了集团、主报与其他系列报共荣共存的良好局面。《南方》杂志创办20年来，伴随着“南方”品牌穿越时空，历久弥新。

铸就媒体融合之剑

《南方》杂志： 从2003年到2023年，我们已经步入了一个新媒体大量涌现并且蓬勃发展的时代。据您观察，《南方》杂志如何在媒体融合中实现跨越式发展？

范以锦： 如果说“三张牌”为《南方》杂志的改革发展夯实了基础的话，那么媒体融合之剑的出手，就使《南方》杂志插上了穿越时空的腾飞的翅膀。

2003年，《南方》杂志一创办就开启了穿越时空之路。互联网及数字技术发展给传统媒体带来前所未有的挑战，《南方》杂志创办的前一年，即2002年，中国著名的新闻学教授喻国明就提出了传媒业面临“拐点”的论断。这是学者的观点，但再过了两年，即2005年，传媒业界发声支持，时任京华时报社社长吴海民结合业界实际提出“拐点论”。“拐点”是向下“拐”，即传媒业下滑，还是向上“拐”，拓展新的增量空间？两者可能性都有。从20年间传媒实践来看，普遍是先“下”后“上”，而有的下滑之后，则再也无法上行了。《南方》杂志一创办就刚好碰上了互联网进入快速发展时期，遇上了穿越时空的困境，也迎来了穿越时空的广阔前景。《南方》杂志是到了全媒体时代的深度融合发展阶段才真正能够突破时间、空间的局限，进行穿越时空的发展。

为什么有的媒体不能穿越前行，而是倒退，甚至寿终正寝？因为优良的内容基因未培育起来，或者未被发现；或者有了优良内容基因却未保存下来，没有做到与时俱进地优化创新。《南方》杂志的优质内容基因从初创期就植入，一直延续下来。回顾《南方》杂志走过的不平凡岁月，从传统媒体时代的辉煌，到面临新媒体挑战寻找生机的探索，再到媒体深度融合阶段实现时空的穿越，并沿着既定目标走向未来，内容培育的基因发挥了重要作用。理念的更新、智能化技术的发展等都促成了《南方》杂志的转型发展，但支撑其前行的力量始终是优质内容。

传统媒体时代，《南方》杂志经历了两个阶段。第一个阶段，创办前期纸媒还处于兴盛期的阶段。在这个阶段虽然有识之士已提出“拐点”的问题，但只是预警，纸媒实际上还处在兴盛期。所以，那时期媒体整体来说依然处在良好的生态环境中。然而，即便大家同处在同一环境中，发行量大、影响力大的纸媒不少，但《南方》杂志有自己与众不同的独特做法。《南方》杂志以党建内容的精准定位，争取从上到下尤其是基层大量涉及党建的精准人群，成为在党建系统非常有影响力的媒体。而且，涉及党的方针政策和中心工作等重大主题宣传。全媒体到来之前，“内容精准定位”的说法并不常用，但《南方》杂志在实践中实施了这一定位。第二个阶段，传统媒体面对新媒体激烈竞争的突围阶段。《南方》杂志在国家政策导向的支持下，发行量继续稳住。但光靠这还不行，要继续进行杂志内容定位的创新，要认真解决有发行量却失去阅读量的问题。过去那样既有发行量又有相当高的传阅量的局面已经很难达到，但要守住一定的读者群。同时介入新媒体的探索，并尝试往多元化方向发展。从实际操作来看，《南方》杂志纸媒优质内容的传承和打造还是坚持了下来，发表了一批有影响力的作品。所以，《南方》杂志进入全媒体时代尤其是智能化时代之后，吸取前期有益探索的经验，比如对内容品质的坚守和与时俱进的创新，使《南方》杂志进入到新的辉煌时期。在纸媒传承方面，《南方》杂志月发行量128万份左右，新媒体的内容产品异彩纷呈。

回顾《南方》杂志辉煌的历史，观察当今转型的成功，展望未来发展的前景，贯穿的一条主线就是植入的优质内容基因一直在延续发展。《南方》杂志一直重视维护内容品质、传承内容品质，并不断提升内容品质，在媒体内卷中脱颖而出。在当今“万物皆媒”和媒体往智能化跨界发展的背景下，《南方》

杂志的内容生产有几个方向：其一，《南方》杂志纸媒的新闻内容根据新媒体传播的特点，整合各具特色的内容产品。或者原本是纸媒刊发的，但适合新媒体快速传播，先在新媒体传播，再往纸媒发稿。其二，非纸媒的内容，独立形成内容产品在新媒体平台上传播。纸媒容量有限，新媒体平台的传播不受时间、空间限制，可以生产大量的原创新闻内容产品。其三，泛内容创意产品。《南方》杂志的主功能在拓展，除了生产新闻内容，还生产新闻之外的泛内容产品。包括两方面，一是用户喜闻乐见、能调动用户兴奋点的内容，或者服务用户的内容，增加黏度，扩大影响力。比如，南方杂志社与省直机关工委合办的“党的组织生活制度”动漫学堂，就属于这种类型，全网阅读量超500万。还有“党员干部微信表情包”等。二是能变现的泛内容。媒体要生存发展必须找到商业模式。比如南方杂志社的党建智库。做智库是国家的要求，也是媒体做新闻的主功能的延伸，或者说它本身就是主功能之一。而且，智库产品变现也符合政策的要求。

《南方》杂志：“内容为王”是媒体发展的核心竞争力。《南方》杂志怎样做好优质内容的有效传播？

范以锦：有了良好的内容，还要将内容传播出去，才能形成良好的效应。对此，《南方》杂志要处理好几个关系：

第一，生产融媒体内容产品与运用全媒体传播矩阵全方位传播的关系。没有优质的内容，无法实现有影响力的传播；有优质的内容，没有良好的传播平台和技巧，无法连接用户，内容无法落地，形成不了影响力。要有用户观念，将读者变成用户，发行量与流量并举。《南方》杂志微信公众号上线以来，在内容打造方面，重视独家品牌栏目的打造，特色是本土化，服务党政干部，生产出一批内容精品，并以“美文+美图（视频）+互动+线下推广”方式传播，传播手段生动活泼。

第二，打造自我平台与用好其他平台的关系。《南方》杂志着力打造自己的平台。然而，自我平台需要与其他平台相连接，才能形成强大的传播影响力。因为很多用户不一定是从《南方》杂志创建的平台上看到其内容的，如果与方方面面做好连接，用户就能在自己常用的平台上看到《南方》杂志的内容。用好其他平台，首先是南方报业传媒集团内部的平台，比如南方杂志社在南方+上开辟的党建频道、观点频道，是省级新闻客户端里最早开设的专业频道，出现了全网点击量超千万的原创报道。《南方》杂志核心平台流量居全国地方党刊前三名，还产生了一批爆款。还有其他体制内的平台，如在学习强国广东学习平台开设“粤刊专区”。此外，《南方》杂志在借助用户量巨大的商业平台方面也有新举措，比如在抖音号推出原创视频产品。

第三，凝聚团队的力量与发挥个人魅力的关系。在传统媒体时代，大家记住了有影响力的文章，但未必记住了作者的名字。在“万物皆媒”的时代，一提到网红的名字，就可能想到他们推送了什么内容。有个人影响力的网红，只要亮明身份，就有很多人想听他们在说什么。《南方》杂志注重发挥团队的力量，又注重塑造个人的魅力，精心培育“南方名记”“南方主笔”。依靠团队的通力合作和个人的完美展示，打造《寻找最美第一书记》等全媒体拳头产品，以及时政轻评论视频产品《杨阿洋快评》等。

矢志不渝的目标：打造新型主流媒体

《南方》杂志：二十年再出发，《南方》杂志如何探索新的媒体融合模式，扩大主流价值影响力？

范以锦：《南方》杂志与别的主流媒体一样，要打造成新型的主流媒体。新型的主流媒体就是运用全媒体传播体系塑造出主流舆论新格局，实现做大做强的宏伟目标，主要体现在：其一，强大的传播影响力，充分发挥主流媒体的舆论引导作用，以主流价值观占领舆论阵地。其二，强大的经济实力，确保主流媒体的生存发展。

传统媒体进行转型探索以来，不少媒体突围艰难，有的甚至不得不关停，原因是既未解决内容传播影响力的问题，又未解决商业模式问题。有的虽然也能生存下来，但“挂羊头卖狗肉”赚钱，新闻主业做得极差，这不叫媒体转型，而是转行、转产。《南方》杂志运营者明晰，主流媒体决不能这样做。2020年9月，中共中央办公厅、国务院办公厅印发《关于加快推进媒体深度融合发展的意见》指出，要发挥市场机制作用，增加主流媒体的市场竞争意识和能力，探索建立“新闻+政务服务商务”运营模式，创新媒体融资政策，增强自我造血机能。明确提出主流媒体的运营模式，在中央文件中是首次。

“新闻+政务服务商务”既是主流媒体整体的运营模式，也是主流媒体走出经营困境的商业模式。从国家层面布局中，我们可以看到经营工作的重要性，把新型主流媒体做大做强要有强大的经济实力。《南方》杂志运营者对“新闻+政务服务商务”理解比较到位，《南方》杂志的环境不管发生怎样的变化，必须坚持“新闻+”，新闻就是主导地位，这是国家赋予的职责，也是“+政务服务商务”的前提条件。《南方》杂志已将新闻延伸到泛内容创意领域，然后连接政务、服务，并逐步往商务方向延伸。

如今的《南方》杂志在打造全媒体传播体系，进行全方位的矩阵传播中有了坚实的根基，社会影响力越来越大，而且也有了较好的效益，在全国同类型的刊物中名列前茅。《南方》杂志经过20年的努力，已积淀了深厚的资源，如今在南方报业传媒集团的大战略格局下资源共享，共同打造新型主流媒体。作为老报人，我相信《南方》杂志做大做强的目标一定能实现。

（许俊仟系南方杂志社记者）

《南方》杂志转型之思：顶天立地，为天地立心

——对话南方报业传媒集团原党委书记、管委会主任 杨兴锋

采访整理：温柔

新时代新征程，宣传思想文化工作面临新形势新任务，必须要有新气象新作为。习近平总书记对宣传思想文化工作作出重要指示，要“着力加强党对宣传思想文化工作的领导”。

当前，地方党刊如何在媒体融合传播时代突出重围，当好党和人民的喉舌？如何持续提高新闻舆论传播力引导力影响力公信力？如何在基层“挖线索、摸活鱼”，采写沾泥土、冒热气、带露珠的新闻稿件？

《南方》杂志创刊于2003年12月26日，是广东省委机关刊。2006年，南方杂志社作为成员单位并入南方报业传媒集团。时任南方报业传媒集团党委书记、管委会主任杨兴锋曾多次指导《南方》杂志改版、转型、发展等工作。

“多年来我十分关注《南方》杂志的成长和发展。在媒体转型浪潮中，《南方》杂志走出了一条数字化时代办好党刊的新路子，成为全国最好的党刊

之一，在广东期刊界独领风骚。”杨兴锋接受记者专访时回望过去20年《南方》杂志转型探索，建言未来党刊转型新方向。

建设“四有”党刊，抓住媒体转型“牛鼻子”

《南方》杂志：您在南方报业传媒集团工作期间，曾多次对《南方》杂志的发展作出指导。回顾《南方》杂志走过的20年，您认为《南方》杂志有哪些积极的探索？

杨兴锋：近年来，《南方》杂志提出建设有思想、有温度、有功用、有综合传播力和可持续发展能力的“四有”智慧型党刊。这个“四有”，抓住了党刊转型的“牛鼻子”。

我印象深刻的有三个方面。一是高举思想之旗，建设新型评论理论传播平台。自2015年起，《南方》杂志增加每期刊物的理论评论版面，推出《南方》杂志理论季刊，组建核心理论专家队伍，承担南方+观点频道的建设，高质量的社论数次得到中央机关刊《求是》杂志的转载。对于地方党刊来说，这是难能可贵的。对于一个媒体来说，评论就是一面旗帜，在信息时代，我们从来不缺信息，缺的是思想与观点。《南方》杂志能为受众提供观点，这是一条正确的媒体发展路径。

二是经营深度报道，以党刊的思想力度和报道深度书写社会的温度，发挥好党刊服务改革发展稳定大局的功能。《南方》杂志以“深度凝聚力量”为办刊理念，近年来注重捕捉发展的温度，把深度报道这个“金字招牌”经营好，推出了一批具有良好社会影响的深度报道，比如《湾区大未来》《蹲点老区访初心》《“12221”——“粤字号”农产品成功出圈密码》《笔从溪碧来——源自“总理金笔”的红色往事与初心叩问》，等等。

三是在做好深度报道的同时强调贴近性和服务性。一直以来，《南方》杂志能够对国内、省内出台的重大政策及时响应，作出深入的解读报道。当年《南方日报》改版，以“高度决定影响力”为办报理念，很重要的一条改革举措就是做好政策解读。在这方面，可以说《南方》杂志交出了一份优秀的答卷。

《南方》杂志：您刚才谈到《南方日报》改版提出“高度决定影响力”，当时《南方》杂志改版提出“深度凝聚力量”。作为南方报业传媒集团的“一报一刊”，您如何看待这两种理念的关系？它们是如何相辅相成形成省委机关报刊宣传格局的？

杨兴锋：《南方日报》的报头下面，写着“高度决定影响力”；《南方》杂志的封面上，写着“深度凝聚力量”。这两种办报办刊理念，一个秉承着“高度”，一个秉承着“深度”，在我看来这是同一纬度上的两种不同表达方式。

高度与深度，是互相成就、相辅相成的一对理念。有了高度不忘“接地气”，有了深度不忘“连天线”，合在一处恰恰印证了“顶天立地”的新闻理念。这也意味着，新闻媒体以及新闻工作者要坚持党性和人民性的高度统一，做到既有坚强的党性，又有坚定的人民性。

党报自身的优势在于权威性和公信力。这种优势来自主流新闻、权威发布和深度分析，来自政策传播、主流舆论和舆论监督。实际上，党刊同样具备这样的优势，并且因为出版周期比党报长在“深度分析”上更具备条件、更具备竞争力。

党刊要有“顶天立地，为天地立心”的使命和担当

《南方》杂志：《南方》杂志作为广东省委机关刊，您认为当下应当

如何坚守初心，生产专业、深度的优质内容？如何持续提高新闻舆论传播力、引导力、影响力、公信力？

杨兴锋：回顾过去是为了更好地走向未来，《南方》杂志一路走过成功的20年，接下来如何继续走好党刊科学发展的路子？我认为，关键在于要有“顶天立地，为天地立心”的使命和担当。

《近思录拾遗》中收录了北宋理学家张载的话：“为天地立心，为生民立命，为往圣继绝学，为万世开太平。”毛泽东同志提出的“全党办报、群众办报”思想，也提到新闻工作者必须集中群众的智慧，依靠群众的力量，这也是我党在领导新闻工作实践中长期形成的工作方针和优良传统。“为天地立心，为生民立命”“全党办报、群众办报”，这些观念与马克思主义新闻观不谋而合，是新闻理论的中国化表达。

如今，中国共产党走过百年征程，党报党刊也随之经过百年之演变。无论时代如何变迁，党报党刊都必须巩固和扩大党的舆论阵地，秉承既要“高度”也要“深度”的理念，经营好新闻精品和品牌栏目，影响主流、高端读者。

过去，我曾向《南方》杂志提出过“顶天立地”的建议，如今这句话依然成立。什么叫“顶天立地”？顶天，就是要连上天线，以党刊的高度去观察事物；立地，就是要接地气，生产具有广东特色、受众需要的新闻内容。

在媒体转型的浪潮之中，内容建设仍然是首要任务。无论传播技术如何改变，传播生态如何创新，内容始终是受众关注的焦点，“内容为王”的地位是不会改变的。只有精心制作的新闻才能影响人们的生活、思想、文化。

梳理媒体发展的历史，我们会发现，媒体发展的主线是“技术驱动、用户需求”。从报纸、杂志到广播、电视，再到电脑、手机等，媒体的传播渠道越来越多样，是先进技术和用户需求推动了媒体的发展。我们在转型当中要重视渠道和平台建设，同时更需要考虑用户需求。在这个前提下，我认为要做好五个统一。

第一，坚持党性和人民性的统一。习近平总书记强调："党性和人民性从来都是一致的、统一的。"南方报业早在创立之初就已根植坚持党性和人民性统一的良好基因，在办报办刊时既坚持党性原则，又千方百计满足人民群众的需求。

第二，坚持正确导向和遵循传播规律的统一。新闻媒体既要坚持正确的舆论导向，又要遵循传播规律。违背传播规律，正确导向就成了良好的主观愿望。在农业生产上，违背规律就会颗粒无收，媒体报道也一样，违背规律读者就会背你而去。所以正确导向一定要和传播规律结合起来。当年，《南方日报》十年进行九次改版，正是努力探索这种结合之路的表现。

第三，坚持正面宣传为主和舆论监督的统一。近年来，我感触最深的是不少舆论监督报道都是来自自媒体，党报党刊在这方面有"缺位"之嫌。在有些人的理解里，舆论监督就是负面报道，实际上并不是这样。今年6月，《中国新闻周刊》就山西代县矿工死亡瞒报事件发布的调查报道，就起到了积极的作用。当下，探索新时代的舆论监督新路是主流媒体需要重视的课题，没有舆论监督就没有战斗力和影响力。

第四，坚持个案调查和数据分析的统一。在信息时代，个案调查有其局限性。如果只做个案调查，不做数据分析，往往看不到事情的全貌，说服力就会大大削弱。因此，要树立互联网思维，利用大数据等工具去丰富报道的深度，做出点面结合、全面深刻的深度报道。

第五，坚持专业性和通俗性的统一。有学者对新时代的新闻业提出了新的角色期望，要当"鉴定者、释义者、调查者、见证者、赋权者、聚合者、论坛组织者、新闻榜样"。新时代的受众也对新闻报道提出了更高的要求，要求新闻从业者的新闻作品既要有专业性，又要有通俗性，深入浅出，易读，让人爱读。没有专业性，就没有说服力，但专业性的体现绝不是堆砌晦涩难懂的专业名词，而应该用通俗化的叙事方法来表达。

到现场去！见人之所见、见人之所未见

《南方》杂志：在基层挖线索、摸活鱼，才能推出沾泥土、冒热气、带露珠的新闻报道。您认为党媒人，应该如何更好地践行“四力”？

杨兴锋：增强脚力、眼力、脑力、笔力，这是习近平总书记对新闻界的新要求。我们做新闻那时候叫做“四勤”，就是脚勤、眼勤、脑勤、笔勤。新的时代背景对“四力”有了新的要求。都说脚板底下出新闻，增强“四力”在当下依然意义重大。只有走在路上，才能思考这个时代；只有跑到现场、基层，才能收获现场的感动。

到现场去！见人之所见、见人之所未见。要进一步提升传播影响力，我认为要做到三个结合。

一是做好本职工作与践行新闻情怀相结合。习近平总书记指出，新闻工作者要做党的政策主张的传播者、时代风云的记录者、社会进步的推动者、公平正义的守望者。新闻工作与其他工作相比，最大的不同在于它不仅是一个职业，更是一项事业、一桩使命。没有新闻情怀，没有对新闻价值的追求，很难做到、做好上述这四个“者”。

二是调查和研究相结合。有的记者是带着眼睛下去采访报道的，出来的新闻稿件只是如实报道，没有经过深度的分析和思考，就是“有碗数碗、有碟数碟”。这当然是满足不了受众需求的。党的新闻工作者应以问题为导向，从全国、全球的视角去思考、去研究，发出既有典型性又有思考性的深度报道。

三是响应号召与制度建设相结合。当年，南方报业有个传统是轮流派记者

到基层去挂职，让他们了解省情、国情，做起新闻报道来既胸有全局又有的放矢。建议《南方》杂志发扬这个传统，建立记者轮流到基层驻点的制度，帮助他们既掌握面上情况，又熟悉基层实际，写出既连接天线又接上地气的新闻作品，使增强“四力”的要求更好地落到实处。

《南方》杂志：当前如何在纷繁复杂的发展中培养新闻敏感，捕捉时代的细微变革？

杨兴锋：做新闻的最大本领是发现。要经营好新闻报道，首先要能发现新闻。而要想发现新闻，就必须培养自己的新闻敏感。

培养新闻敏感有五个关键词。一是学习，要勤于学习，做到慧眼识珠。二是积累，要善于积累，做到以旧见新。三是观察，要善于观察，做到以小见大。四是分析，要善于分析，做到凡中见奇。五是联想，要善于联想，做到化窄为宽。

此外，发现新闻还有许多方法，比如抓对比、抓质变、抓特点等。不少卓有成就的新闻工作者，通过新闻敏感的培养，写出了脍炙人口的新闻报道。希望《南方》杂志的新闻工作者，不断增强自己的新闻敏感，努力捕捉这个时代的变化，在推进中国式现代化的伟大事业中，写出更多无愧于这个时代的精品力作。

（温柔系南方杂志社财经部主任助理）

“合群”72天

——《南方》杂志创刊记

蔡玉明

《南方》杂志创刊20周年。

20年，恍如昨天。

记忆犹新的是我们在合群大厦72天，创办了广东省委机关刊《南方》杂志。这本“在创新中脱颖而出”的杂志，20年来一直是全国发行量最大、质量最好的省委机关刊，获“中国出版政府奖期刊奖”“广东省出版政府奖”等多项殊荣。

两张A4纸

2003年10月14日，我在省作家协会接到省委宣传部的电话，让我马上到部里见时任常务副部长胡国华。第一次走进胡国华副部长办公室，有点儿忐忑。他递给我一张A4纸，大概内容一是筹备省委机关刊；二是由时任省委常委、宣传部部长蔡东士任筹办领导小组组长，胡国华和我任副组长；三是我兼任筹备办公室主任，时任省委宣传部新闻处处长曾少华、时任助理调研员倪谦任副主任。胡国华副部长告诉我，时任中共中央政治局委员、省委书记张德江非常重视这本机关刊的创办，指示要办成“广东《瞭望》”，而且当年要出版。

两个月要创办一本与广东政治、经济、社会发展相匹配的省委机关刊，对标大名鼎鼎的新华社大刊《瞭望》！虽然我参与了《少男少女》杂志的创刊，是这本杂志的第二任社长，一干就是13年；虽然这本杂志是全国名刊，期发行量近90万份，连续三次获国家期刊奖，但这是一本中学生刊物，与省委机关刊相差甚远。找一个办小孩杂志的人办机关刊，行么？连我自己都质疑自己。

胡国华副部长说：“我相信你，试试。”

心里很暖。

走出胡国华副部长办公室，曾少华笑呵呵地对我说：“放心，创刊方案是我在长江轮船上写的，定能成。”认识这位整整小我12岁、属同一生肖的处长好久了，他聪明、干练，我有这样的拍档，心定。

“嘿，给你介绍个助手，张云。”曾少华说。

第一次见张云，我便喜欢这个浑身充满活力的小姑娘。

掐着手指算时间，筹备办只能是“马上办”。当天我们在最靠近省委大院的合群大厦租了一个房间——时逢广交会，已经没有客房，这家三星级宾馆腾出一间放杂物的房间给我们。这间房虽然没有窗户，还潮湿，但解了我们的燃眉之急，这宾馆还是收获了我们一连串的感谢。

考虑到有购买办公用品、安装电脑等诸多力气大活，我从省作家协会要了有一身力气且懂电脑的小伙子叶国屏。三人成众，10月15日我们在合群大厦二楼的杂物间门口贴上一张A4纸，上面打印着“广东省委机关刊筹备办”，这大概是世上最简洁的开幕式。

我们的队伍向太阳

10月15日办了另外一件大事：接机。来者是新华社《瞭望》杂志的创办人之二：71岁的刘野老师和63岁的徐民和老师。

胡国华副部长原为新华社广东分社社长，老新华社人、老记者，参加过《瞭望》的创刊，对媒体出版轻车熟路。他对创刊总体设计已胸有成竹，其中请正版的《瞭望》创刊人做未面世的“广东《瞭望》”的顾问，这个安排奠定了未来《南方》杂志的高度。这两位老人家为这份新党刊殚精竭虑，成为大家尊崇的顾问老师。

创办新的省委机关刊是省委常委会会议决定：贯彻中共中央办公厅、国务院办公厅《关于进一步治理党政部门报刊散滥和利用职权发行，减轻基层和农民负担的通知》精神，停办原省委机关部门的4份杂志，创办由省委主管主办的省委机关刊。创刊的团队主力来自停办的4份刊物。我至今尚未明白，当时筹备办只有从省委宣传部打白条借来的50万元经费，其余全部是空白。这支创业团队，何以信心满满，“5+2”“白+黑”全情投入，且无怨无艾？

饶原生是省委统战部《粤海同心》杂志副总编辑，也是出身名刊《南风窗》的名记。他负责编辑工作，创刊号的策划不少来自于他的“大嗓门”。

负责发行的郭巧玲来自省委组织部的发行百万级的《广东支部生活》。我和她说，她负责发行，有什么要求尽管提。她说，一部可以打长途的电话，一部传真机。之后，天天听到她打电话要订数，从早上喊到晚上，她的特异功能是中气十足，声音永不嘶哑。另有刘晓丽神功助力，我们的创刊号发行突破76万份。

母发荣是最轻量级的个儿，长得精致，像个娃娃。口才和反应一流，古灵精怪。从省里的主要领导到厉以宁之类的大咖，没有她拿不下的采访。新加坡总理李显龙的专访创杂志的跨国访谈纪录：新加坡的主要媒体，转发了采访稿；两个月后，时任中共中央政治局委员、广东省委书记汪洋出访东盟四国时，将当期杂志作为特别礼物赠送给了新加坡总理李显龙。

郑诚少言寡语，东北汉子的气质长在骨子里。颠六七个小时长途汽车到粤西湛江，倒腾千里，《海陆经济　双龙共舞》，大专题采写海洋经济，20年后的今天再读，仍未过时。

曹建民是北京师范大学研究生，老成持重，我们称他为“曹老师”。刘延英是中山大学研究生，能歌善舞，艺术细胞特别活跃。还有斯斯文文、安安静静的陈升、张蓓蕾。这些采写好手，出手快，有思想、有深度……

我们和《瞭望》杂志最大的区别是有个党建专栏。省委机关刊突出党建引领，20年前我们就做到了。袁仲尼来自《广东支部生活》杂志，她把党建栏目办得非常精到，深入到党支部、深入到党员，为《南方》杂志党建报道在广东主流媒体的领先地位打下很好的基础。

郭芳是创刊团队中年纪最小的记者。为了“弥补”这点，她一再在办公室强调“我老了”，让所有长者无语。她勤奋好学，而且有点坚持，现在是中国新闻奖的获奖者。

我觉得最亏欠的是张云，她是创刊团队中的永动机，最过分的是她多次把她的孩子扔到她妈妈家，把丈夫周远喊来加班，好多次周远都被误认为筹备办的员工。她也是战斗机，指哪打哪，永不言败。记得我们开户银行账号，营业执照、招牌、法人等必要材料严重缺乏，但经无数周折，在当时银行政策允许的情况下，办成了……

还有“永没睡醒”的美编黄海波，这位中国美术学院的毕业生，设计的创刊号封面，成为经典之作。另一位美编李芳宇，工作不久但非常肯学习，成为现在的视觉总监，他的师傅是滕学民。滕学民主导了杂志的版式设计，三位帅哥把创刊号设计成全国党刊的样板。

请记住这28人的名字，20年前他们参与了《南方》杂志的创刊：

蔡东士、胡国华、蔡玉明、曾少华、倪谦、刘野、徐民和、张云、叶国屏、饶原生、郭芳、杨群祥、袁仲尼、母发荣、李芳宇、郭巧玲、黄海波、宋敏芬、段及华、曹建民、刘延英、郑诚、滕学民、庞冰、陈升、刘晓丽、张蓓蕾、吴启波。

岁月如歌。每每想起这支向太阳的团队，每张洋溢着激情的面孔，每个燃烧的日夜，我都情难自抑。

值得铭记

72天创刊期，值得纪录的事情很多，挑了4件：

（一）发行会

我们11月24日正式走向前台——召开省委机关刊《南方》杂志发行工作会议。发行量从创刊伊始就奠定在相当规模上，这对杂志今后的稳定发展有着极其重要的意义。

会议以省委办公厅名义召开，主持是省委常委、秘书长，省委副书记作主旨报告；与会人员是省委各部委领导、21个地市领导，近百人。

一边进行创刊号的策划、采访；一边为杂志的“出生证”加速办理各类申报手续；一边准备如此高规格的大型会议，筹备办人员全部成为孙悟空，学会分身术。大会批文、与会名单、发言代拟文稿，草草一列，20多项。

最关键的是会议的批文。筹备办负责人之一的杨群祥，带着身兼党务、行政、司机多职能的段及华，开车追着省委副书记，从广州到韶关400多公里，早上出发至晚上10点，等到领导签上批文，隔着电话喊道：“签了！签了！”筹备办灯火通明处，一片欢腾。

11月24日召开发行会议，12月24日开机印刷，发行量76.3万份。全国省委机关刊，发行量第一。

（二）刊名

新的杂志叫什么名字？颇为纠结。

在数个讨论会、数场争论后，蔡东士常委选了两个：《砥柱》和《南方》。最后确定《南方》。报国家新闻出版总署没获批准，原因是福建漳州早有一本叫《南方》的杂志。于是只好在“南方”后面加上“月刊”两字，有点别扭。

后来，我们与漳州联系，请他们把“南方”刊名转让给我们。漳州提出500万元转让费，在时任福建省委常委、宣传部部长唐国忠的协调下，200万元成交，一字百万。发刊三年后，《南方月刊》杂志终于去掉“月刊”二字，名正言顺叫《南方》杂志。

（三）发刊词

创刊号第一篇——发刊词谁来写？

共识：请张德江书记写。

11月6日呈报告，11月7日张德江书记批复：“同意。《南方》杂志要坚持广东省委机关刊物的宗旨，办出特色，脱颖而出。”

刘野、徐民和两位老师为此绞尽脑汁，曾少华负责此项工作。张德江书记专门让曾少华到其办公室谈话近两小时，敲定全部框架，又逐字推敲，发刊词《在创新中脱颖而出》全文2100字：

“中共广东省委机关刊物《南方》杂志正式创刊了，我热烈祝贺这一新刊物的诞生！”

“广东是一块不断创造奇迹的神奇热土，中国近现代史许多推动历史进程的重大事件都在这里发生。中国的改革开放令世界瞩目，广东一马当先，‘杀出一条血路’，再次创造了奇迹……广东用生动而成功的实践回答了：什么是改革开放，怎样搞改革开放；什么是社会主义市场经济，怎样发展社会主义市场经济；什么是中国特色社会主义，怎样建设中国特色社会主义。”

“原来广东一马当先，现在全国万马奔腾，广东面临着在新的形势下如何加快发展、率先发展，协调发展，更好发挥排头兵作用的新考验。”

“作为省委机关刊物，《南方》杂志肩负着总结历史以开拓未来、联系实际以指导实践的重要历史任务。为此，我提出几点希望：

第一，坚持党性原则。……

第二，突出理论建设。……

第三，注重实践。……

第四，着眼群众。……

第五，努力创新。……

我相信，在省委的正确领导下，在杂志社全体人员的努力下，在全省党员干部和广大读者的关心支持下，《南方》杂志一定能办好，一定能脱颖而出。”

时隔20年，发刊词字字句句，依然令我们澎湃。五点希望，依然是《南方》杂志办刊的要旨。

（四）诞生

筹备办下发1000份问卷，收集500多条办刊建议。

参与创刊的同志说，《南方》杂志创刊号，不是一字一句写出来的，而是一针一线绣出来的。

创刊号大16开、5印张、21个栏目、48篇文章、约12万字，全部用绣花功夫完成。

终审：蔡东士、胡国华；签发：胡国华。此后三年，因为《南方》的班子迟迟未搭建好，每期的稿件均由胡国华副部长审定、签发。

出版前一周，在合群大厦“白加黑”，会议室地板成为我们的床铺。常常报纸一铺，和衣躺倒，眯眼三四个小时，便是一宿。

选定12月26日——伟人毛泽东的诞生日出版。从筹备办门口贴上那张A4纸开始，在合群大厦，我们群策群力，日夜兼程，72天。

我们把创刊号的打样本和创刊号杂志，一并送到张德江书记办公室。

张德江书记批示：

“《南方》杂志创刊号，我已经看了，感觉很好。”

“总之，《南方》杂志已经迈出了坚实的第一步，真正脱颖而出，还要再接再厉。”

（作者系南方杂志社原党委书记、社长）

第二章

“四有”探索

在塑造主流舆论新格局中展现党刊新作为

蔡惠珍 叶石界

巩固壮大主流思想舆论是治国理政、定国安邦的大事，是举旗帜、聚民心、育新人、兴文化、展形象的内在要求。党的二十大报告中明确提出要“塑造主流舆论新格局”。在2023年10月召开的全国宣传思想文化工作会议上，习近平总书记对宣传思想文化工作作出重要指示，提出“七个着力”的重大要求，其中一个是“着力提升新闻舆论传播力引导力影响力公信力”，为做好新时代党的新闻舆论工作提供了重要的思想武器、根本遵循和行动指南。

新时代新征程，世界百年未有之大变局加速演进，新闻舆论工作的环境、对象、范围、方式都在发生深刻变化。在“人人都是通讯社、个个都有麦克风”的时代，舆论场更为复杂，对舆论的引导要求更高。作为党的喉舌，党刊如何在塑造主流舆论新格局中展现新作为？作为主流思想舆论生产、输出的主渠道、主力军，《南方》杂志紧紧围绕中央、省委决策部署和时政热点持续推出一大批有思想、有温度、有功用、有综合传播力的重大主题报道，在不稳定性、不确定性显著上升的舆论场中放大声量唱响主旋律、传播正能量，在全媒体舆论场中构筑主流叙述，让党的声音成为时代最强音。

一、学深悟透：确保重大主题报道不走样、不偏航

政治属性是党刊的根本属性，政治功能是党刊的基本功能，坚持正确政治方向、舆论导向、价值取向是塑造主流舆论新格局的前提。自创刊以来，《南方》杂志牢牢把握“党刊姓党”这一根本政治要求，把坚持正确政治方向摆在首位，全面系统深入学习党中央重大决策部署和相关精神。通过扎实开展专题学习、宣传宣讲、研究阐释等工作，把学习成效转化为做好新闻舆论工作、巩固主流思想舆论的专业能力，确保重大主题报道不走样、不偏航。

（一）领会精神实质把握核心要义

《南方》杂志始终高举思想之旗，为广东的改革发展提供思想动能。进入新时代、踏上新征程，坚持不懈用习近平新时代中国特色社会主义思想凝心铸魂，深刻理解把握习近平总书记重要讲话精神核心要义、精神实质、丰富内涵和实践要求，为重大主题报道定向领航。2021年，《南方》杂志牢牢把握建党百年的责任和机遇，以七一重要节点为契机，在深入学习领会习近平总书记重要讲话精神的基础上，策划总案经过“三破三立”，最终形成了双百版特刊的立意和框架：第一本百版特刊《百年奋斗恰风华》侧重“史”与“论”，再现、深读中国共产党人百年精神谱系，书写中国共产党百年奋斗的南粤印记；第二本百版特刊《伟大复兴启新程》侧重“策”与“行”，突出做好习近平总书记在庆祝中国共产党成立100周年大会上重要讲话精神的宣传阐释和贯彻落实。双百版特刊得到广东省委宣传部、广东省委党史研究室、广东省委党校、

广东省委党史学习教育巡回指导组等单位组织和广大读者的高度评价。

（二）融会贯通选好地方党刊策划落点

广东地处“两个前沿”，唱响主旋律、坚守主阵地的任务繁重。每次重大主题报道的策划中，《南方》杂志采编团队都坚决同党中央保持高度一致，把好方向、抓好导向。党的十八大以来，报道策划必以习近平总书记对广东系列重要讲话、重要指示精神为根本遵循，放在党中央决策部署和广东省委省政府中心工作框架下谋篇布局。以粤港澳大湾区主题报道的相关策划为例。建设粤港澳大湾区，是习近平总书记亲自谋划、亲自部署、亲自推动的重大国家战略。近年来，《南方》杂志将习近平总书记关于粤港澳大湾区建设的重要讲话精神作为做好报道的根本指南，将党中央有关推进大湾区建设的决策部署和省相关落实工作一体学习，深入把握《粤港澳大湾区发展规划纲要》提出的系列举措，推出了《湾区大未来》《三“星”闪耀大湾区》《湾区向“新”力》等系列重头策划，既为大湾区建设营造了良好舆论环境，也为全省各地各部门提供了学习读本。

系列重大主题报道策划坚持正确政治方向、舆论导向、价值取向，通过广东的实践彰显了习近平新时代中国特色社会主义思想的强大真理力量和磅礴实践伟力。

二、守正创新：凝聚共识画出主流舆论“最大同心圆”

自创刊以来，《南方》杂志牢记党刊使命，加强内容建设，在“围绕中心、服务大局”中充分发挥党刊在权威性、准确性和公信力方面的独特优势，标注思想的“坐标系”、构筑价值的“主心骨”、成为舆论场的“压舱石”，在塑造主流舆论新格局中强化党刊担当。

（一）深刻诠释，让党的创新理论“飞入寻常百姓家”

科学把握新时代党的创新理论，才能更好推进实践发展。近年来，《南方》杂志在深入学习、深刻把握党的创新理论的基础上，通过一系列策划研究阐释宣传习近平新时代中国特色社会主义思想，围绕中国式现代化、推动高质量发展、脱贫攻坚、共同富裕等重大话题的时代背景、基本内容、核心要义、丰富内涵、重大意义、战略布局和实践要求等进行系统分析解读，将抽象深奥的理论话语转化成浅显易懂的日常用语，让党的创新理论“飞入寻常百姓家”。

2023年，围绕学习贯彻习近平新时代中国特色社会主义思想主题教育，《南方》杂志立足理论特色优势，多角度多维度深入阐释解读开展主题教育的重大政治意义、理论意义、实践意义。比如推出《中国共产党是领导实现中国式现代化的核心力量》等多篇智库专家学者的理论文章，为党员干部准确把握中国式现代化的中国特色、中国式现代化在世界现代化格局中的重要地位提供了有益借鉴。为突出做好习近平文化思想宣传阐释，推出《铸就广东文化新辉煌》等专题策划，从习近平文化思想的丰富内涵、实践要求、广东作为等多个角度邀请省内外权威专家撰文，为推动文化强省建设提供了最新理论成果和智慧力量。

《南方》杂志发挥理论特长，在重大主题宣传中紧抓党的创新理论研究阐释不放松，凸显了党刊在舆论引导中明辨是非、激浊扬清的作用。

（二）增强“四力”，策划精品反映生动实践

作为党媒，既要“上接天线”，加强政策学习，做好理论阐释，也要“下接地气”，俯下身、察实情，增强脚力、眼力、脑力、笔力，深入基层“抓活鱼”。20年来，《南方》杂志聚焦广东改革发展中涌现的鲜活样本，用思想引导人、用温情打动人、用创新形式吸引人，不断巩固壮大奋进新时代的主流思

想舆论。

1.真情实感激发共鸣

在作品中充分展现真情实感，才能打动人心。《南方》杂志不搞假大空式宣传，不喊空洞口号，用心用情做实主题报道，实现时政硬话题的软着陆，更容易引起用户的情感共鸣。

把新闻写在奋斗的第一线。党的十八大以来，习近平总书记多次亲临广东视察，给予广东最亲切的关怀、最有力的指导和最强大的精神动力。为使《我与总书记面对面：一代接着一代干，让生活更红火》这一报道更扎实更生动，《南方》杂志记者走进农村、工厂、社区，深入采访12位曾与总书记面对面的奋斗者，他们在记者的镜头前、笔下讲述在各自领域接续的奋斗历程、想象的美好未来。在党的二十大前夕，为做好“习近平总书记的广东足迹”系列报道，《南方》杂志记者寻访与总书记面对面汇报交流过的一线奋斗者们，记录各地砥砺奋进的实践。记者用心用力打磨出的系列报道，记录了广东人民感恩奋进的精彩故事，用个体的奋斗折射出广东跨越式发展的巨变。2023年4月10日至13日，习近平总书记亲临广东视察并发表重要讲话。《南方》杂志先后策划推出了封面要闻《更扬云帆立潮头》和重磅专题《牢记殷殷嘱托 在推进中国式现代化中走在前列》，并创新推出原创金句、图文、视频等系列融媒产品，全网阅读量超过50万，及时全面呈现总书记视察广东重要讲话、重要指示在南粤大地引发热烈反响，充分反映广东各地各部门以新担当新作为努力书写中国式现代化的广东新篇章。

把新闻写在群众的心坎上。多年来，《南方》杂志发挥善于扎根调研的优势，在各地采写了大量解民忧、纾民困、暖民心的鲜活故事。2023年第8期杂志推出封面专题《大兴调查研究——问道广东高质量发展》，多角度记录全省各地各级领导干部扑下身子、沉到一线，深入农村、社区、企业、医院、学校等基层把脉问诊，谋划新时代广东高质量发展方位。用心打造的《高质量党建一线行》深调研专题，结合主题教育探寻乡村组织建设、产业发展、人才集聚等一系列必答题的广东答案，同时注重在调研中既反映问题，又提出对策。

《南方》杂志记者带着感情、带着思考扎根基层，既呈现基层火热的奋斗场景，谱写广东砥砺奋进的壮丽诗篇，又记录百姓的真实生活、寻求群众“急难愁盼”问题的解决之道，富含人文关怀，有效拉近与读者的距离。

2.善用典型讲好故事

围绕中心工作和群众普遍关心的问题，采取受众易于接受的手段方法，用典型说话、用身边人说话，更能入脑入心。《南方》杂志善用小切口讲述大道理，使新闻报道见人见事，更具吸引力、感召力和说服力。

将个体小场景和时代大背景相结合，把握新时代脉搏。为全景式、多维度反映大湾区建设进展成效，《南方》杂志推出封面策划《三“星”闪耀大湾区》，既深入浅出讲清楚宏观政策设计，又细腻讲好各行各业的典型故事；既深入体现了党中央决策意图，又从政府部门的政策执行、企业人员的感悟、居民的生活体验等不同角度反映国家战略的巨大红利，让读者感同身受。其中的《“我在内地当公务员”》等人物类报道，用细节刻画在内地当公务员的港澳青年、创业者的追梦之旅和心路历程，让整组报道更立体更富有人情味，既有时代感又有现场感。

找准切入点，巧妙构思，为报道注入精神内涵。在改革开放40周年之际，《南方》杂志推出《深圳，为什么行——深读中国改革开放的精彩样本》专题策划，报道以一个“chuang”字解码，推出5篇调研报道，从政府官员、企业、百姓、权威专家等多元视角剖析深圳奇迹，梳理深圳对中国改革开放的启示。系列报道采写理论联系实际，既有故事的生动性，又有理论的思辨性，对于学习借鉴深圳经验具有参考价值。为深入宣传深圳从先行先试到先行示范的探索，《南方》杂志还推出了《“先行者”深圳继续大胆闯》等系列报道，获得时任省委副书记、深圳市委书记王伟中的批示表扬。

《南方》杂志在主题报道策划中注重以党的创新理论为根和魂，持续改进文风，以生动鲜活、贴近生活的方式，讲好群众听得懂、听得进的“大白话”，传递发展“好声音”。

3.价值引领增强认同

做好舆论引导，关键是要用主流价值观去影响群众，使支持党的政策主张成为群众主流。《南方》杂志紧扣时代问题，注重价值传递为改革发展消除“噪声”“杂音”，用有思想的内容引导群众增强对党的工作的支持、认同。

亮明党刊立场捍卫主流价值，增强迎难而上的信心。面对世纪疫情肆虐，《南方》杂志密集策划推出五辑《战疫进行时》特刊。记者冲锋在抗疫采访第一线，采写了《举国战疫破霾天》《粤鄂情牵，千里驰援》《“国士无双”钟南山》《“世界工厂”复工记：政企合力，直面考验》等深度报道，用一个个画面有力反映广东打赢疫情防控和经济社会发展两场战役的决心和举措，用一个个温情故事体现人民至上的价值理念。文章从不同角度对热点设置议题，引导党员干部和基层群众正确理性看待抗疫，凝聚全社会战胜疫情的信心和共识。

弘扬主流价值，激发积极进取、开拓创新的精气神。2023年1月28日，新春后开工第一天，广东省隆重召开全省高质量发展大会。省委书记黄坤明在大会上强调推动高质量发展是广东实现现代化的必由之路、光明之路、奋进之路，明确要求“全省上下都要振奋干事创业的精气神，聚焦高质量发展比学赶超、赛龙夺锦，在比较中奋进、在奋进中赶超、在赶超中突破，让广东高质量发展在万马奔腾当中做到一马当先、力争步步领先”。围绕广东高质量发展大会主题，《南方》杂志第一时间制作了一图读懂、条漫、视频等融媒体产品，并重磅推出大型封面专题《再造一个新广东》，通过系列评论、深度调研、权威访谈等，展示广东高质量发展路径，释放高质量发展的决心和信心。特别是推出报道提出“高质量发展五问”并给出答案，为全省党员干部落实以高质量发展为引领推进中国式现代化廓清思想迷雾。

《南方》杂志的重大主题策划，注重通过解疑释惑稳定社会心理预期，通过放大主流价值观的声量统一思想、凝聚共识、鼓舞斗志，增强发展信心。

（三）融合创新，实现传播效果最大化

媒体融合是大势所趋。党刊也需要与时俱进，紧跟时代特点，创新融合发展。自2013年习近平总书记作出“加快传统媒体和新兴媒体融合发展”重要指示以来，南方杂志社坚持“两个融合”（进一步融入南方报业传媒集团，进一步与新兴媒体融合），构建多元传播格局，有效扩大重大主题宣传的传播力。

自建平台矩阵增强传播力。2019年，南方杂志社以“守正创新、深融提质、优制智转”理念组织实施改版，着力提高融媒体生产能力。杂志微信公众号精心打造的“庆祝新中国成立70周年”专题形象片《大湾区少年说》，展现了粤港澳三地青年的交流创业成果，受到网友的一致好评。与此同时，南方+党建频道、观点频道和南方杂志微信公众号、视频号等打造了系列原创品牌专栏，均获得突破性的传播效果。

借助第三方平台提高触达率。2022年5月，《南方》杂志推出128个版的迎接省第十三次党代会特刊《新思想指引新征程：感恩奋进的广东答卷》，全景式呈现习近平新时代中国特色社会主义思想在广东大地落地生根、结出丰硕成果。特刊的“开卷”社论《倍加珍惜五年奋进的宝贵经验》等多篇理论评论，获人民日报客户端、网信广东、广东省委组织部官方微公号等近30家平台转载，全网阅读量超过50万。

联合地方党媒传播扩大覆盖面。党的十八大以来，习近平总书记亲临广州、深圳、珠海、汕头、潮州和清远等地视察。《南方》杂志推出市委书记专访等系列策划，相关稿件被《珠海特区报》《汕头日报》《潮州日报》等各地市党报头版全文转载。

《南方》杂志运用新技术、新机制、新模式持续推动内容创新和渠道创新，不断实现以高质量赢得大流量，让大流量澎湃正能量。当前，《南方》杂志正背靠南方报业传媒集团的南方+、GDToday（今日广东）、南方智媒云"两端一云"平台和技术支持，继续积极构建网上网下一体、内宣外宣联动的主流舆论格局，不断汇聚奋进新征程的舆论力量。

三、实践启示："守正创新、深融提质"做好重大主题报道壮大主流声音

随着媒体格局不断演进、传媒生态不断衍变，传统党刊面临的挑战与日俱增，加上不同党刊自身情况和客观条件不尽相同，做大做强重大主题报道的方法、路径没有"标准答案"可言。但可以明确的是，在全媒体时代提供深度、权威、专业的内容，依然是推进党刊高质量发展的关键和核心竞争力。《南方》杂志的实践证明，党刊做好重大主题报道壮大主流舆论新格局的关键在于守正创新、深融提质——在坚持正确的政治方向、舆论导向、价值取向的前提下，加快推进媒体深度融合，构建全媒体传播体系，牢牢占据舆论引导、思想引领、文化传承、服务人民的传播制高点，掌握舆论场主动权和主导权。

一方面，要坚持高扬精神之旗，把稳导向之舵，锚定内容之质。始终把政治方向摆在第一位，切实把政治导向、政治要求落实到办刊全过程。在重大主题报道中，要从全局、战略、使命的高度思考选题方向，深刻把握党和国家的

顶层设计，从我党治国理政的战略性举措、变革性实践、突破性进展、标志性成果等大处着眼，准确阐释战略布局的深刻意义。在报道内容中将理论与实践相结合，让思想更鲜明、观点更突出，彰显主流价值理念，以波澜壮阔的广度和掘井见底的深度，诠释好新时代中国式现代化的生动实践，进一步发挥好党刊服务改革发展大局的功能。

另一方面，要坚持创思维理念之新、话语方式之新、呈现形态之新。作为主流媒体的党刊，必须紧跟时代潮流，大胆运用新技术、新机制、新模式，加快融合发展步伐。比如从公众阅读的体验入手，将晦涩难懂的政策语言转译成通俗易懂的百姓语言，从而增强广大党员干部群众对党委决策部署的理解认同和支持；打造专业的新型主流传播平台，实现主旋律内容的立体化呈现、精准化传播、正能量涌动，实现宣传效果的最大化和最优化。这些深融提质的举措，将不断扩大党刊塑造主流舆论新格局的能力圈。

（蔡惠珍系南方杂志社总编室主任；
叶石界系南方杂志社财经部副主任）

党刊在重大经济主题报道中的出圈密码

——以中国新闻奖获奖作品《湾区大未来》等系列报道为例

郭芳

重大经济主题报道，意为以经济建设为中心，就党委政府重大决策、重大事件、发展热点等进行全方位、多角度、立体式报道，对于宣传党的声音、推动经济发展、引导社会舆论有着重要意义。

经济建设是党的中心工作，经济报道是党的新闻舆论工作重要组成部分。做好重大经济主题报道，是主流媒体的重要使命和核心竞争力。全媒体时代尤其是移动互联网时代，原有的舆论生态、媒体格局、传播模式、受众阅读习惯等发生巨大变化。对于党刊而言，怎样创新重大经济主题报道思路和方式，提高党的新闻舆论传播力、引导力、影响力、公信力，是一道重要命题。

习近平总书记在党的新闻舆论工作座谈会上要求，要“努力推出有思想、有温度、有品质的作品”。是否有思想、有温度、有功用、有综合传播力，是《南方》杂志衡量重大主题报道价值的重要标尺。长期坚持“四有”探索，是践行习近平总书记关于党的新闻舆论工作重要论述的生动实践，也是《南方》杂志在重大经济主题报道中的出圈密码。

作为广东省委机关刊，《南方》杂志围绕改革开放、粤港澳大湾区建设、创新转型、区域协调发展、脱贫攻坚、乡村振兴等重大主题，策划推出系列重磅报道，引起社会反响和好评。相关报道获得省委书记、省长等省领导批示，其中有关经济改革报道被报送中央，为党委政府提供决策参考。

2022年，中国期刊协会首次组织全国新闻期刊作品集体参评中国新闻奖，《南方》杂志推出的《湾区大未来——两个合作区建设进行曲》（以下简称《湾区大未来》）系列报道获得第32届中国新闻奖二等奖，这也是南方杂志社历史上零的突破；继2020年《南方》杂志凭借《蹲点老区访初心》系列报道，从全国上万家期刊中脱颖而出首次获得中宣部“期刊主题宣传好文章”，《湾区大未来》系列报道再次摘得该奖项；《“12221”——“粤字号”农产品成功出圈密码》系列报道获评国家乡村振兴局“乡村振兴好新闻”，并在人民日报数字传播推出的获奖作品专题中位居“热点排行”前列。

一、有思想：在围绕中心、服务大局中找准坐标定位，站位有高度、思想有深度、报道有精度

马克思主义新闻观告诉我们，党媒姓党。“高举旗帜、引领导向，围绕中心、服务大局”，是党的新闻舆论工作的重要职责使命。习近平总书记强调：“新闻舆论工作者要增强政治家办报意识，在围绕中心、服务大局中找准坐标定位。”作为党的新闻工作者，既要有“站在天安门上看问题”的全局视野，又要有“站在田埂上找感觉”的人民情怀，在重大经济主题报道中体现出站位高度、思想深度、报道精度，让党的主张成为时代最强音。

（一）做好党的政策主张的研究者，把握站位高度

“围绕中心、服务大局”，是党媒做好重大经济主题报道的价值主张。党媒要始终做好党的政策主张研究者，时刻关注研究党和政府关心什么、强调什么，才能真正做好“党的政策主张的传播者、时代风云的记录者、社会进步的推动者、公平正义的守望者”，才能让重大经济主题报道在坚持正确的舆论导向中始终饱含强大的思想伟力。

学深悟透习近平经济思想，是做好重大经济主题报道的根本遵循和行动指南。加强理论学习，研读经济政策，观察趋势走向，把握发展大势，才能在重大经济主题报道中凸显方向性、前瞻性、战略性、系统性。以湾区报道为例，推进粤港澳大湾区建设，是习近平总书记亲自谋划、亲自部署、亲自推动的重大国家战略。《南方》杂志持续关注习近平总书记视察广东、出席深圳经济特区建立40周年庆祝大会等多个场合关于粤港澳大湾区的重要论述，学习研究习近平总书记在关注什么、思考什么。

《湾区大未来》系列报道的诞生，便是在对党的政策主张长期研究中找准坐标定位，做到提前酝酿、精心策划。作为粤港澳大湾区重大合作平台，横琴、前海是习近平总书记一手缔造的改革开放典范。《南方》杂志从党的十八大后习近平总书记视察广东的足迹研究发现，总书记三次亲临横琴视察，为横琴改革发展把舵定向；总书记每次来广东视察都到前海，作出系列重要指示。

2021年4月，习近平总书记亲自主持召开中央政治局常委会会议，研究审议横琴、前海两个合作区方案。两个合作区将迎来怎样的发展空间？《南方》杂志敏锐地捕捉到这个重要信号，社长陈广腾点题指导，《湾区大未来》策划从此开始谋篇布局。此时，距离中央发布两个合作区方案，尚有4个多月时间。

（二）做好深耕垂直领域的专家，决定思想深度

内容为王，是媒体发展颠扑不破的真理。习近平总书记指出：“内容永

远是根本，媒体融合发展必须坚持内容为王，以内容优势赢得发展优势。”重大经济主题受关注度颇高，往往并非独家报道。新闻媒体统一起跑，既不能抢跑，也不能慢跑。相较于报纸、电视、广播、互联网媒体的快时效带来的先发优势，《南方》杂志怎样寻找自身的后发优势，做出党刊特色，实现传播效果最大化，发挥党刊宣传的正能量?

深度凝聚力量，是《南方》杂志始终坚守的办刊理念。新闻策划是重大主题报道的灵魂，而思想深度决定了策划角度，决定了议题设置能力。杂志特有的专业、深度，在重大主题报道中扮演着关键角色。可以说，任何重大主题报道的成功，并非一蹴而就，而是长期跟踪、长期研究、长期思考、长期积累的过程。以经济报道为例，培育专家型记者编辑，长期在高质量发展、改革创新、区域协调发展、“三农”问题等垂直领域深耕不辍，形成一定的独立见解，才能在重大主题策划上形成独特优势。事实上，《湾区大未来》策划是南方杂志社多年专注湾区报道的生动缩影，是在长期研究、专业积累下厚积薄发的代表作。

习近平总书记鼓励新闻舆论工作者“努力成为专家型人才”。专业、专注、专精是怎样炼成的?向外看，借助外脑向专家学习，为重大经济主题报道奠定思想深度。聚集有思想、有研究能力、有影响力的专家，形成紧密的沟通合作机制，使其在政策解读、理论阐释、建言献策等方面发挥影响力。比如，《南方》杂志重磅推出《读懂粤港澳大湾区》大型理论关注，约请多位国家高端智库专家撰写《向国际一流湾区学什么》《打造世界级城市群的中国样板》等重量级理论文章，对湾区的重大意义、发展方向、实施路径有了深刻认识，为研究湾区问题提供了理论底色和思想厚度。

向内看，专家型人才的自我锤炼，决定了在重大经济主题报道中的先发优势。研究有积累，报道才能有眼力。眼力是发现问题的能力，有着敏锐的眼力，才能在重大经济主题报道中“看得准”“看得远”“看得深”。记者编辑应当聚焦党委政府中心工作，在相关经济领域形成长期研究规划。专业研究思考的穿透力，决定了能否有效判断新闻价值、触及报道核心，决定了重大经济主题策划的深度和分量。自2017年粤港澳大湾区第一次写入国务院政府工作报告，《南方》杂志陆续推出《粤港澳大湾区的N个梦想》等多组策划报道，对湾区发展形成了一定的思考。在两个合作区方案出台之前，《南方》杂志研究习近平总书记对横琴、前海的殷殷嘱托，聚焦过往调研了解到的湾区建设亟待破题的关键问题、港澳青年的发展呼声等，提前研判两个合作区方案的重大利好，前往横琴、前海开展深入调研。正因为前期的精准研判、先行策划，在两个合作区方案出台三天后，《南方》杂志得以快速反应，及时推出《横琴写初心》《前海再启程》《世界级湾区的“发展密码”》《走！到湾区去上班》等系列深度报道。

（三）做好深入基层的调研者，透析报道精度

没有调查，就没有发言权。习近平总书记强调，“基层干部要接地气，记者调研也要接地气”。做好新形势下的经济报道，不止于政策解读、形势分析等理性层面，更要深入调研经济一线的丰富实践，真正摸清发展的脉搏。问题导向、蹲点调研、解剖麻雀，是开展调查研究的方法论。调研不能蜻蜓点水，记者要勇当“问题青年”，秉承打破砂锅问到底、把问题研究透的精神，多问几个“为什么”。

调研越深入，思想也就越深刻，抓住问题也就越精准。调研求深、求实、求细、求准、求效，在重大经济主题报道中彰显了深度、厚度、精度。比如，关于破解农民“增产不增收”难题，《南方》杂志持续三年跟踪调研，《“12221”——“粤字号”农产品成功出圈密码》便是在这样的思考中诞生的。

习近平总书记指出，产业振兴是乡村振兴工作的重中之重。广东是经济大省，也是农业大省。荔枝、菠萝、香蕉等广东特色农产品产量居全国第一。然而，前些年特色农产品滞销事件时有发生，果贱伤农问题依然存在。湛江徐闻菠萝滞销事件发生后，广东依靠“12221”市场体系改革创新，使诸多农产品走向全球，创下历史销售纪录。《南方》杂志再次蹲点徐闻，走访农户、农村合作社、采购商、农村电商、农业大数据平台、政府部门，有针对性地提出“政府有形之手”和“市场无形之手”共舞，农业改革生、不改革则死，从1到N的复制推广等深度思考，破解“屡生产屡滞销、增产不增收”的丰收悖论。

二、有温度：坚持人民情怀，实现大主题小切口

重大经济主题报道“出圈”面临着两大考验：一方面，其题材宏大，如果报道套路化、模式化，难免流于形式。另一方面，其话题严肃，如果表达呆板生硬，难以让人产生情感上的共鸣。

“团结人民、鼓舞士气，成风化人、凝心聚力”，这是习近平总书记对党的新闻舆论工作提出的重要职责使命。在重大主题报道中，必须坚持政治站位与人民情怀的有机统一，全心全意为人民服务，让报道契合时代要求、人民需求。

经济报道如何摆脱严肃刻板、专业味浓、工作味强的面孔？人民日报社原总编辑范敬宜在《总编辑手记》里给出了答案：经济报道“应该抓住两头，一是中央这一头，即宣传、解释好中央关于经济工作的重大决策……二是群众这一头，即要经常地抓住和回答群众在经济生活中最关注的、议论纷纷的问题……抓住这两头，就可以把权威性、指导性与群众性、可读性结合起来，把

经济报道搞得有声有色”。

（一）回应人民重大关切，让“硬”主题“软”着陆

中央经济工作会议在提到领导经济工作时，强调“特别是要悟透以人民为中心的发展思想”。重大经济决策部署、政策方针，归根到底是为了实现人民对美好生活的向往。

重大经济主题报道要始终坚持以人民为中心，既要有政策主张，也要有人民视角，以民生见国计、以微观见宏观，才能真正让“硬”主题“软”着陆。要认真研究报道主题与人民根本利益之间的内在联系，将党委政府的经济中心工作与民生重大关切相结合，切实走好新时代群众路线。

以《湾区大未来》系列报道为例，一方面，报道全面回顾了习近平总书记亲自谋划推动横琴、前海建设的重大决策部署，对中央发布的重磅方案进行深刻解读；另一方面，报道从港澳企业、港澳青年视角讲述横琴、前海呈现出的勃勃生机和美好前景，让两个合作区方案给港澳居民带来的重磅利好清晰可见、触手可及，回应了港澳居民对融入湾区发展的关切和期盼。

（二）挖掘人民好故事，大叙事中见小切口

习近平总书记强调，“要善于表达，深刻道理要通过讲故事来打动人、说服人”。一滴水可以反映太阳的光辉。以小见大，见微知著，是人们认识事物的一般规律，做好经济报道亦是如此。重大经济主题报道既要有大叙事，也要见小切口。善于从人民中挖掘好故事，才能让报道变得更有感染力和传播力，让报道的温度直抵人心。

以人见情，方能引发强烈共鸣，激发人民的共情点。在《蹲点老区访初心》系列报道中，《南方》杂志走读梅州大埔、韶关南雄、潮州饶平、汕尾海丰等老区苏区，寻访多位老革命、革命后代，其中有13岁参加革命的东江纵队抗日“红小鬼”、为革命牺牲的广东兄弟的后人等，听他们讲述热血沸腾的革

命故事、革命老区的昨天与今天，从革命历史中读懂初心与使命，从老区苏区的现实发展探寻全面小康道路。报道动人心弦，读者表示“这么正能量的事，要多报道多宣传”。

以事说理，方能摆脱生硬说教，产生润物细无声的张力。新华社原社长穆青说：“有时，一个细节比千言万语生动得多、深刻得多、有力得多。”在湾区报道中，《南方》杂志深入走访在湾区创业生活的港澳居民、港澳企业等30多个对象，在密集式调研中挖掘出香港青年爱上国潮品牌回力鞋、澳门青年乘坐半小时跨境巴士到横琴上班、号称“澳门最大的居委会”澳门街坊总会入驻横琴、前海深港青年梦工场港人服务港人等细节，呈现港澳居民融入湾区发展的生动场景，用真实可感的故事生动折射出湾区的吸引力。

三、有功用：当好“两个重要窗口”的传播者，为党委政府提供决策参考

“澄清谬误、明辨是非，联接中外、沟通世界”，这是党的新闻舆论工作的重要职责使命。在大众麦克风时代，社会声音多元复杂、思想交锋激烈碰撞。越是在关键时刻，越是重大问题，越需要主流舆论主动发声、及时发声、权威发声，引领导向。

有为、有用、有品，是重大经济主题报道追求的目标。作为改革开放的排头兵、先行地、实验区，广东是中国改革开放的精彩舞台，创造了举世瞩目的发展奇迹。习近平总书记指出，广东既是向世界展示我国改革开放成就的重要窗口，也是国际社会观察我国改革开放的重要窗口。“两个重要窗口”的重要地位，决定了生动讲好中国故事、湾区故事、广东故事，向外界展示全面、真实、立体的中国发展、湾区发展、广东发展，是《南方》杂志做好重大经济主

题报道的职责使命。

（一）做好对外传播，讲好湾区故事，起到展示形象、凝聚人心、引领导向的重要作用

香港实现由乱到治的重大转折，正处在由治及兴的关键时期。我们调研发现，一些在粤香港创业青年坦言，尽管香港与广东咫尺之遥，但是他们此前对广东并不了解，对广东的印象仍停留在十多年前。“很多香港创业者看好内地经济发展，但缺乏勇气，不敢踏出第一步。”

《南方》杂志关于港澳青年奋斗在湾区的报道，被中央政府驻香港联络办公室、中央政府驻澳门联络办公室等官网转载，被在粤创业生活的港澳青年转发，并被香港商会、香港青年创新创业协会等关注和转载。讲好湾区故事，向港澳青年呈现湾区巨大发展空间，对港澳青年而言“湾区不再是地图上的地理概念”，有利于吸引越来越多的港澳青年融入湾区，增强国家认同感、文化归属感。

（二）做好对内传播，讲好广东故事，为广东改革发展鼓与呼

《湾区大未来》系列报道聚焦横琴、前海先行先试，生动剖析两地推进与港澳规则衔接、建设国际一流营商环境、打造港澳居民眼中优质生活圈等先行探索，对湾区其他地方改革发展具有借鉴价值。近年来，《南方》杂志推出的《深圳，为什么行——深读中国改革开放的精彩样本》《广东的世界500强朋友圈》《蹲点乡村问振兴——广东驻镇帮镇扶村周年调查》《再造一个新广东》等系列重大经济主题报道，落点精准，具有极强的问题导向、现实意义，从实践和理论梳理出可复制、可推广的广东经验，为全国提供“广东答案”“广东智慧”。多篇报道获得省政协、省科技厅、省工信厅、省人社厅、省农业农村厅等部门的来信表扬和肯定。

与此同时，重大经济主题报道，是媒体探索智慧化转型、担当党委政府决

策智囊的重要路径。《南方》杂志聚焦改革发展、转型升级、自主创新、区域协调发展等重大经济主题，在调研报道中形成有价值的建议思考，推出多篇领导参阅稿件，获得省委书记、省长等省领导多次批示，为党委政府提供决策参考。其中相关经济改革报道被报送中央，把基层声音送到了中南海。

四、有综合传播力：坚持两个思维，有效扩大报道覆盖面和高端影响力

习近平总书记强调，“打造新型传播平台，建成新型主流媒体，扩大主流价值影响力版图，让党的声音传得更开、传得更广、传得更深入”。长期以来传统纸媒更多专注于供给端发力，在优质内容生产上孜孜以求，在需求端增强受众黏性、扩大报道影响力方面仍有待探索。党刊也要进行供给侧结构性改革，在新闻报道、影响受众上实现供需两端双向发力。实践证明，党刊提升重大经济主题报道传播力的关键在于：打造“高品质内容生产—广泛覆盖与精准分发—形成积极有效影响”的传播闭环。

（一）坚持受众思维：生产高品质新闻，以内容优势赢得传播优势

没有传播力，就没有一切。传播力从哪里来？一是要抓住时度效，坚持生产高品质新闻。习近平总书记强调：“党的新闻舆论工作要抓住时机、把握节奏、讲究策略，从时度效着力，体现时度效要求。”复盘《湾区大未来》整组报道，其在陈广腾、汪蓉等社领导的指导下经历了“三上两下”的反复打磨。中共中央、国务院发布横琴方案、前海方案时，当期《南方》杂志已经准备开机印刷。社长陈广腾审时度势果断叫停印刷，带领报道团队反复打磨选题策划方案，在两个合作区方案出台三天后快速反应推出18个版的重磅报道，引起社会强烈反响。

二是要发挥喉舌作用精准传播，提升党刊高端影响力。受众在哪里，党的声音就要传播到哪里。《南方》杂志推出的系列重要报道，为党委政府提供借鉴思考，相关报道被送往党委政府的重要会议现场。比如，2023年伊始，广东召开“新春第一会”——全省高质量发展大会。《南方》杂志线上线下融合发力，浓墨重彩地推出《再造一个新广东》重磅策划，并回应广东省委书记黄坤明提出的“广东高质量发展五问”，独家推出重量级的问策报道。读者以来信和留言的方式表示，“应广东发展之需而发，读来醍醐灌顶，催人奋进”。《南方》杂志开展“稳物价，保民生”专题调研，推出《广东平价商店 阻击农产品涨价风》《农超对接破解“菜价困局”》等报道。国家发改委在广东召开“平价商店”现场会，向全国推广广东做法，《南方》杂志相关稿件成为现场会议的材料。

（二）坚持互联网思维：探索全媒体传播矩阵，壮大传播“朋友圈”

在互联网时代，党刊告别了过去的单向传播格局，要积极建设全媒体传播矩阵，掌握互联网宣传的主动权。一是要形成裂变式的传播效应。党刊要探索整合“刊、网、微、端”资源，形成立体传播格局。以湾区报道为例，其在《南方》杂志发布后，迅速在学习强国客户端、人民日报客户端、网易新闻、今日头条等媒体形成二次分发，形成良好传播效果。二是要创新表达，把“有意义”呈现得“有意思”。在互联网时代，要适应分众化、差异化传播趋势，以视频评论、漫画、海报等具有时代性、交互性的传播形式，最大程度最大范围提高传播的覆盖面与到达率。《南方》杂志推出的《习近平总书记点赞的“超级工程”，背后有着怎样的奋斗者》报道，以漫画形式讲述了港珠澳大桥建设中诸多“全球领先”技术诞生背后的故事，一经推出，人民日报客户端、新华社客户端等媒体纷纷转载，发布仅两小时阅读量就超过70万。三是要开门办刊，精准研判受众反馈。这有利于吸引受众参与内容生产深化报道，有利于寻找适合全媒体传播的“引爆点”。在湾区报道中，读者以来信、网络留言等方式表示“对两个合作区建设有了全新的认识”，其建议也为后续报道提供了启发思考。

践行“四力”　念好“深”字诀

——深调研《以点破“面”》创作体会

许俊仟

调查研究不仅是我们党的传家宝，也是新闻工作的生命线。习近平总书记指出:“宣传思想干部要不断掌握新知识、熟悉新领域、开拓新视野，增强本领能力，加强调查研究，不断增强脚力、眼力、脑力、笔力，努力打造一支政治过硬、本领高强、求实创新、能打胜仗的宣传思想工作队伍。”“四力”对新闻媒体提出了要求，也为新闻记者的能力提升指明了路径。

近年来，《南方》杂志推出《深调研》栏目，旨在推动记者积极践行“四力”，提升自身综合素质，创作出令群众满意的新闻作品，更好地发挥新闻媒体在凝聚价值认同、传递主流声音、引领舆论导向方面的重要作用。

2022年8月，《南方》杂志刊发《以点破“面”——世行广东农业面源污染治理十年记》（以下简称《以点破“面”》）。这是《南方》杂志积极践行“四力”的代表作，获2022年广东新闻奖一等奖。作者深耕农业线多年，敏锐地捕捉到“农业面源污染治理”话题，以世界银行农业面源污染治理项目为剖析样本，从2017年10月开始就追踪报道对象，长期驻扎在全省10个试点地市、27个示范县（市、区），深入村庄角落、田间地头，记录真实生活、反映时代变迁，在宏大叙事中念好“深”字诀，写下沾泥土、带露珠、冒热气的作品。

深谋——提前做策划

“无策划，不新闻。”一直以来，《南方》杂志《深调研》栏目都提倡及早谋划、主动作为，“不打无准备之仗”。近年来刊发的《中国长岗坡》《老旧水利重生记》《县乡人大走上前台》等，都不是一时一事的应景之作，而是提前部署、周密策划、用心打磨的结果。《以点破“面”》也是如此。作者善于挖掘新闻线索，结合时代背景找准新闻定位，从而确定贴合主题、阐发内涵、个性表达的路径，为读者呈现“色香味俱全”的报道。

紧扣时代主题。进入新时代，必须始终立足大时代去思考，结合大背景去谋划，在围绕中心、服务大局中找准坐标定位。作为省委机关刊，《南方》杂志长期以来始终坚持“站在天安门上看问题、站在田埂上找感觉”，围绕中央和省委的重大决策和工作部署开展深度调查，在重大主题报道中体现出站位高度、思想深度、策划精度。《以点破“面”》是典型的环境报道，必须紧紧扣住生态文明建设的时代主题——党的十八大以来，我国围绕生态文明建设开展了一系列开创性工作，生态文明建设从理论到实践都发生了历史性、转折性、全局性变化。如何讲好这些生态文明故事，传播好生态文明建设的宝贵经验和积极成效，是一项重要而紧迫的课题。这篇文章以广东农业面源污染治理为切入点，始终紧扣“绿水青山就是金山银山”的理念，将世行项目作为反映我国生态文明建设伟大实践的一个样本，凸显出较大的格局和视野，为报道的政治性、思想性、理论性打下坚实基础。

找准新闻选题。如何在百舸争流的环境报道中找准定位，挖掘出“接地气”“贴民生”的好选题，是新闻工作者竞相比拼的一项重要能力。长期以来，蓝天、净土、碧水三大保卫战中，净土的关注度相对较低。且“农业面源污染”离城市生活较远，专业术语又多，存在一定的专业壁垒。因此，尽管有不少媒体注意到了这一话题，但大都是一闪而过，并未真正对焦用力。这篇文章在选题上独辟蹊径，与作者平时采访和实践中的长期思考、经验积累有必然联系，体现了敏锐的政治嗅觉和新闻嗅觉：一是长期深耕农业线条，注意留心新闻由头，对广东面临的农业面源污染形势深入了解，破除了专业和知识上的壁垒，成为行家里手；二是坚持不懈研读政策，把握形势，观察走向，从十年来的“中央一号文件”中，发现农业面源污染治理分量越来越重，从一个词变成一句话，从一段话变成一大点，从而找准亮点，把“新闻盲区”变成“新闻富矿”。

凸显思想深度。在众声喧哗的互联网时代，“短平快”的竞争日趋激烈，尤其需要追求、提升作品的思想性，体现在新闻工作者身上，就是要有敏锐的视角和勤于思考的习惯。作者在长期调研中发现，广大农民群众对世行治理模式是高度认可的，已经从一开始的不理解、不配合的“要我做”，转变为主动创新、主动变革的“我要做”，这其中的关键是什么？作者在对新闻事实详尽发掘的基础上，对新闻素材进行反复体悟，把着力点放在对世行项目的发展现状、发展历程、发展方向上，展现广东如何把生态优先、绿色发展理念融入现代化建设全过程，在文末总结出“世行和广东双向奔赴，广东不断吸取和借鉴发达国家的经验和教训，同时也在实践中不断探索出适合省情的面源污染治理模式”，体现出强烈的问题意识和鲜明的思想性。

深情——俯身跑基层

在互联网时代，资料搜集更为便捷，远程采访更为便利，但“屏对屏”“键对键”永远代替不了“面对面”。《以点破“面”》坚持调查研究，作者俯下身子，和采访对象广交朋友，进一步密切与群众的情谊，记载一个个鲜活的人、讲述一件件真实的事，极大地增强了报道的真实性、可读性。

用心向专家学者请教。俗话说，隔行如隔山。世行项目就是这样一个“隔山”的专业领域。作为国内首个利用世界银行资金实施农业面源污染治理的项目，这个项目所涉面甚广，包括种植业、养殖业、机构管理、监测评估等多项内容，同时又横跨十余年时间，涉及国内外关系。在具体的治理过程中，又充斥着大量如化学需氧量、氨氮排放量等学术名词，很容易让人一头雾水。如何从一团乱麻中找出头绪，理清楚来龙去脉？又如何把学术名词解释得更通俗，让受众听明白？这都需要新闻记者走出办公室，拜专家学者为师，扮演好一个“翻译家”的角色。作者广泛采访各类专家学者，对所报道的问题融会贯通、了然于胸，从而能够在严格尊重事实的基础上，将政策安排梳理得头头是道，将受访对象的陈述进行编排铺陈，并尽量采用口语化、群众化的语言来转换学术名词，最大程度降低了阅读门槛。同时，文章还采访多名世行首席农业经济学家、联合国粮农组织专家，真实捕捉外国人对广东农业面源污染的看法，让报道更加立体可信。

诚心同基层干部交流。正所谓“抓住一点，不及其余”，新闻报道最忌像工作总结一样面面俱到，而应该深入一线调研，接触一手材料，从而“见渺小之物必细查其纹理”，把最有特色的“那一点”写深写透。而基层干部正是了解“那一点”的关键所在，他们经常走访群众，倾听民声，在一个跨国项目落地的过程中，直接发挥着上传下达、协调组织的作用，他们最了解世行项目与国内相关项目的异同点，也能够接触到难点、痛点、堵点。记者在采访写作时，曾广泛征求全省试点市县管理人员、基层干部对世行项目亮点的看法，发现大多数基层干部对世行项目首创的IC卡信息系统补贴机制模式大为赞赏，有基层干部推荐“楼上养猪、楼下堆肥”的高床发酵型模式，这为报道打开了新的视角。文章抓住这两大“小切口”，重点反映IC卡机制有效破解了补贴资金发放难和虚报冒领、挤占挪用等难题，高床养殖为不同养殖规模和投资能力提供了多种可供选择的减污模式等，跳出了拾人牙慧的俗套，给人以过目难忘的印象。

虚心向农民群众学习。近年来，《南方》杂志《深调研》栏目坚持把记者推向新闻第一线，更积极地调动他们的创造性，从火热的生活实践中找“活水”、抓“活鱼”。在农业面源污染治理项目中，广大农户是直接的参与者，也是受益者，他们是如何接受“科学施肥用药和管理”观念的？他们怎样看待高床养殖废弃物的治理模式？这篇文章就以抓“活鱼”为导向，记者坚持群众路线，以满腔的热忱、“眼睛向下”的决心和“甘当小学生”的态度，经常来到田间地头，来到群众家中，和群众同坐一条板凳聊家长里短，“厚着脸皮”刨根问底，既反映称赞，也反映建议。此外，正是大量一线采访，让行文更加开放自如，既有大量自然环境描写和社会环境描写，也有相貌描写、心理描写和动作描写；既有大量对村貌村情的白描，也有和专家农民的深入对话。这些细节具有极强的穿透力、感染力，增强了人物的真实性，使文章变得鲜活生动、饱含温情，有血有肉有灵魂，可读耐读、让人喜欢读。

深入——精准化运营

进入互联网时代，信息技术飞速发展，媒介产品遍地开花，受众的口味不断变化。怎样留住受众，需要在打造分量重、含金量高的优质内容的同时，更加适应互联网分众化、差异化的传播特点，积极拥抱互联网技术。这不仅是舆论引导效能的重要体现，更是检验新闻媒介能力的重要标尺。

《以点破“面”》在《南方》杂志刊发后，也在南方+客户端、学习强国号、腾讯号等发表了，达到了“一传十，十传百”的裂变式宣传效果，可以说这是对近年来《南方》杂志融合发展成效的一次检验。

形态更加多元。传播是新闻生产最重要的目的。近年来，随着新媒体技术的发展，传播生态被不断革新的技术重塑，视觉传播在新媒体实践中被广泛应用。如何利用视觉信息打造出多样化的优质新闻形态，这是传播者面临的新挑战。近年来，《南方》杂志大胆“试水”互联网新玩法，着力钻研5G应用、Vlog短视频、VR技术等新应用和新手段，诞生一大批“流量担当”产品。比如《最美第一书记》系列短视频、“一纸承诺鉴初心”系列纪录片、“党员干部微信表情包”、“吾土吾乡·红色村VR巡礼”、南方直播等，将互动内容和图文报道相互结合，进一步提高党刊的传播力。《以点破“面”》也是如此，在策划之初就不满足单纯的文字或者图文，而是致力于“增光添彩”，推动记者丰富全媒体思维，集新闻采写、图片拍摄、视频剪辑等技能于一身。文章见刊后，在新媒体平台进行二次传播，将短视频、海报、VR等多种全媒体手段利用起来，做到了“出圈”“破圈”，让更多受众直白地感受农业面源污染的危害和治理的必要性。

平台更加多样。新闻产品通过何种渠道传递，这是传播内容本身的探索。近年来，新媒体以数字报、移动端、触屏媒体等为代表，成为信息整合和发布的新平台，深刻改变了舆论格局。《南方》杂志也建立起一套成熟的新媒体运营体系，不断优化以南方杂志微信公众号、南方+客户端党建频道为核心平台，以学习强国号、人民号等中央媒体为影响力提升平台，以头条号、百家号等为市场分发平台，以抖音号、视频号为重点培育视频平台的多元化四级新媒体传播矩阵。这篇文章在充分利用媒体传播矩阵的基础上，也主动向相关部门推荐好稿件，并配合各部门宣传报道安排，进一步扩大传播渠道。世界银行在官方微博、官方微信上全文转载了该报道，形成了国际影响。农业农村部、广东省农业农村厅、广东省财政厅和地方主管部门的官方网站、官方微博、官方微信公众号也相继转发。《南方》杂志还与《农村工作通讯》合作，进一步总结世行项目的经验、启示、教训和后续工作建议，为本次报道画上圆满句号。

运营更加精准。受众对新闻产品如何解读，如何回应，这是对传播效果的审视。目前新媒体内容社交宣推的平台繁多，从不同视觉效果类型来看，大致可分为以图文信息为主导的社交平台，以短视频为主导的社交平台，以网络直播为主导的社交平台，以弹幕视频为主导的社交平台。这篇文章广泛利用各大社交平台，通过特定圈层的社交功能，获得众多“自来水”的推荐，特别是曾经参与世行项目的实施者，纷纷转发报道，配文“十年的笑与泪，值得用一生来铭记”。优质的独家内容，多样的传播平台，特定圈层的社交功能，是本次深调研报道中较为成功的探索路径。其中关键在于找准目标用户，小切口精准切入，在做大做强独家优质内容的基础上，不断为平台赋能。未来，研判平台气质和调性，捕捉和描画受众画像，应当成为内容社交宣推策划着重考量和分析的因素。

以世界眼光思考广东发展

——《取经新加坡》跨国报道背后的党刊视野

母发荣 郭芳

“一名优秀的政经记者，就要思考省委书记、省长在想什么，甚至要思考省委书记、省长尚未想到的。”《南方》杂志创刊顾问、新华社《瞭望》杂志原副总编辑刘野在选题会上的这句话，对广东省委机关刊的记者们提出了期许。

胸中有大局，才能写得了大文章。以世界眼光思考广东发展，《取经新加坡》跨国系列报道便是在这样的背景下诞生的。时任中共中央政治局委员、广东省委书记汪洋履新不久，提出解放思想要有世界眼光，要敢于向新加坡等世界一流城市叫板。《南方》杂志就此策划前往新加坡，推出《李显龙：得不到民心，就得不到选票》等6篇报道。

《取经新加坡》系列报道对转型中的广东很有借鉴意义，并在国内外产生了很大影响。相关报道被《南方日报》、南方网、搜狐网、北方网、凤凰网等国内各大媒体全文转载。与此同时，新加坡执政党人民行动党党刊、《联合早报》、《星期天日报》、南洋视界网、马来西亚中文网等海外媒体也对相关报道进行了全文转载。

两个月后，汪洋出访东盟四国时，将当期杂志作为特别礼物赠送给新加坡总理李显龙，并指示向中国驻新加坡使馆赠送《南方》杂志。双方会谈时，李显龙多次提及《南方》杂志对他的独家专访，并称报道给他留下了深刻印象。

这是《南方》杂志的第一次跨国采访，既展示了广东解放思想的世界眼光，展示了广东的改革意识、开放理念、学习心态，成为向外界展示广东形象、中国形象的一扇窗口，也为广东与新加坡的交流合作做了一件实实在在的有用事情。

“省委书记、省长在想什么”

可以说，刘野老前辈的“省委书记论”，影响了我们的整个新闻职业生涯。刘野，何许人也？刘野生于20世纪30年代，是新华社《瞭望》杂志原副总编辑。在新中国成立前，刘野就已经在革命根据地从事新闻报道；1981年，刚从中央党校学习回来的刘野，受命成为《瞭望》杂志的主要创刊人之一。他编发的独家报道《邓小平谈什么是有中国特色的社会主义》，经整理被收入《邓小平文选》第三卷。

2003年，也就是《南方》杂志创刊那年，刘野是当时省委宣传部领导特别从北京请来的权威顾问。刘野是个爱研究问题、爱思考的学者型新闻人，他也把这种传统带到了《南方》杂志。他提出的“省委书记论”给我们留下了深刻的印记。

《南方》杂志创刊二十载，记者始终关注“省委书记在想什么、省长在想什么”。记者总是在采访中不自觉地停下脚步思考：如果我是省委书记，面对这样的问题我会怎么办？《取经新加坡》系列报道，便是在这样的背景下诞生的。

2007年12月，汪洋履新不久，就提出“要以新一轮思想大解放推动大发展”“解放思想要有胆有识，要有世界眼光。广深要敢于向新加坡等世界一流城市叫板”。

新加坡，在不到700平方公里的土地上，用短短40多年时间创造了发展奇迹，其举世闻名的招商引资、经济转型升级经验、“居者有其屋”政策、执政党长期坚持的“接访”制度、“精英治国”理念等等，对广东争当实践科学发展观排头兵，争当解放思想排头兵都具有现实借鉴意义。

汪洋指出：解放思想，要克服自满思想，增强忧患意识；克服狭隘视野，树立世界眼光；克服见物不见人的观念，坚持以人为本。省委书记所思，正是《南方》杂志所向。记者围绕解放思想主题，紧扣汪洋提出的三大问题开始策划“取经新加坡”跨国采访。

第一次跨国采访

我们准备开启《南方》杂志历史上第一次跨国采访。第一次，意味着敢闯敢试与首创精神，就是要有到达一切地方、克服一切困难的突破能力，这是《南方》杂志的基因。

省委书记的话，让我们有了前往新加坡采访的念头。但是当时也面临着两难：第一，做，还是不做？当时新华社有驻外记者，但是省级媒体跨国采访的情况鲜见。创新意味着风险和成本：如果联系采访失败了，所有的前期准备工作都是沉没成本。第二，如果做，我们将面临三个困难：其一，能否联系到新加坡有关部门的采访。网上能搜到的新加坡政府网站信息不全，而且能搜到的是英文网站。其二，能否顺利拿到签证。第三，能否突破语言关。当地的主要官方语言是英语，尽管我们大学拿到了英语六级证书，考过了英语口语证书，但是能否顺利完成采访交流心里没底。

当时我们一一向社长蔡玉明、总编辑吴爱平、副总编辑肖国军汇报了采访设想，虽然会面临种种不确定因素，但领导们都表示了对此行的支持。于是，我们购买了一张国际长途电话卡，开启了联系新加坡的第一步。经过近一个月的前期联系，我们大面积撒网、重点捕捞，最后找到了一把关键的钥匙，打开了新加坡的大门。

我们联系到新加坡执政党——人民行动党的执行理事刘炳森，他欣然答应了我们的采访要求，并把我们发去的采访函转给了新加坡政府部门。随即新加坡驻广东总领事给我们打来电话，我们的采访、签证问题全部迎刃而解。

2008年6月1日，《南方》杂志特派记者前往新加坡，跨海取经。在八天的采访时间里，记者独家专访了新加坡总理李显龙，遍访新加坡执政党人民行动党、国会议员、经济发展局、中央公积金局、贸工部首席经济学家、南洋理工大学、“中国市长班”学员以及普通民众等，推出《李显龙：得不到民心，就得不到选票》《怕输的新加坡（忧患意识篇）》《全球视野：新加坡的竞争力（世界眼光篇）》《新加坡式的“以人为本”（以人为本篇）》《中国市长班和新加坡经验》等6篇报道，力求以翔实的采访、生动的报道、理性的分析，有针对性地还原新加坡的成功之道，为广东科学发展提供借鉴启示。

独家专访新加坡总理李显龙

我们在人民行动党的德义支部独家专访新加坡总理李显龙，是记者在此行采访中的意外收获。

当时，记者就新加坡“居者有其屋”政策采访居住在政府组屋的普通民众时，捕捉到一条重要信息：作为该民众所在的宏茂桥选区选出来的国会议员，每周三晚上是李显龙接见选民的日子。在新加坡，利用业余时间定期会见选民是国会议员的一项例行工作，总理也不能例外。国会议员接访制度，是人民行动党坚持了几十年的一项基本制度。

这个信息击中了记者的心。记者第一时间联系了刘炳森，表达了希望采访李显龙总理的意愿。不得不感慨新加坡政府的办事效率，刘炳森很快就向记者转达了总理新闻秘书的礼貌回复：“总理不接受采访，但记者可以现场观察。”

夜色微降，记者早早地来到人民行动党的德义支部，前来反映问题的选民越聚越多。记者坐在李显龙总理身侧，零距离现场直击了他接访的全过程。接访间隙记者向李显龙总理抛出了一系列现实问题：“选民早早地来到这里排队，是因为您能为他们提供特别的帮助吗”“如果部分选民反映的问题不能得到解决，会不会使他们对接见制度产生怀疑”“这一制度为什么能够风雨无阻地坚持40多年”……这些问题获得了李显龙总理的热烈回应，回答时不时引发笑声。

从晚上八点半开始，李显龙总理在一一接见了85批反映问题的选民后，已至凌晨。尽管身体疲惫，李显龙总理依然谈兴正浓，他打破了原有的约定接受了记者的专访。李显龙总理提出的“我只接见自己的选民，不搞特权”“（接访）可以直接解读敏感问题”“基层活动对治理国家很重要”“从政第一原则：不是每个问题都有解决答案。每个选民都有自己的苦衷，我们应在了解情况后，通过制度设计，系统化地解决问题”等一系列观点，以及“从人民中来，就得回到人民中去”的身体力行的做法，能给为政者以启迪。

回到酒店已经凌晨两点多，兴奋不已的记者睡不着觉，在键盘上敲下这篇专访文章。报道发表后，在国内外引起了很大反响。刘炳森专程发来电邮，转达了李显龙总理对报道的肯定。

《取经新加坡》引发的后继思考

事实上，《取经新加坡》系列报道并没有结束。

同省委书记一样，记者长期关注着珠三角的转型升级。新加坡采访结束后，记者没有停止思考，直觉地将广东的现实困窘和新加坡经验联系起来：新加坡和珠三角虽相隔数千里，成长轨迹却惊人地相似。20世纪70年代末，新加坡同样站在产业转型的十字路口。然而，当年新加坡将劳动密集型企业转移到成本较低的亚洲邻国时，却没有像珠三角一样面临产业空心化的担忧。

记者从采访中找到了答案。“产业升级要有基础。”当时新加坡经济发展局亚太司司长林国强在接受《南方》杂志记者采访时解释道，“因为具备世界级技术工人，很多加工贸易企业与新加坡共同升级。”于是，记者带着问题前往珠三角调研，发现许多新兴产业都面临着高端产业工人的巨大缺口，这使得广东转型的脚步大大放缓。

记者将广东的转型升级和新加坡发展经验联系起来，在四年后撰写了《政府可以引进世界一流的科研团队，却引进不了数以千万计的产业工人》等领导参阅稿件。相关稿件获得时任省委书记、省委常委、常务副省长等省领导批示，推动省里有关部门组织研究有关政策性意见。

以世界眼光、中国视野思考广东发展，是《南方》杂志的价值主张。一方面，《南方》杂志始终坚持国际视野，在粤港澳大湾区、营商环境建设等报道中对标世界一流样本，注重借鉴全球先进经验；另一方面，《南方》杂志始终坚持国内视野，前往江苏、浙江、福建等地调研，聚焦乡村振兴、创新驱动、县域振兴、生态建设等话题，推出《创新驱动，学习江苏好榜样》《省界上的比拼——探寻产业转移“撑杆跳”之因》《从谈溪色变到造福人民，木兰溪如何炼成最美母亲河》等多篇深度报道，为广东发展提供借鉴启示。

（母发荣系南方报业传媒集团战略发展部主任、南方杂志社编委）

影响有影响力的人

——大兴调查研究，当好改革发展的瞭望者

郭芳

一篇新闻稿件，能有着怎样的力量？

党中央高度重视新闻舆论工作。习近平总书记强调“要建成新型主流媒体”“着力提升新闻舆论传播力引导力影响力公信力”。全媒体时代，受众大量转向互联网阵地，传统媒体的传播影响力受到严重冲击，党刊也不例外。创刊20年，南方杂志社经历了数次转型，实现了从“传统媒体”到“融合媒体”再到“智慧媒体”的两次飞跃，以重塑传播影响力。

从传统媒体走向智慧媒体，新闻记者的角色被赋予了更多的时代色彩：既是党的政策主张传播者，也是改革发展的瞭望者、党委政府决策的智囊团。稿件所反映的问题，能够反映基层一线的呼声，能够得到政府决策层的关注，能够成为推动社会前行的力量，这是省委机关刊的使命价值所在。

在智媒转型的道路上，南方杂志社始终坚持调查研究、敢闯敢试：2010

年《南方杂志·领导参阅》创办以来，多篇领导参阅稿件获得省委书记、省长等省领导批示，其中相关经济改革报道被报送中央；南方杂志社与广东省社科院组建研究团队，连续多年推出《赢在后劲——独家发布广东竞争力报告》特刊，为广东继续领跑全国提供决策参考，在省委全会、广东两会、全国两会引起关注；等等。

坚持到一线去，发现真问题

没有调查，就没有发言权。习近平总书记强调，“基层干部要接地气，记者调研也要接地气”。到群众中去，到实践中去，这是党刊始终坚持的报道立场和工作方法。作为新闻记者，如果没有调查研究，看到的可能只是冰山一角。是深调研，还是浅调研，也决定看到的是现象还是本质、局部还是整体、真实的还是失真的。

比如，广东是经济大省，也是农业大省。湛江市徐闻县是中国最大的菠萝产区：中国平均每10个菠萝，就有3个产自徐闻。2018年，徐闻10万亩菠萝遭遇滞销，最低跌到5分钱/斤也无人问津，影响数万农户。《南方》杂志记者蹲点徐闻调研，走访了普通农户、种植大户、农场、菠萝经纪人、采购商等菠萝产业链上下游，并与县委书记、县农业农村局局长、镇党委书记等深度交流，发现遭遇天气灾害并非是菠萝滞销的根本原因。

记者发现在同一个县，上演了菠萝价差60倍的戏剧性反差。一边是10万亩传统菠萝滞销，农民亏损少则几万、十几万元，多则上百万元；一边是当地红星农场的新品种、高质量菠萝价格依然坚挺，平均销售价格维持在3元/斤左右，而且呈现供不应求的景象。如果调研到此为止，这是一个农业供给侧结构性改革的故事。

记者继续往下调研，既走访了十几亩、几十亩的普通种植户，也走访了几百亩、上千亩的种植大户，发现无一例外：即使菠萝价格差距60倍，农民仍然不愿“转型升级”。为什么？一是转型成本高。农民贷款难，没有钱转型。二是技术门槛高。基层农业技术人才断层严重，农民不敢种。三是无形的市场风险。农民担心新品种打不开市场，有可能出现“生产出好产品，卖不了好价钱”，农民不愿种。

记者挖掘出“同县菠萝价差60倍，农民却不愿转型升级”“‘中国菠萝第一县’为何发展大而不强”等问题背后的深刻原因。稿件被人民日报客户端等转载引发诸多留言，读者直呼“对农村问题讲得很具体很透彻”。同时，记者将相关思考形成领导参阅稿件，报送省里提供决策参考。

东汉哲学家王充在《论衡·别通》中写道：“涉浅水者见虾，其颇深者察鱼鳖，其尤甚者观蛟龙。”他把涉水分为“浅水”“颇深”“尤甚”三个层次，得出“入道弥深，所见弥大”的结论。新闻记者亦是如此，调研越深入，思想也就越深刻，抓住问题也就越精准。只有到群众中去，到实践中去，才能如习近平总书记所说的“真正把群众面临的问题发现出来，把群众的意见反映上来，把群众创造的经验总结出来”。

坚持研究精神，报道才有眼力

习近平总书记鼓励新闻舆论工作者“努力成为专家型人才”。记者的角色不只是技艺高超的摄影师，仅仅为真实地还原事实场景；其更是科学家，只为寻找到问题最根本的症结所在。《南方》杂志为培育专家型记者提供了优质土壤。眼力是发现问题的能力。研究有积累，报道才能有眼力，才能在报道中“看得准”“看得远”“看得深”。专业研究思考的穿透力，决定了能否有效判断新闻价值、触及报道核心，决定了调查报道的深度和分量。

《南方》杂志记者曾两次采访粤北某山区县县长，其在提及“林业发展”时的态度，就让记者抓住了一个重要题材。第一次的采访话题是“干部知识怎样转型升级”，这位县长举例道，当地空负“林业大县”的盛名，却没有一家像样的木材深加工工厂。许多木材被简单加工成木片，廉价出售给珠三角工厂。林业部门的干部就可以在学习中思考，引进一些高附加值的木材加工企业。

第二次采访这位县长的时候，正值广东主体功能区酝酿出台之前。这个山区县被划入生态发展区，其产业布局也在发生变化。让这位县长并不轻松的是：“因为要让森林休养生息，原材料木材的供应量将会越来越少。仅林业一项，每年就减少了几千万元收入。”发展经济与保护生态之间的矛盾，让山区县很是纠结。

这位县长对“林业发展”态度的细微变化，如果稍不留意就会被遗漏。记者由此关注到“生态补偿”这个话题，跟踪踏访了南岭生态区试点县——韶关始兴县，直击当地为保护生态付出的艰辛和面临的难题，提出“如果生态补偿、政绩考核指标、生态产业政策等相关配套没有跟上，主体功能区改革将难以为继”的观点，传递出欠发达地区想对省委书记说的话。这篇报道获得省委书记批示，为广东省生态保护补偿相关政策出台提供了决策参考。

调查研究不能只见树木、不见森林，也不能蜻蜓点水。记者要勇当“问题青年”，秉承打破砂锅问到底、把问题研究透的精神，多问几个“为什么”，得出深思考。

坚持问题导向，为改革发展解难题

习近平总书记强调“以深化调查研究推动解决发展难题”。新闻媒体不仅要做信息的供应商，还要做思想的供应商。担当改革发展的瞭望者，是党刊的基因决定的，也是党刊调研报道的独特优势。《南方》杂志聚焦党委政府中心工作、改革发展新情况新问题新经验、民生诉求关切等问题深入调研报道，担当沟通党委政府和基层一线的桥梁，多篇报道引起决策层关注。

“全国最富的地方在广东，最穷的地方也在广东。”这是中国第一经济大省长期面临的现实问题。城乡区域发展不平衡，一直是省委书记、省长关注的焦点，也是《南方》杂志持续跟踪调研的话题。《财政“省管县”改革不能单兵突进》报道，便是在这样的调研中产生的。记者在山区县采访时，发现许多官员对财政“省管县”的期待由来已久。然而，当财政“省管县”改革真正步入深水区时，山区在一片叫好的同时，也在担忧改革引发的“并发症”，比如，县级财政缺口如何填补，市里不再出台配套项目资金有可能让县级财政雪上加霜，等等。这个现象引起了记者的关注。记者接连调研了粤东西北的三个县，除了与当地县委书记直接对话，每个县还走访了县财政局、县卫生局、县教育局等10多个基层部门。记者由此撰写了《南方杂志·领导参阅》的第一篇稿件，获得省委书记批示，为党委政府提供决策参考。

2021年，广东省委、省政府创新开启乡村振兴驻镇帮镇扶村工作。从“驻村帮扶”到“驻镇帮镇扶村”，广东在全国率先探索，没有任何经验可循。当前乡村振兴面临着怎样的堵点、痛点、难点？广东驻镇帮镇扶村工作队能给乡镇带来什么、留下什么？作为广东驻镇帮镇扶村的重要力量，企业将为乡村发展带来怎样的活力？驻镇帮镇扶村工作将激发出怎样的“镇”能量、给农村带来怎样的新变化？帮扶新模式先行先试，给乡村振兴工作带来怎样的启示？

广东驻镇帮镇扶村一周年之际，《南方》杂志记者以问题为导向，带着以上“乡村振兴五问”，辗转韶关、清远、揭阳、茂名、阳江、河源、云浮等欠发达地市，深入调研30多个乡镇，剖析当前农村发展的现实问题，探寻未来乡村振兴之路，挖掘可复制、可推广的广东经验。读者纷纷留言跟帖：“报道对今后乡村振兴工作提出了建设性的意见。”同时，《南方》杂志还承担驻镇帮镇扶村研究课题，为乡村振兴建言献策。

《南方》杂志聚焦改革发展、转型升级、自主创新、区域协调发展等重大主题，推出多篇领导参阅稿件，获得省委书记、省长等省领导多次批示，为党委政府提供决策参考。直面改革发展的焦点、难点、痛点，在持续跟踪调研中抓住“真问题”、得出“深思考”、探索“好对策”，真正为改革发展解难题，这是党刊调研报道的价值所在。

坚持率先探索，担当党委政府决策的有力助手

对党刊读者精准画像，可以发现其主要定位为党政领导、各级公务员、基层党员干部群众等。其中，党的政策的执行者、经济发展的决策者、公共事务的管理者等是党刊的重要受众群体。怎样影响有影响力的人？党刊可以对受众进行精准传播，将重大主题报道延伸至课题研究、榜单评选、会议论坛等智库产品，担当党委政府的参谋和助手，以新服务体现新型主流媒体的新价值，以智慧转型的影响力提升媒体的党政传播力、高端影响力。

探索生产有影响力的智库新闻产品。《广东竞争力报告》是广东省社科院对经济发展问题的深度学术研究报告，曾获省委书记多次批示，并曾作为省委全会的会议参阅材料。南方杂志社与广东省社科院组建研究团队，在2013年、2015年、2016年、2018年、2019年陆续推出《赢在后劲——独家发布广东竞争力报告》特刊，从全国视野对广东经济发展进行全面扫描，探寻广东竞争力的来源和长短，求索地区发展后劲所在，为广东全面深化改革、继续

领跑全国提供决策参考。

竞争力报告特刊是广东区域发展的忠实记录、智囊支持、深度读本，产生了广泛社会影响力。中国社科院网、《南方日报》、广东卫视、《南方都市报》、南方网、南方+等媒体对竞争力报告进行报道，深圳、佛山、中山、肇庆、河源、清远、阳江等地的党委政府微公号及当地媒体跟进解读竞争力报告。特刊在省委全会、广东两会、全国两会引起参会人员的讨论，受到省厅领导、市委书记等关注，相关内容被写入地方党代会报告。竞争力报告还引起山东、江苏等地关注，山东省委机关报微公号跟进转载相关内容，获得数万点击量并引起大量讨论。

媒体直接参与智库研究，这是智库转型的新探索，也体现了《南方》杂志的专业研究能力。广东省政府参事室特约研究员、南方报业传媒集团原副总编辑、《21世纪经济报道》原总编辑丘克军点赞："广东竞争力报告成了两会'及时雨'，代表委员们在分组讨论派上了用场。做传媒做到这样的深度，体现了它的核心竞争力。"

为党委政府提供智囊服务。南方杂志社推出《蹲点乡村问振兴——广东驻镇帮镇扶村周年调查》大型报道。同时，省委农办、省农业农村厅、省乡村振兴局联合南方杂志社组建评选委员会，组织省委政策研究室副主任周俊波、省政府发展研究中心副主任谭炳才等10名权威专家，面向全省组织开展"百份优秀乡村振兴调研报告"和"百份优秀镇域乡村振兴规划"双百评选活动，充分发挥典型示范意义，引起社会强烈反响，得到省委农办点赞。相关活动和报道被学习强国客户端、人民日报客户端等平台纷纷转载，并被农业农村部官网、广东省农业农村厅网站、广东省乡村振兴局微公以及地方党委政府微公号、网站纷纷关注转载，形成了广泛传播力，推进乡村振兴工作走深走实。

有效服务党委政府中心工作，进一步扩大了省委机关刊的影响力。

升级新赛道 解锁“大党建”

——《南方》杂志特色党建报道的创新之路

张蓓蕾

党的十八大以来，以习近平同志为核心的党中央采取一系列重大战略举措，坚持和加强党的全面领导，着力解决过去一个时期党的领导弱化、虚化、淡化、边缘化问题，不断开辟新境界、探索新路径、实现新突破，逐步形成了以习近平新时代中国特色社会主义思想为指导的党的建设新格局。

党建报道是《南方》杂志的底色和亮色。以“大党建”为特色的《南方》杂志，近年来紧紧抓住党中央全面加强党的领导、大抓党建的时代机遇，聚焦广东党建工作的时代课题、新兴领域、前沿话题，专注深耕党建核心主业，挖掘广东走在全国前列的党建先进做法，在宣传党的政策、总结党建经验、助推基层党建工作方面做了大量报道，上联中央省委，下接基层地气，为现实中不断涌现新问题新挑战新任务的党建工作提供各种解决方案，打造党员领导干部的思想库、学习库、工具库、交流库，让“四库”成为党员学习的园地、党政干部的参谋、支部工作的顾问，使《南方》杂志在基层拥有一批稳定而忠实的读者，在提升“四有”新型党刊的“功用性”上，走出一条探索创新之路。

一、赛道升级，强化党建特色巩固核心竞争力

习近平总书记指出，“党政军民学，东西南北中，党是领导一切的”，并在新时代党的建设总要求中鲜明提出“坚持和加强党的全面领导”。党建工作的重要性被提到新高度，为党刊事业的发展带来了新机遇和新挑战。新形势下，南方杂志社牢记党刊使命和责任，始终坚持正确的政治方向，始终坚持围绕中心服务大局，旗帜鲜明地亮出“大党建”特色，以“大党建”传播理念统揽全局，打造理论阵地，突出党建特色，建设新型“四有”党刊，积极推进媒体融合发展。应对赛道升级，《南方》杂志充分发挥自身在党建领域的优势，挖掘整合党建领域资源，更进一步强化党建特色，巩固核心竞争力，在内容布局、报道领域、研究范围、产品质量上不断优化调整，在“权威、时新、好用”上下功夫，凸显《南方》杂志在党建报道上的“南方气质”。

一是聚焦时代课题。党的十八大以来，习近平总书记先后四次到广东视察。广东作为改革开放的排头兵、先行地、实验区，承载着总书记赋予的“走在全国前列、创造新的辉煌”使命任务。新时代，广东加强对中央顶层设计的创造性落实，不断围绕服务国家重大战略贡献智慧、担好角色，创造了许多党建新思路、新实践。我们聚焦时代课题、新兴领域、前沿话题，持续关注大湾区党建、合作区党建、超大城市党建、新就业群体党建、互联网党建、小区物业党建、产业链党建、社区大党委、镇街党校、头雁工程、党建引领基层治理等具有广东特色的创新做法，选题方向向更深层次迈进、向更广领域拓展，为广东的改革创新鼓与呼。

二是拓宽报道领域。过去党建报道范围“小”，集中在组织建设、干部人事制度方面，党的十九大之后，我们扩大报道范围，按照新时代党的建设总要求，把新时代党的建设六大方面——政治建设、思想建设、组织建设、作风建设、纪律建设、制度建设纳入报道范围，全面涵盖理论武装、选贤任能、强基固本、育才聚才、正风反腐等内容，尤其是新划分的党建工作领域如城市基层党建、医院党建，新涌现的党建阵地如镇街党校、新时代文明实践中心、党群服务中心，以及一系列全面从严治党的新要求如整治“四风”、中央八项规定、纪委监委改革、跨境追逃等等，都成为我们重点关注的报道对象。

三是加重内容分量。我们着力提升杂志的党建特色，重组了版面结构，将党建领域报道比例提高了43%，党建报道增量提质，更好地服务全面加强党的领导和党的建设、全面从严治党，以更大规模、更多篇幅和主题策划集中展现习近平新时代中国特色社会主义思想在广东的学习贯彻情况和落地成果，以较强的思想高度、视野宽度和报道深度，打造南方特色的党员干部学习交流园地，实现从单一型党建报道向复合型、实用型党建报道转变。

四是创新传播方式。过去党建报道满足于纸质传播，随着媒体融合的深度推进，党建报道传播方式也迫切需要更新，根据传播对象和技术手段，来研究把握传播规律，丰富传播手段，形成新的传播特色。我们积极探索传统媒体和新兴媒体融合发展，大力推进新闻传播方式和手段创新，围绕打造广东最专业的党建传播全媒体平台，用一系列党建新媒体产品来拓展传播领域、提升传播力引导力影响力公信力。

二、细分功能，打造党员干部的实用“四库”

《南方》杂志覆盖的读者对象，是全省广大党员领导干部，其中很大一部分是组工干部、党务工作者和基层党员干部，80%的杂志发行到县级以下单位直至行政村（社区）一级。到了融媒时代，读者受众更是超越了杂志发行范围，覆盖面更广更宽。如何针对广大读者受众的需求，提供“实用型”的新闻产品？我们认真钻研，在题材的丰富性和形式的多样性上下功夫，增强选题的针对性、贴近性、服务性，实现新闻报道的多重功能。

（一）可信可悟的“思想库”

加强政治理论学习是每一个党员干部的政治责任，也是提高政治判断力、政治领悟力、政治执行力的源头活水，领导干部只有具备政治理论素养，才能提高“政治三力”。为满足党员干部的政治理论学习需求，我们努力打造“学思用”“知信行”的理论学习园地，不断用党的创新理论武装头脑、指引方向、凝聚共识、指导实践。

突出权威性，邀请全国和省内著名的党建领域专家学者，对习近平新时代中国特色社会主义思想进行系统、全面、准确的阐释解读，在《新思想引领新征程》《学习贯彻党的二十大精神》以及理论季刊的《党课参考》《党史镜鉴》《前沿话题》等栏目上，组织刊登了大量专业性强、实用性高的理论学习文章，帮助党员干部进一步提高思想政治站位，坚定理想信念，强化党性修养。

突出针对性，根据最新中央精神和时事热点开设学习交流专栏，通过《组织部长谈高质量发展》《组织部长谈治理效能》《组织部长谈城市基层党建》等一系列专栏，及时跟进学习习近平总书记重要讲话精神、党和国家重大方针政策、本系统本行业的专业知识，助力党员干部成为政治上的明白人和工作领域的行家里手。

（二）可学可鉴的“学习库”

抓好典型报道，传播先进经验，是党建报道实用功能的具体体现。我们保持高度新闻敏感性，把视角集中在最热门、最新鲜的党建课题上，在基层涌动的创新改革热潮中挖掘新闻、捕捉亮点，推出大量的典型报道，为全省各地党建工作提供学习借鉴的样本。

反映最前沿党建领域里带探索性、试验性的工作成效和经验，是我们的一个着力点。比如，随着广东互联网企业的蓬勃发展，这一新兴领域的党建工作该如何有效覆盖并发挥作用？我们推出《为互联网企业插上“党建”的翅膀》系列报道，探讨“在‘散小短少’的互联网企业，如何推进党组织‘两个覆盖’”“人人都有麦克风的时代，互联网企业党组织如何发挥政治引领作用”，为互联网党建把脉开方，获得省委组织部高度评价，并把当期杂志作为全省互联网企业党建工作会议的会议资料，要求全省各地认真学习。

2017年9月刊发的特别策划《城市基层党建的“粤式”创新》一组文章，深刻细致地反映了近年来我省城市新兴领域基层党建工作经验的亮点和特色，因主题重大，报道及时，受到省委组织部的高度肯定，时任省委常委、组织部部长邹铭对这组报道做出批示：“《南方》杂志的系列报道主题鲜明、内容详实，有深度、有力度，充分展示了我省城市基层党建的最新成果，请各地认真学习借鉴。”

又如2018年，我们对“镇街党校”这一独具广东特色的党校办学模式给予持续关注报道，推出《独立办学59年：双水镇委党校的光荣与使命》《镇街党校——基层党员教育培训的主阵地》《新时代“农讲所”：将十九大精神送到农家田头》等报道，是最早报道广东“镇街党校”经验的省级媒体，引起了中央媒体的关注，推动了广东镇街党校的建设发展。由此省委组织部在制定全省镇街党校工作规划时把《南方》杂志纳入调研组，参与了政策的调研与制定。经我刊反复多次的宣传报道后，江门的“双水党校”成为各兄弟单位前来学习参观的热门“打卡地”。

2019年开始，南方杂志社每隔两年举办一次“广东基层党建创新案例”

遴选及交流活动，在城市、农村、企业、机关及事业单位、高校等领域评选出大批优秀的基层党建创新案例，择优在杂志和新媒体平台推送相关先进经验。各地组工干部表示，广东基层党建创新案例示范性强、可借鉴度高，非常值得进一步研究、推广和应用。

（三）可用可存的“工具库”

随着党的领导和党的建设不断加强，党建工作的制度建设越来越规范、工作要求越来越严格。党中央从思想建党与制度治党同向发力，以党章为根本，以准则、条例等党内法规为遵循，从党的组织法规、领导法规、自身建设法规、监督保障法规系统性制度建设着手，逐步构建起了全方位制度体系，补齐了党建规章制度短板。如何在频频出台的党内法规政策、工作制度中精确把握要领、深刻把握要义、归纳总结要点，是党员领导干部和党务工作者必须及时掌握的一项重要工作内容。

我们针对这一现实需求，推出了党建重要信息发布、党务知识科普、反腐动态信息解读等内容的融媒产品，帮助党员干部明政策、补知识、树“红线”。如“一图读懂”系列《一图读懂中国共产党支部工作条例》《一图读懂中国共产党农村基层组织工作条例》，党务知识类《你的党龄算对了吗》《党支部设置有哪些新变化？权威解答来了》《为什么常常有“代市长”，却极少见到“代书记”？》《一级、二级、三级调研员……傻傻分不清楚？这篇文章帮你梳理好了》《“新时代”好干部应具有哪些特质》，党风党纪类《公务接待，哪些能做，哪些不能做？》《收同事赠送的家乡特产是否违纪？》《领导干部能上能下，时隔7年有哪些新变化？》《以案说纪：官员家属违规经商怎么管》《以案说纪：违规炒股案件缘何频发》等报道，运用生动语言和案例解读中央颁布的工作条例政策，普及党务党纪知识，深受读者好评。权威及时生动的媒体视角，使党员干部对党内政策法规有了进一步的理解，方便归纳总结，随取随用。

（四）可亲可近的“交流库”

“办好中国的事情，关键在党，关键在人。”我们的报道是服务党建工作的，就必然要关注到各级党员领导干部，关注他们的成长、忧思与状态，关注各地在选拔任用干部时的经验做法、特色亮点，研究他们的工作内容、成长规律、培养路径，给他们提供工作学习交流的园地。

我们聚焦全省各地干部队伍建设，针对不同年龄、岗位、职务的干部，推出相应的专题报道。比如围绕“年轻干部成长”推出《年轻干部成长手册》一组报道，解析我省建立健全年轻干部特别是基层年轻干部培养选拔常态化机制的进程，展现年轻干部的风采，帮助年轻干部快速找准定位，为他们提供参考与建议。2018年是国家监察体制改革元年，一大批纪委干部转隶为监察干部，对于这一新鲜题材，我们及时推出了《转隶干部去哪了》一组报道，采访了监察体制改革后的转隶干部这一群体，在深圳、中山选取有代表性的四位干部，生动记录他们的所思所想、所干所成，采访扎实，故事引人，可读性强，读者反馈非常好。我们长期关注被称为“领头雁”的广大农村党组织书记这个群体，推出《广东“头雁工程”三年回眸：“金牌领头雁”助推乡村振兴》等大量报道，生动展示了先进典型的先进事迹。

为了给广大组工干部、基层党组织书记一个交流园地，我们多次与省委组织部、全国党刊合作开设专栏，举办了“学习贯彻《干部任用条例》大家谈”“党员小故事：每个岗位都有自己的精彩”等征文活动。我们还打造了基层党员干部交流园地《榕树下》，关注基层党员干部在工作中遇到的痛点难点问题，就党建领域的热点议题分享经验，设置“乡村文化振兴，党组织应发挥什么作用”“党建如何助力中小企业办成大事”“小区党建，怎么建”等话题，通过问计基层，为广东基层党建工作出谋划策，内容非常有贴近性、启发性，得到读者一致好评。

三、多管齐下，提升党建报道好看实用的方法路径

习近平总书记指出，党的新闻媒体的所有工作，都要体现党的意志、反映党的主张、维护党中央权威、维护党的团结，做到爱党、护党、为党。新形势下，要把党建报道做得“硬核、实用、管用、好看”，必须在时新性、敏锐性、贴近性、创新性上下功夫，充分适应党员干部的各种需求，提升党建报道的策划力、分析力、挖掘力、表达力，让党员干部读者喜闻乐见，才能更好地为党建工作助力助攻，让党的主张成为时代最强音。

（一）为时而著

反映时代、记录时代是新闻报道的基本功能之一。马克思曾经说过，人们读报是为了到报纸上去寻找时代精神。“为世用者，百篇无害；不为用者，一章无补。”（汉·王充《论衡》）我们围绕中心，服务大局，紧密联系组织、纪检两大部门，梳理每年的中心工作和重点工作，从中筛选有价值的新闻线索和素材，形成重点策划的选题，对广东加强基层党建三年行动计划、“三严三实”专题教育、“两学一做”学习教育、“不忘初心、牢记使命”主题教育、换届工作、人才工作、纪检工作长期跟踪报道。比如2018年6月，广东省委出台《广东省加强党的基层组织建设三年行动计划（2018—2020年）》，我们第一时间推出《让党在基层的执政根基更加牢固》《如何推动基层党组织建设全面过硬》《“规范化建设”年，应该怎么做》多篇重点报道，由面及点介绍和解读三年行动计划；7月，全省组织工作会议召开，我们及时推出了《努力开创广东党的建设和组织工作新局面》《专家访谈：组织体系建设是新时代党的组织路线的重要内容》等报道；8月推出《炼铁成钢——提高党的建设质

量》封面关注策划报道，以三个基层样本，解读软弱涣散的党组织如何整顿、党的基层组织设置如何优化、外来人口融入本地治理难题如何破解等重点问题。报道紧跟工作、为时而著，凸显报道的实效性，为杂志的权威专业提供了有力支撑。

（二）言之有物

判断一篇报道有没有“实用性”，可以看它有没有发现问题、解决问题。如何让文章言之有物，我们突出问题意识，针对现实工作中遇到的新问题新任务，开展调查研究，用扎扎实实的采访报道助推相关工作的开展。横琴、前海两个合作区是习近平总书记亲手缔造的粤港澳大湾区的两个重要引擎。《横琴粤澳深度合作区建设总体方案》和《全面深化前海深港现代服务业合作区改革开放方案》中，对党的建设均提出了明确要求，要把党的领导始终贯穿两个合作区开发建设全过程。但是对于两个高度开放的合作区来说，党建工作是一项全新的工作，在内地行之有效的工作方法，去到高度开放的国际环境中，就显得完全不适用了。在毫无先例可循的情况下，如何抓好两个合作区的党建工作？我们深入采访，独家推出《粤澳合作下的两新党建》《“跟党一起圆梦”的前海路径》《社区治理的“琴澳融合”之路》多篇关于两个合作区党建的政策解读和采访纪实，全景式、多维度呈现了不同制度碰撞出的党建智慧，系统回答了特殊体制对加强党的全面领导、党建引领基层治理、党对意识形态工作的领导、党的组织和工作覆盖等方面提出的挑战和问题。报道刊发后，被学习强国、南方+客户端、南方网等各类媒体转载，得到了省委横琴工委和前海合作区党工委领导的高度赞扬，横琴以及前海的部分单位、企业特意要求当地党员干部对报道进行专门学习。

（三）文贵“深沉”

深入基层一线捕捉活鱼，是做好报道的基本功。下沉一线，反映一线声音，与受众建立关联性，与读者产生共振，才能增强报道的吸引力。我们持续以“深调研”的形式发力，深入基层采写出一批独家稿件。《梅州“厨师村”：一个省定贫困村的逆袭》一文采用深调研形式，以细腻的笔触、纵深的视角，深入报道了梅州厨师村如何在致富带头人、村干部、镇党委一级级的带领下，从一个省定贫困村逆袭成为远近闻名的广东厨师之乡，走出一条可供复制和思考的乡村振兴和脱贫致富之路，并深刻指出农村“头雁工程”对贫困村脱贫的重要作用和意义。本文刊出后引起热烈反响，获得梅州市委高度赞扬，在新媒体上转载后阅读量飙升，是记者增强“四力”蹲点报道的一个成功典型作品。深调研报道《我在农村当网红——以“乡村新闻官”破解城乡二元结构的清远探索》，透过“乡村新闻官”这项工作背后的新闻逻辑、党建逻辑和基层治理逻辑，总结出“乡村新闻官”工作能成功并被广泛关注的原因，为推动乡村振兴、破解城乡二元结构、巩固党的执政基础提供新思路、新渠道、新路径，从媒体观察的视角，为清远下一步工作提供了不可多得的工作思路和深刻见解。深调研报道《厕所革命的广东实践：如何让“方便”更方便》，从厕所这个小切口来关注民生大问题，把农村厕所革命作为观察乡村振兴的一个切口，深入探讨厕所革命对农村现代化治理的推进，是一篇调研深入、思考深入的调研稿，推出后得到省农业农村厅的高度评价并获广东新闻奖三等奖。

（四）守正创新

传播力取决于创新力。全媒体时代，新闻报道是个“苟日新、日日新、又日新”的工作，能否守正创新，是对记者编辑业务能力的考验。党建报道积极创新思维，运用新技术新手段推出一大批融媒产品，以网端的强互动，提升杂志的互联网传播力。2019年独家打造的新媒体音频栏目《小南说案》，聚集反腐败案例，通过“图文+音频”的形式，对发生在群众身边的典型案例进行剖析，用通俗易懂的方式对党纪条规做深入解读。形式上，采用“评书”等语言类讲说表演艺术形式，通过对典型案例的精挑细选和记者妙笔生花的重新包装，并录制成音频，配上每期更新的海报设计，该节目令人耳目一新。持续三年共推出《“最短命”的监委主任》《村霸的末日》《人走“查”不凉，贪官退休仍“落马”》等二十多期，节目取得不错反响，微信公众号平均阅读量上万；读者反响强烈，很多地市纪检部门、政法部门主动联系工作室，推荐案例，提出建议。近两年持续推出新媒体栏目《反腐观察》，采写角度独特，案例独家，《近2万人主动投案，多名退休高官被查，政法队伍教育整顿透露出哪些信号？》《冒充美女主持诬告村干部？向诬告“亮剑”有多重要》《过年打虎不打盹！王富玉被查透露了哪些信号？》等作品，获得了较好点击量以及读者互动效果。《南方杂志记者带你“直面”贪官狱中生活》《换届解码：地市“一把手”上任后都干了什么》《补交党费，岂能讨价还价》等报道，在微公号推出后，经南方+、澎湃新闻、网易新闻二次传播，引起了不错的社会反响。

（张蓓蕾系南方杂志社编委、社文部主任）

融媒时代的纪检监察报道创新

石静莹

推进廉洁文化建设是以习近平同志为核心的党中央深刻把握党风廉政建设规律、深入推进反腐败斗争的重大决策，是我们党推进自我革命的重要举措，也是新时代全面从严治党的重要方略。

纪检监察报道政治性强、关注度高、牵涉面广，要求报道绝对准确、扎实。当下，网络舆论环境错综复杂，给纪检监察报道带来了新的挑战，提出了更高的要求。

从2019年开始，《南方》杂志围绕廉洁文化建设和党风廉政教育宣传需求，从坚持内容为王、创新选题策划、讲好正风反腐故事、抓好审核把关等4个方面，不断开拓创新，将音频、漫画、海报等多媒介元素融入纪检监察报道当中，推出《小南说案》《反腐观察》《清风漫评》等一系列具有传播力、影响力的原创新闻产品，探索出一条坚持正确政治方向与舆论导向，彰显社会主义核心价值观、融媒体发展规律的纪检报道创新路径。

坚持内容为王

党的二十大报告提出，“巩固壮大奋进新时代的主流思想舆论”“加强全媒体传播体系建设，塑造主流舆论新格局”。这为新时代媒体工作提供了根本遵循和工作指南。2023年政府工作报告中首次提出“扎实推进媒体深度融合”，展现了媒体融合发展在国家战略布局中的重要意义。

纪检监察报道范围主要包括政治行为、政治组织、政治制度、政治文化等中的正风肃纪、反腐倡廉内容。相对于其他报道而言，纪检监察报道在政治性、严肃性和专业性上有相对更为严格的要求，而且需要结合地方实际生动形象讲好纪检监察故事。做好纪检监察报道是南方杂志社党建部的重要职责，在当前媒体融合的大背景之下，媒体格局、舆论生态以及传播方式发生深刻变化，给纪检监察报道带来新的挑战。

互联网成为重要的传播场域，让时政新闻具有网感显得尤为重要，要敢于创新，艺术化地提升时政新闻的表达力和传播力。尤其是在关键时刻、重大节点，直击人心的创意表达，可起到引导舆论的重要作用。2019年7月15日，《小南说案》栏目首次在《南方》杂志微信公众号上线，主要内容是腐败案例展示以及简短解读，将传统时政报道的内容用文字、音频、海报相结合的方式向网络读者呈现，取得了良好的传播效果。

除了媒体深度融合带来的明显优势，内容创新也是《小南说案》栏目的重点之一。《小南说案》选取的案件内容翔实、权威，从被查的“蝇贪”到落马的“老虎”，从民生领域微腐败到传统腐败高危地带都有涉及。每次“说案”的角度也不尽相同，尽量给读者提供值得思考、与众不同的警示教育。

创新选题策划

在新媒体背景下，信息碎片化逐渐成为普遍现象，给深度报道带来一定冲击。不断优化深度报道的流程，创新选题环节，才能实现未来深度报道的良性发展。

着眼于壮大主流舆论、凝聚社会共识，南方杂志微信公众号推出了《反腐观察》栏目，以深度、权威、独家解读为重要特点，兼顾时效性以及流量效应，通过分析反腐败工作中的案例、廉洁文化建设等内容，引发观众的思考，占领舆论阵地。例如，《反腐观察》栏目曾经推出的《一例案件查封房产超两千套！“涉房”贪官们的“结局”如何？》一文，详细分析了涉房腐败的形式、特点、处理结果，及时回应了社会关切，取得了良好的传播效果。

新闻事件发生后，能否及时发声，考验着媒体的反应速度和能力。围绕纪检监察和新闻时事热点，《反腐观察》栏目会进行文字类评论或解读。2022年7月，多名金融系统官员落马被通报，金融系统腐败案件中不乏“提前筑巢”“逃逸式辞职”这类隐形腐败。针对这一热点事件，《反腐观察》栏目推出了《严查“逃逸式辞职”，透露了哪些信号？》，对“逃逸式辞职”的内容、危害做了详细解读，彰显了纪检监察部门深挖隐形变异腐败的鲜明信号，并作出快速、权威、正面的解读，有效引导舆论，凝聚社会共识。

新媒体的快速发展，带来了传播渠道和形式的更新。传统媒体需要与互联网进行融合，充分发挥深度报道的优势，对报道内容进行深入挖掘和二次创作。同时，传统媒体在深度报道的选题中具有天然的新闻性优势，可以在保证报道事件真实、严谨的同时，提高内容质量，拓展传播方式，用传统媒体的权威性和公信力，满足现阶段民众对网络深度报道权威性的需求。

讲好正风反腐故事

选取合适的媒介元素，把重点和复杂内容做细做精，是主流媒体讲好正风反腐故事的途径之一。

新闻漫画以图画为主、以文字为辅，具有视觉冲击力强、信息易理解、传播方便快捷等优势，非常契合新媒体时代轻阅读传播特征。2023年开始，《南方》杂志关注到漫画的传播特点，在正刊以及新媒体平台同步开辟《清风漫评》栏目，推出多个制作精美、传播效果显著的漫画产品。

《清风漫评》采用四格漫画的形式，选材围绕受读者关注的典型案例背后的共性问题现象，挖掘相关背景性、知识性内容，在新闻外延上做文章。采用评论和漫画相结合的形式，用通俗易懂的方式对党纪条规做深入的解读。可视化的解读，受到众多读者的肯定。例如，《围捕“粮仓硕鼠”，关键在于打破封闭圈》一文，从广东省储备粮管理集团有限公司党委委员、董事、副总经理龙澎涉嫌严重违纪违法，正接受广东省纪委监委纪律审查和监察调查的消息出发，剖析粮食购销领域腐败问题专项整治工作的成效，并提出相关建议，正面引导相关舆论。

抓好导向把关

纪检监察报道需要围绕中心、服务大局，结合新闻传播规律确定报道的尺度和力度，拿捏好“分寸”、控制好“火候”，严把审核关，做到既不用力过猛，也不虚弱无力。

纪检监察报道政治性强、受众关注度高、社会影响大。为求精准，南方杂志社建立了一套扁平化报题流程，选题直接报分管领导，文稿、音频、海报均由编辑统筹，尽可能减少中间报审环节，提高了把控效率。

对于记者的文稿，要求严格按照新闻来源口径，报道语言力求准确。对不确定、不准确的信息，必须求证后再报道。同时，在作品最终呈现之前，会由分管领导和编辑继续科学研判分析报道结果可能产生的社会功效，让报道舆论导向更加健康。

结语

纪检监察报道的目的是展示党反腐败的成果，彰显党惩贪肃腐的决心与信心。党刊在开展纪检监察报道时必须牢牢坚守正确的舆论导向，不管如何深度融合发展，变的是载体和渠道，不变的是新闻“内容为王”的核心，在融合中实现新闻信息内容的守正创新、推陈出新。

互联网是一种多媒体介质，网络中信息符号由多种形式综合构成，比单一的文字、声音、画面更生动直观，更易于多样化表现和传播。南方杂志社纪检监察报道团队坚持内容为王、做好选题策划、讲好反腐故事、抓好审核把关，从内容到语言进行全方位表达方式的创新尝试，充分利用新媒体技术手段，融合漫画、文字、声音、海报来丰富新闻表达，深入挖掘新闻信息的价值，在纪检监察报道中占据舆论高地，让党的声音传得更开、传得更广、传得更深入。

（石静莹系南方杂志社党建部副主任）

行在一线　思在全局

——高质量党建调研方法论

石静莹　蒋玉　陈健鹏

2023年3月，中共中央办公厅印发《关于在全党大兴调查研究的工作方案》，深刻阐释了新时代大兴调查研究之风的重要意义。作为在全党开展学习贯彻习近平新时代中国特色社会主义思想主题教育的重要内容，调查研究是助力解决各项发展难题、推动党的二十大精神落地生根的重要举措。

高质量党建是什么样的？广东高质量党建的奥秘在哪里？如何以高质量党建推动高质量发展？其中的作用机制是怎样的？带着这些问题，从2023年2月开始，南方杂志社党建报道和研究团队（以下简称“党建团队”）开启了“高质量党建一线行”调研活动。从找准关键问题、避免浅尝辄止、提高成果转化等三个方面，推出了十数篇反映基层火热实践和生动创造，反映党建引领高质量发展与群众良好精神面貌的深度报道，探索出一条坚持正确政治方向与舆论导向、彰显高质量党建引领力的调研新路径。

养成问题意识，找准选题关键

党建记者采写深度报道，本身就是调查研究工作的延伸，需要把调查研究贯穿于线索搜集、采访活动、内容创作的全过程和各环节。在全党上下大兴调查研究的时代背景下，党建团队更应主动贯彻落实党中央部署要求，在新闻采访报道活动中践行调查研究的方法，创作优秀新闻作品，壮大主流舆论声音。

习近平总书记强调，调查研究必须“坚持问题导向，增强问题意识，敢于正视问题，善于发现问题”“运用党的创新理论研究新情况、解决新问题”。“问题意识”是深度报道的灵魂。只有发现问题、阐释本质、记录过程、反映变化才能更好地传播新闻事实，引导社会舆论。养成问题意识，要求新闻媒体工作者具有强烈的政治意识、大局意识、核心意识和看齐意识，吃透党的路线方针政策，把握好总的形势和方向。

结合2023年党的建设和组织工作的主线，在开展调研之前，党建团队梳理出主要问题：如何以高质量党建推动高质量发展？

细分领域的焦点问题很多：高质量党建的具体表现形式是什么？党建如何助推大项目高质量建设？党建如何为广东民营经济赋能？党建如何破解城中村出租屋治理困境？党建如何提高老旧小区生活品质？党建工作如何贴近新就业群体的真实需要？等等。

2023年2月，《南方》杂志推出《“上升曲线”背后的党建动能》一组报道，党建团队在惠州以及湛江大项目现场进行了深度调研，详细描述了各个地区党组织和党员在工程项目建设各环节充分发挥作用，形成各级各部门协同联动、主动作为、齐抓共管的工作格局。报道详细解答了在项目建设前期，如何坚持党建引领，打通建设各方的沟通渠道，消弭群众对项目建设的顾虑；如何保证重大项目在框架协议签订后能够实现快速落地建设；在项目建设时期，如何畅通施工人员的后勤保障；如何确保项目中流动党员的经常性教育管理和服务到位等难题。党建团队推出的每篇深度报道，都在尝试提准问题，并寻找解决问题的思路和办法。通过完善重点选题策划机制，以及重点选题汇报会等机制，团队立足全局，策划出一批有分量的调研选题，并且精心组织实施，突出报道针对性、增强思想性、体现创新性。

创新调研方法，避免浅尝辄止

习近平总书记强调，调查研究是做好工作的基本功，一定要学会调查研究，在调查研究中提高工作本领。习近平总书记在主题教育工作会议上强调，在全党大兴调查研究，要深入农村、社区、企业、医院、学校、“两新”组织等基层单位。在调查研究工作中，党建团队树牢群众观点，站稳群众立场，奔赴基层，足迹遍及全省各地，深入社区、企业、园区、学校、研究院等一线蹲点调研，自觉把人民群众作为新闻报道的主角，反映群众关切。

在坚守“好新闻是用脚走出来的”理念的同时，党建团队的调研力求体现时代性、把握规律性。坚持问题导向做调研，运用辩证思维写报道，既防止盲人摸象，又避免浅尝辄止。带着问题，团队拓宽工作渠道，创新工作手段，在广州、江门、珠海、深圳、惠州、东莞等地，与出租屋党员房东、外来租客、老旧社区居民、社区民警、社区残障人士、社区党员义工等被访对象进行了深入的访谈与交流。在调研过程中，团队秉持着探求真相的原则，解剖麻雀，发现典型，真正把人民群众的问题发现出来，把群众的意见反映上来，把群众创造的经验总结出来。团队撰写了《锁定老旧小区高品质生活最优解》《城中村出租屋治理困境如何破》两篇深度调查稿件，解答了党建如何让城乡居民过上高品质的生活这一核心问题。

大兴调查研究，绝不是喊喊口号、走走过场，而是像习近平总书记说的那样，要诚心诚意、实打实做。既要深入学习贯彻习近平总书记关于调查研究的重要论述，又要学习调查研究的特点、流程、步骤、要求。党建团队深入基层、深入实践、深入群众，在茂名、惠州、江门、河源等地，通过调研各地组织部门，围绕村干部队伍建设，写出了多篇深度调研报道。其中，《让乡村“头雁”展翅高飞》尝试解答优化村干部队伍结构、提高村干部素质、激活村干部工作积极性等方面的难题；《党建如何助力壮大村集体经济》深入调研在壮大新型村集体经济的全过程中，党建如何找思路、建机制、聚众力、抓落地；《治理新招何以驱散乡村陋习》《积分制如何激活乡村振兴内生动力》则向读者展现了广东农村的新风尚、新面貌，从侧面体现党建对乡村产业振兴、经济发展、生活水平提高的正向作用。

人民群众最了解实际情况、最容易发现问题、最有解决问题的经验。新的时代背景下，党建团队带着感情走进群众，一如既往保持同人民群众的密切联系，用脚奔走、用眼洞察、用脑思量，最终用笔抒发群众所思所想。

总结典型经验，提高成果转化

习近平总书记强调，衡量调查研究搞得好不好，“关键要看调查研究的实效，看调研成果的运用，看能不能把问题解决好”。调研成果转化运用，是开展调查研究的根本目的。在调研过程中，党建团队坚持问题意识，做好党建报道的主题引导。

以主题教育为契机，过去一段时间，党建团队充分运用习近平新时代中国特色社会主义思想的世界观、方法论和贯穿其中的立场观点方法，全面梳理汇总调研情况，以报道的形式进行科学有效的综合分析，为解决实际问题、推动工作开展建言献策。调查研究要坚持动态研究的工作思维。客观世界不是静止不动的，现实问题也不是一成不变的，要坚持用联系的观点和发展的观点看问题。

党建团队坚持以动态的思维方式开展调查研究，关注到了“三新”党建相关的问题。快递员、外卖配送员、网约车司机、网约货车司机、网络主播……这些穿梭于街头巷尾、依托平台开展线上线下工作的身影，日益成为城市运转不可或缺的一环，也为基层党建工作带来了新的问题。

习近平总书记强调：“要高度关注新业态发展，坚持网上网下结合，做好新就业群体的思想引导和凝聚服务工作。”党建团队调研发现，“谁负责、怎么建、党建力量弱、如何起作用”是“三新”党建领域特别是新就业群体党建领域的四大关键难题。最终党建团队在《如何破解“三新”党建领域四大难题》以及《新就业群体“向心力”哪里来》两篇文章中，总结广东探索出的一些各具地方特色的经验做法，为决策部门提供了重要参考。

结语

习近平总书记强调，调查研究是我们党的传家宝；调查研究是谋事之基、成事之道，没有调查就没有发言权，没有调查就没有决策权；调查研究是获得真知灼见的源头活水，是做好工作的基本功。对新闻宣传思想战线而言，调查研究是新闻工作者发挥主观能动性的最直接体现，是做好党的新闻舆论工作的基本功。南方杂志社党建团队坚持问题导向做调研，运用辩证思维写报道，推出一批主题鲜明、直抵人心的深度报道，在各圈层实现了广泛传播，大大增强了主流党建报道的舆论吸引力和感染力。

（蒋玉系南方杂志社党建部主任；
陈健鹏系南方杂志社党建部主任助理）

党刊文化报道之“道”

影子 蒋玉 张蓓蕾

文化关乎国本、国运，是一个国家、一个地区、一个民族的精神财富。文，是把真理、智慧、精神、道德传播出去的手段。

习近平总书记指出：“在新的起点上继续推动文化繁荣、建设文化强国、建设中华民族现代文明，是我们在新时代新的文化使命。”习近平总书记在新时代文化建设方面的新思想新观点新论断，形成了习近平文化思想。这一重要思想，为我们做好新时代新征程宣传思想文化工作提供了强大思想武器和科学行动指南。

作为党刊，《南方》杂志文化报道与大众传媒有不一样的视角、观点与情怀，围绕中心、服务大局的文化报道，扛起了举旗帜、聚民心、育新人、兴文化、展形象的使命任务，在正本清源、守正创新中弘扬正能量。

在报道中，《南方》杂志始终坚持党的文化领导权这个政治保证、“两个结合”这个根本要求、坚定文化自信这个思想前提、以人民为中心这个工作导向，勇担新的文化使命，以守正创新的正气和锐气，奋力书写中华民族现代文明的广东篇章，展开一幅幅文化强省的新时代美丽画卷。

硬与软：主旋律新闻的“软”表达

把“硬题材”写出生动精彩的“软新闻”，《南方》杂志的文化版块一直不断探索。

文化兴则国运兴，文化强则民族强。在重大主题宣传报道方面，围绕党的十九大、党的二十大、文化强省建设、乡村文化振兴、文化产业转型、文艺创新发展、文化惠民、人文湾区建设等重大主题，《南方》杂志提前谋篇布局。以积极进取的姿态和作为，增强文化版块的传播力；将文化报道如何“顶天”“立地”作为课题进行深入分析总结，并指导实践，做出有影响力的新闻报道。

为深入学习贯彻习近平文化思想和全国宣传思想文化工作会议精神，《南方》杂志第一时间在《新思想引领新征程》专栏推出《学习贯彻习近平文化思想》专题，邀请中国人民大学、中央党校、广东省委党校、广东省社科院的权威专家学者撰写重磅理论文章，从理论与实践的不同侧面阐释习近平文化思想的丰富内涵。当月推出封面关注《铸就广东文化新辉煌》，报道广东宣传思想文化界学习习近平文化思想和全国宣传思想文化工作会议精神的情况，以及全省探索文化自信的广东路径、打造理论宣传新高地、讲好中国故事的典型案例和做法。整组策划结构饱满、框架清晰、点面结合、深浅结合、见人见事，获得省委宣传部好评。精心策划推出《岭南书院：打造文脉传承新高地》专题，生动讲述广东各地聚焦新的文化使命，通过高标准建设岭南书院传承文脉，使书院成为广东文化客厅、文化高地、文化传播平台的创新经验及启示意义，获省委宣传部主要领导点赞。

围绕广东文化强省建设，近年来，《南方》杂志推出了《花城长出文学院——广东文学助推文化强省高质量发展》《打造“传世”的岭南文化新地标》《“艺”路远航——广东红色文艺精品扫描》《守护文明“金种子”》《岭南万户皆新色——广东文化高质量发展策问》《从风貌到风华——南粤村居“文化+”》《百年百篇》《新时代·新群众》《服务在身边　文明更出彩——广东“15分钟文明实践服务圈”建设观察》《领跑新动力——广东文化产业高质量发展的密码》等重磅策划。一系列原创独家的报道，在可读、好看方面下足功夫，屡获肯定和表扬。

党的二十大报告就践行社会主义核心价值观、提高全社会文明程度提出了明确要求，为全省加强精神文明建设提供了根本遵循和指南。

2023年开年第一期，杂志推出《微光成炬　志愿同行》专题，对全省“志愿广东”建设完成从布局到组织框架、体制机制建设再到志愿品牌建设等一系列工作，取得了显著的社会影响力进行了全方位呈现。报道细腻入微地呈现了志愿服务工作和志愿服务精神在生活中随处闪亮的局面。

2022年，杂志结合精神文明相关重点工作进行了系列策划，推出《服务在身边　文明更出彩——广东“15分钟文明实践服务圈”建设观察》专题报道，四篇文章图文并茂，鲜活呈现了全省精神文明实践全景图。怎么体现该硬核内容的温度？专题报道在视角中下功夫，不仅从点到面对该项工作进行全角度的呈现，提炼全覆盖工作的成绩和亮点，探讨文明实践工作的方法和经验，并从工作观察记录的角度，呈现了广东全面贯彻落实党的二十大精神，培育时代新风新貌的景象。

建设国家版本馆，是党中央站在新时代历史起点上部署的一项重大文化工程，是列入“十四五”规划的国家重点文化工程。2022年7月，中国国家版本馆中央总馆、西安分馆、杭州分馆、广州分馆开馆暨展览开幕式在中国国家版本馆中央总馆举行，其他三个分馆同步举行分馆开幕活动。

《南方》杂志推出《守护文明“金种子”》《版本恒久远　文明绵延长》《关键词里的“文沁阁”》《何镜堂：以“两观三性”打造中华文化殿堂》等一组重磅专题报道，专业全面地展现广州国家版本馆建设前后的情形。本组报道采访深入、角度多元、观点全面，展现了文艺界、收藏界、文博界的多重看法与建议，不仅充分展现了广东大力建设广州国家版本馆的过程，还向社会表明了广州国家版本馆的建筑功用、历史意义。本组报道，新闻语言清晰流畅、逻辑严密，提问精准，意义深远。

《南方》杂志的文化报道不仅有当代生活的底蕴，而且有传统文化的血脉。近百年来，广东文艺界成就斐然，享有“敢为人先”的美誉，作为中国文艺的一支重要力量，为中国文艺事业的繁荣发展作出了卓越的贡献。建党百年之际，《广东文艺百年》系列报道展现了广东红色文艺的发展脉络、历程、成就，不失为全面回顾全省经典文艺作品的重磅报道。其中，“省港大营救”组合报道，生动展现了80多年前省港大营救惊心动魄的历史事实和当下广东学界对此的学术研究现状。为写出新意、写出深度，《南方》杂志记者跟随广东省社会主义学院专题调研组，沿着当年文化名人的足迹，重走深圳、惠州营救路线，寻访发掘当年的传奇故事，实际上也展开了一场在文化统战研究视野下的学术“再抢救”。

党媒姓党。《南方》杂志立足广东省委机关刊的角色定位，深挖自身优势，以创新思路和扎实举措，主动赋能新闻主业实践与党媒主责担当。自2019年以来，《南方》杂志组成联合采访组，历时数月、行程数千公里，深度挖掘1927年周总理在汕尾陆丰市桥冲镇溪碧村寻医治病的“金笔”故事。采访组陆续推出《笔从溪碧来》系列报道，从红色往事到初心叩问，“总理金笔”的故事在社会各界引起反响，也为这里注入了发展的力量。

如今，各方力量在《笔从溪碧来》报道的影响下，助力溪碧村实现山乡巨变。“溪碧金笔”，在南方杂志社的努力下，从一个系列报道，到一个视频、一个雕塑、一本书，最终化为一个偏僻山乡的振兴。党媒“为民发声”赢得了“群众笑声”。

《南方》杂志的文化报道贴近生活、贴近群众，讴歌时代变迁，反映党和人民奋斗历程，弘扬民族精神和时代精神，有效地传递出主流文化价值观。

深与轻：
深调研与轻阅读

2023年4月，学习贯彻习近平新时代中国特色社会主义思想主题教育工作会议强调，要“按照党中央关于在全党大兴调查研究的工作方案，组织广大党员、干部特别是各级领导干部扑下身子、沉到一线”。

文化版块加强策划统筹，进一步深化对“两个结合”的认识，深入开展调查研究，于2023年第11期初推出深调研报道《既要有“面子”　更要有“里子”——江门市建设新时代文明实践中心（所、站）观察记》。记者深入调查、认真研究如何推进新时代文明实践中心建设，将文明新风真正送进百姓心田，获得江门市委宣传部的高度认可，同时引起省文明办的关注。

2023年第16期推出《求解文明实践阵地“有效覆盖”新路径》深调研专题。记者带着问题深入全省基层调研，通过多个文明实践阵地的创新做法，阐释文明实践阵地如何从“有形覆盖”到“有效覆盖”，提供更丰富优质的文化供给。

这些深调研按照学以致用、指导实践、推动工作的要求，聚焦广东相关工作的实践探索，呈现了全省乘势而上的决心和魄力，得到各级有关部门的表扬与肯定，有很好的借鉴意义。

有深度，亦有“轻”阅读。《南方》杂志的文化报道紧紧围绕党和政府的中心工作来谋篇布局，在旗帜鲜明地讴歌新时代，浓墨重彩地弘扬主旋律的同时，为广大党员干部耕耘了一片有诗和远方的精神憩园。

多年来，《南方》杂志以副刊《饮茶粤海》栏目为土壤，深度挖掘党刊副刊版面特色，精心组织一批有分量的文化名人发表高质量文章，确保副刊品质特色。《饮茶粤海》栏目定位明确、有明显的南方特色。栏目名出自毛泽东《七律·和柳亚子先生》“饮茶粤海未能忘，索句渝州叶正黄”。此句回忆二人初次相识，在广州品茗畅谈的情景。用在栏目标题上，既契合红色文化的视角，又有一种大气高远的气质。

提升党员干部文化能力，助力党员干部修心修德，打造和提升党刊文化力，以文化人，以文聚力。多年来，栏目以省内广大党员群众为主要关注点，发表了一系列具有特色、受到欢迎的副刊文章，其中不乏名家大家之作。文章屡屡被各大门户网站、微信公众号，特别是学习强国客户端转载使用，受到读者欢迎并获得高度评价。因为栏目的独特定位和影响力，2019年著名散文家梁衡选择在《饮茶粤海》开设个人专栏“轻拍栏杆”，为《南方》杂志的广大公务员读者提供政治美文导读。

2023年以来，《饮茶粤海》栏目加强主动约稿，增开《湾区走读》系列，向国内的大家、名家、专家多约稿，约好稿，不断提升副刊栏目的文化内涵、思想深度和人文情怀；继续想方设法提高副刊栏目的品相，深度联动新媒体平台，做足正刊发表后的二次推广和再传播工作；结合时政类刊物文化副刊的要求和特点，主动贴近公务员核心读者群的阅读需求和审美情趣，推出一系列亲切、自然、有温度的文化稿件。

作为深度类文化栏目，《错别字别错》栏目是在轻阅读方面的又一次尝试。

栏目将一成不变的文字把关技巧与灵活多变的新媒体表达方式有机结合起来，2020年升级改版，内容紧扣脱贫攻坚中心工作，紧扣党政干部的阅读需求，从容易读错、写错甚至导致政治性问题的错字出发，结合一些典型差错案例进行归类辨析，力求深入浅出，既体现专业性，又具备知识性，使读者有恍然大悟之感，对文中提到的错字知其然更知其所以然。

作为"轻阅读"栏目，《错别字别错》的内容从精妙的切入点出发，力求以小见大，既充分激发读者的阅读兴趣，又能够净化社会语言环境。每一期文章搭配了直观的差错图片、原创古风感十足的手绘插画，力求形象生动，既能够直观呈现文中要重点阐释的汉字字源演变或形近字字形差异，让辨析的内容不再枯燥乏味，又能够适应读图时代人们打开文章先看图片的阅读特点，提高点击率。系列内容被广东省扶贫办等相关微公号转发，并被人民日报客户端、今日头条等全网主流平台转载，受到网友们的追捧。

同样，《漫评·掌故里的广东》栏目以小见大，深挖广东故事。该栏目以图文形式，走进掌故里的广东，体味南粤味道，感悟广东精神，这是对岭南优秀传统文化的传播和展示，也是对岭南文化现代价值的再挖掘、再提升。

大与小：
从人读懂时代

立足于党刊，文化报道不应只是"阳春白雪"，更要是"下里巴人"。《南方》杂志的文化报道在见微知著间触及时代脉搏，从平凡人身上读懂宏大的主题，肩负起传承和弘扬中华优秀传统文化的使命。它们可以文风不同，视角多元，有深度、有深情。

文者，贯道之器也。新时代新征程是当代中国文艺的历史方位。《南方》杂志不断寻找文化粤军的报道角度，展示近年岭南文艺创作成就，阐释、回应和关注第十一次全国文代会、第十次全国作代会等重要会议精神。虎年新年前，《南方》杂志策划《走进书房探“两创”》专题，推出《陈继明：如何写好“平安批”里的广东故事》《唐栋：在家国面前，往事不如烟》《林文祥：我们是在打客家山歌剧的保卫战》等文章，探究在粤作家的创作理念、创作情怀。

画家人物专访是《南方》杂志文化报道的一个亮点。内容不拘泥于书画本身，而是放眼中国画的发展，极具韵味。如《“我自南来”背后——观郭莽园的艺术&郭莽园的艺术观》《陈一峰的写意与写“弈”》《走近九如静山——访书画名家、中央文史研究馆馆员吴静山》等。

作为广州国家版本馆总设计者，85岁高龄的中国工程院院士、华南理工大学建筑设计研究院院长何镜堂带领团队参与了整个设计过程，为这一国家传世工程作出了巨大贡献。《南方》杂志对其进行了专访，从建筑群如何体现岭南特色，设计团队有着怎样的设计理念和思考，过程中面临哪些挑战等等入题，推出了《何镜堂：以“两观三性”打造传世经典的中华文化殿堂》报道。

2020年第24期《南方》杂志推出《山与海的脱贫协奏曲》。该稿塑造了广东东西部扶贫协作工作中有担当有作为的扶贫干部群像，不仅有广东故事，更有广东的扶贫经验。从广西壮族自治区百色市田东县，到云南省怒江傈僳族自治州，再到广西壮族自治区来宾市金秀瑶族自治县，跨越千里，全景式展现了广东帮扶的93个贫困县的美好画面。生动、多角度的内容基于采访的深度开展，记者以扎实作风捕捉到众多故事细节。

罗顺敏是广东省委办公厅一级主任科员，十年来，她在清远、韶关等地持之以恒地扶贫。2020年第23期《南方》杂志推出《为了心中的彩虹——一个“编外扶贫人”的十年》，讲述了罗顺敏虽然不是驻村扶贫队员，但她利用节假日和年休假时间往返贫困村、走访企业，这份付出是在脱贫攻坚的时代号角之下，全社会小爱汇大爱、涓涓细流汇集成大江大河的生动写照。

文化如何助力乡村振兴，是备受关注的课题。《南方》杂志以小切口反映大变化，以解剖麻雀的方式，探讨在全面推进乡村振兴的大背景下挖掘和传承乡村文脉的大问题，感受洞见乡村文化振兴的大命题，推出《我在乡村修古建》《我在乡村教美育》《我在乡村画墙绘》等“在乡村”系列报道。

快与慢：互联网与精品

近年来，为探路主流媒体融合转型，《南方》杂志主动推出时代感强、主题鲜明的融媒策划，不断生产出活泼生动、有生命力、有品质的新媒体产品，让文化报道可视可听可亲。文化记者全员出镜，直播、视频、音频亮点频出，在南方+客户端首页，弹窗频频出现。

在第八届广东省新闻战线“好记者讲好故事”演讲大赛中，蒋玉以《笔从溪碧来》系列报道故事，获得南方报业传媒集团唯一的“优秀演讲人”称号。获得表彰后，《南方》杂志又策划将好故事搬上视频，通过精工细作，“金笔”的故事深入人心。

2020年，《南方》杂志推出《南方直播》栏目，在快速传播的网络报道中，对挖掘非遗文化、走进乡村振兴现场、解读红色展览等重要内容开展一系列直播。直播视角独特，内容新颖，可亲可感，为读者带来不一样的新闻体验。音频专栏《听享》在南方杂志微信公众号、喜马拉雅客户端推出近50篇内容，主播专业、观点鲜明、各具特色。该专栏迅速成为党刊融媒体产品的一款热门产品。

《梦享时分》新媒体工作室围绕岭南文化、人文湾区、文化强省、美丽广东等多个主题，探索推出了一系列人文精品视频，分别推出文博会、博物文创、学前教育、广州文化馆、梦享书单、番禺人的图书馆、花城文学院、对话何镜堂等多个视频产品，月均保持发布2～3个视频产品，累计点击量达近百万。《小影VLOG》《时节广东》栏目，不断增强讲述感，成为成熟的、有生命力的、有一定品牌认可度的新媒体产品。《时节广东》以广袤山村田园为媒，记录大美广东，用记者第一视角的沉浸式短视频形式推介二十四节气中的岭南风物。栏目以深入现场和实践一线的扎实调研为基础，深入百余处基层一线，自觉践行“走转改”，走进群众，了解群众对感悟人生哲理、提炼中国智慧的实际需求。

与此同时，文化报道实现了视频与文字联动刊发。如在广州国家版本馆报道中，第一时间推出了《走，去文沁阁！》《以建筑记录时代》等原创全媒体视频报道。在2022年全国两会前夕，记者采访全国政协委员、广州雕塑院院长许鸿飞，推出深度报道《履职故事｜全国政协委员许鸿飞：用好艺术这门“世界语言”，讲好中国故事》及原创视频。视频于两会期间受到中央3套《文化十分》节目主动邀约播放，被80余家国内外主流媒体（含30余家国外媒体）全文转载。

（影子系南方杂志社社文部副主任）

第三章

行思兼备

行思兼备：省级党刊的理论风尚

执笔：黄曦 刘艳辉
课题组成员：练学华 母发荣 林若川 黄曦 刘艳辉

习近平总书记指出："我们党始终高度重视理论武装，每逢重大历史关头，都要用党的创新理论统一全党。"[1]这一党的优良传统，同时也是主流媒体尤其是各级党报党刊的核心优势。党的十八大以来，宣传思想文化事业取得历史性成就，意识形态领域形势发生全局性、根本性转变，其中就少不了主流媒体的引导、思想理论宣传的力量。《南方》杂志作为广东省委机关刊，以"南方理论高地"为目标，致力于发扬行思兼备理论风尚和思想潮流。

2015年6月以来，《南方》杂志通过改版，综合打造以卷首评论为龙头，以理论季刊、南方+客户端观点频道为平台，以重大理论问题为重点，以舆论关切的实践问题为焦点的理论评论矩阵，不断朝着壮大主流思想理论的传播力和舆论影响、让习近平新时代中国特色社会主义思想"飞入寻常百姓家"的方向迈进。

搭建平台阵地，打造新时代南方思想理论高地

中国特色社会主义进入新时代，“党报、党刊、党台、党网等主流媒体，必须紧跟时代，大胆运用新技术、新机制、新模式，加快融合发展步伐，实现宣传效果的最大化和最优化”[2]。目前，理论传播在内容、方法、渠道上还存在诸多提升空间，这既要求媒体中的理论工作者提高自己的理论素养，同时也对媒体围绕相对单一的理论问题展开新闻策划的能力提出了更高要求。同时，传统理论平台在内容聚合、队伍建设等方面也面临新的挑战，亟需来一次有效的更新迭代。

为适应新时代媒体融合的发展趋势，尤其是满足新时代理论创新和理论宣传的重大需求，《南方》杂志于2015年6月改版之际重磅推出理论季刊，并于次年起承担南方+客户端观点频道的建设和运营工作。八年多来，《南方》杂志线下以理论季刊、线上以观点频道为重要载体，围绕中心、服务大局，推出一大批具有鲜明问题导向和目标指向的理论文章，截至2023年10月，理论季刊共出版34期，刊载文章上千篇。通过把理论内容进行集中呈现的“内容整合”，打通重大思想理论创新统一论题下不同子领域和子话题的“传播隔阂”和“阅读区隔”，为重大实践问题提供多视角、多层次的权威解读和全面解答，在影响力和高度两个维度上实现了思想理论的“传播裂变”。

思想理论宣传的影响力，是“传播裂变”的基础变量，关键要素在于能否回答好现实问题。习近平总书记强调，“凡是广大干部群众普遍关注的深层次问题，都要从历史和现实、理论和实践的结合上作出令人信服的回答”[3]。作为省级党刊，不仅要占领理论高地，更必须成为传播高地。在理论问题上，党报党刊只有突出对现实问题的观照，才能实现思想理论对社会舆论的方向引导，才能源源不断地为生动活泼的社会发展输入主流价值。这就是《南方》杂

志理论季刊出版的初心使命，也是历年来它所始终坚持的发展方向。另外，新时代的理论宣传，不能仅限于对理论问题的“照本宣科”，而必须针对舆论场热点，发出“党的声音”“权威声音”。为此，《南方》杂志理论季刊没有把自己仅仅定位于正面理论宣传，也时常推出《形式主义的新表现及其克服的方式方法》《党史学习不能“脱实向虚”》等能够起针砭时弊作用的文章，以达到激浊扬清之功效，以求得思想和实践的一致。

思想理论宣传的高度，是“传播裂变”的完成标志。近年来，在广东省委宣传部理论处的具体指导和帮助下，《南方》杂志理论季刊重点策划一系列理论主题宣传，牢牢站稳、守好“南方理论高地”。一边是接上“天线”，传播理论新风，如在党的二十大召开后开设《悦理轩》专栏，以党的二十大报告为蓝本，紧密联系实际，创新理论宣传，以短实新的文风，让中国化时代化的马克思主义更加为读者所认同、所喜爱、所拥有；一边更是关注广东改革发展实践中的“地气”，通过策划“省委党校主体班学习笔记”等一批反映发展一线的专题，让那些愿写、会写、能写的党员干部进一步把所思所想化作文字，把他们的身体力行总结成一系列的经验成果或理论成果，凝聚了来自改革发展创新一线的鲜活广东经验。在这个过程中，还把理论评论建设和自身的理论队伍建设结合起来，通过把基层党建同新闻业务结合，社内的记者、编辑普遍提高了理论素养，增强了理论自觉，一批骨干新闻人纷纷脱颖而出，成为兼具新闻采编和理论评论两大本领的行家里手，进一步擦亮了南方理论高地品牌。

坚持思想引领，深耕广东党员干部学习园地

习近平总书记强调，“认真学习马克思主义理论，这是我们做好一切工作的看家本领，也是领导干部必须普遍掌握的工作制胜的看家本领”[4]。近年

来，《南方》杂志一方面用好理论季刊这个平台，另一方面做强杂志正刊理论评论栏目。一边是思想理论高地，一边则是党员干部学习园地，让持续不断的理论学习，筑就领导干部政治坚定的坚实基础。既做到原原本本宣传马克思主义基本原理，又做到时时刻刻紧跟党的创新理论，把两者结合，既把学习宣传贯彻马克思主义中国化时代化最新成果的政治任务扛在肩上，又回归原本、探寻初心，讲清楚马克思主义基本原理的来龙去脉，让党员干部在看中学，把马克思主义真正内化为自己执政一方、造福于民的重要本领。

学习的重点在于既坚持学原文，又能通过各种形式有效地悟原理。近年来，《南方》杂志开辟了《传习录》，把习近平总书记近期重要讲话、重要指示及与之相关的中央媒体评论集纳起来，获评广东省新闻名专栏，进一步打通了思想宣传和理论学习的内涵逻辑。在注重思想的原汁原味的同时，更加着力挖掘思想与现实、理论与工作、研究和传播的契合点，围绕当下的热点、重点与省委中心工作，组织相应的文章，进行权威阐释，帮助党员干部全面准确理解和把握，通过深入学习系统性、前瞻性、创造性的思想理论内容，做到用习近平新时代中国特色社会主义思想指导工作实践，认清弄懂重大理论问题的传播规律与内化路径。

学习的方法必须既有原原本本的规范学习，又有参悟立场观点方法的深度结合。《南方》杂志一边把宣传重点放在学原文悟原理，一边强调深入到世界观价值观层面，引导广大读者、党员干部从学习掌握“总书记的世界观方法论”中，逐渐理解并运用其中的科学立场观点方法。2018年以来，《南方》杂志理论季刊和杂志正刊重点打造《新思想引领新时代》栏目，邀请一批来自北京、贴近中央的马克思主义理论宣传和研究重镇的学者，深入阐释习近平新时代中国特色社会主义思想和党的理论创新，解读党中央和广东省委的重大决策部署，做到理论宣传有高度、理论阐释有深度、政策解读有温度。如首篇刊发文章《习近平改革方法论》，从改革立场、改革导向、改革定力、改革辩证法等方面进行多角度全方位分析思考，让读者既“知其然”，更“知其所以然”。除此以外，《前沿话题》《党课参考》《党史镜鉴》《领导科学》《饮茶粤海》等理论季刊中常设的栏目，更有助于读者把历史视野和现实观照贯通起来。2021年，中国共产党成立百年之际，理论季刊全年四期围绕“从党史中汲取前进力量”“学党史 悟初心 强三力”“守百年初心 走共富之路”“新飞跃 新境界”等主题做深做透，为全省党史学习教育提供全方位的理论支持和话题支撑。

学习的目的在于应用，在于掌握。“实现全党对马克思主义中国化理论成果的真诚信仰和真心信任，靠简单的理论学习和宣传动员是不够的”[5]，从新闻传播的角度出发，简单的理论学习和宣传也容易导致受众对党的理论创新感到漠然甚至漠视。《南方》杂志想方设法对此作出改进提升。一方面，巧妙设置议题，通过对某一个时间点重大问题的高强度聚焦，形成强大声量。这些年来，如马克思诞辰200周年、庆祝改革开放40周年、新中国成立70周年、党的二十大等重大节点，《南方》杂志都精心策划以之为主题的整本理论季刊。如2022年9月19日出版的《求索与超越——以中国式现代化推进中华民族伟大复兴》，作为迎接党的二十大胜利召开的理论读本，前瞻性地全面预见了“中国式现代化”这个大会主题，并作出深入的理论剖析，有助于党员干部更好地体悟马克思主义不断开拓创新的理论脉搏，既体现出《南方》的理论自觉与理论预见，又体现出党刊的政治站位与使命担当。另一方面，既发端于宏大，又立足于个人，让“南方理论高地”既有来自党的声音的权威准确，同时又能够贴近现实、贴近受众，在多主体的互文叙事中让思想拧成一股，打造基于理论学习的“南方圆”。一些专载于理论季刊的栏目，比如《行思专栏》《理论学人》等，从人物、故事等角度出发，同时又兼具反映大主题、写出大时代的特点，取得了较好的社会效应和传播效果。又如，在宣传“四个全面”战略布局等党和国家的大局时，适当考虑从读者的视角策划《四个全面——和老百姓切身利益息息相关的战略布局》等专题，以个性化解读增强理论贴近性和传播力。

强调行思兼备，以思想之矢射穿实践发展之的

实事求是是我们党的思想路线，也是党刊必须始终坚守的思想坐标和宣传工作方法。毛泽东同志曾形象地比喻：“马克思列宁主义和中国革命的关系，就是箭和靶的关系。”[6]2022年1月，习近平总书记在省部级主要领导干部学习贯彻党的十九届六中全会精神专题研讨班开班式上也强调指出，要“坚持用马克思主义之‘矢’去射新时代中国之‘的’”[7]，明确了理论和实践结合的正确方法。对于省级党刊来说，一切思想理论的宣传工作，都要服务于当前省委的中心工作。唯此，才能把习近平新时代中国特色社会主义思想的真理伟力转化为广东改革开放和创新发展大局中的实践伟力，充分展现中国特色社会主义的生机活力。这就是《南方》杂志始终倡导的“行思兼备”的理论风尚和思想潮流，是实事求是的思想路线在党刊宣传中的具体化。

党媒搞理论宣传，既要讲传播，但又不能把流量作为一切的标准。衡量一个理论产品，重点在于其思想含量，在于思想对人的影响。这就要求理论传播不能只专注于学术和创新，更不能搞“空对空”“以经注经”，而“必须立足实际，推动理论与实践的统一，做好凝心聚力的文章”[8]。

首先，把理论的实用性作为建设行思兼备的省级党刊的重要旨归。聚焦习近平总书记发表重要讲话的重要时机，聚焦中央重大会议和广东省委全会等重要节点，《南方》杂志统筹运用正刊理论版面、评论版面以及理论季刊作出响

应，邀请南方特聘理论专家或相关方面的专家领导展开诠释与解读。组织有分量、有权威的理论文章，《读懂习近平生态文明思想》《“十四五”规划告诉我们》《中国共产党对中国式现代化的百年探索》等，为理解党的理论创新和最新政策部署提供指引，把思想凝练在各项政策中，让曾经高高在上的理论宣传变成与广东实际息息相关、清晰可感的各项工作部署。

其次，突出理论宣传对现实工作的服务性，探索理论产品指导工作和决策参考的可能性。近年来，如粤港澳大湾区建设、文化强省建设、制造业强省、再造一个新广东等省委作出的重要决策和事关发展的重大议题，《南方》杂志都能在理论上予以回应，通过推出理论专题等形式服务发展实践，以解读、建议等多种理论文章的形式，让专家学者的理论研究与现实最大程度地结合，探索以党刊理论建设为地方党委政府和各部门提供决策参考。例如，理论季刊围绕“打造新支点 领跑新起点”主题，从打造规则衔接示范地、内外循环链接地、科技产业创新策源地、高端要素集聚地、安全发展支撑地等方面破题，针对性地约请专家学者为广东服务构建新发展格局积极建言献策，部分文章获得有关部门高度肯定，更主要的是体现了思想理论对实践前沿的驾驭和把握，突出了面向未来的参考指引。

此外，始终坚持以经验总结和归纳概括作为“行思兼备”的基本方法和基本方向。近年来，围绕当下的重大理论问题，聚焦广东改革发展的重大实践问题，《南方》杂志且行且思，推出了包括《南粤行思榜》《广东基层党建创新力报告》等一批有代表性、有传播力的品牌，为讲好广东故事勇于发声、勤于发声，搭建起平台、作出了贡献、提供了支撑。从报道习近平新时代中国特色社会主义思想在广东的落地生根，到记录改革开放前沿成就的《庆祝改革开放40周年理论特刊》，再到聚焦全面建成小康与胜利完成脱贫攻坚任务，理论季刊行走在广东、立足于广东，从专家学者、主政官员等不同角度，在行走中进行理论观察，在行思中留下理论笔记，记录下了党的理论创新，也记录下了广东的实践创新，体现出两者的有机互动。正如在《南方》杂志理论季刊首期所言："广东人一贯讷言敏行，崇尚实干，喜欢少说多做。任由思想的火花在实践中转瞬即逝，未免太过可惜。《南方》愿以全新打造的理论季刊为平台，积极倡导'行思兼备'的思想风尚和理论潮流，让明艳夺目的实践之花在南粤大地结出沉甸甸的理论之果。"这种行思兼备的作风和行动，贯穿《南方》杂志理论评论建设的始终。

高扬"南方声量"，强力推动评论产品"出圈""上镜"

党报党刊是"党的喉舌"，这不仅是指其在信息传播中必须以权威和准确著称，也意味着它自身的思考、观点和声音往往被视为本级党委政府的代表，为全社会观察党的动向，解读当下政策提供舆论支撑并进而引导社会舆论的方向。对于省级党刊来说，时效性相对较弱、思想性相对更强的评论，不仅是对理论宣传的深化，也是对理论创新的运用，是展现自身高度、深度、锐度，在读者中树立自身品牌形象的最重要载体。

近年来，《南方》杂志坚持打造自身评论品牌，以"战疫系列评论"为契机，以卷首评论为龙头，以媒体融合为大方向，逐步形成并壮大了评论中的"南方风格""南方话语"和"南方声量"。得益于此，《南方》杂志评论工作在省级党刊中走在前列，评论员文章六次登上《求是》，献礼党的二十大的长篇宏论《向着伟大复兴阔步前进》获中央网信办推荐在全国省级媒体网站全网推送，高质量评论产品形成"井喷"态势，在新时代地方党刊中独树一帜。

塑造风格、明确取向，是《南方》评论的首要追求。《南方》杂志坚持认为，"党刊评论不能简单等同于一般时评，不能是简单地表达评论员的心里话，或是满足于作些符合主流的价值判断”[9]，而必须超出一般性表达，既出于主流价值之中，又能引领主流舆论的走向。卷首评论是这种“南方风格”的最鲜明体现，《南方》卷首目标非常明确，就是坚持正确舆论导向，在客观分析当前形势与政策的基础上，做好重点解读和正向引导。2020年以来，《南方》杂志以“战疫系列评论”为契机，更进一步在评论工作中贯彻“行思兼备”的理论风尚，把党的理论创新运用于热点舆论引导中。在这个过程中，《南方》杂志专注于在评论的内容谋划上下功夫，通过结合当前一段时间党委政府重点工作并尝试深挖其中的思想理论内核，把党刊评论时效性稍逊的劣势，转化为以庞大信息量、深度内容和凝练文字为主要特征的党刊评论的核心竞争力。《南方》杂志评论不是对文件的简单复读，而是在原汁原味地传播解读党中央重大决策部署的基础上，以正确的政治方向和价值判断，对同一性内容进行深度挖掘，以此抓好“第二落点”。如献礼党的二十大的长篇宏论《向着伟大复兴阔步前进》，从历史到未来、从民族复兴大局到广东高质量发展成就，既以宽广的视角勾勒非凡十年的伟大成就，又高扬斗志去畅想伟大复兴的状况前景，贯穿其中的主线就是人民领袖对广东山高水长的关怀，是“导向第一、目的明确，内容厚重、拓殖深度”的“南方风格”的最好体现。

形成话语、打造体系，是《南方》杂志评论生存发展、不断壮大的关键所在。无论是呈现风格还是突出内容，评论能依靠的只有自己的话语，甚至可以说评论品牌形成的过程就是评论话语体系的形成过程。《南方》杂志始终把独到的话语作为塑造、凸显自己的风格、形象从而构筑评论品牌护城河的重要方面。在评论写作和谋篇布局中逐渐形成了自身的品牌形象：一曰谋全局。《南方》杂志的评论始终是党的政论、理论，它不追求辞藻华丽或标新立异，而是始终以鲜明的话语突出核心观点，使之成为贯穿评论始终的灵魂。二曰立阵脚。党刊评论尤其是《南方》杂志卷首，其大观点、大方向都必须沿着党中央和省委的中心工作展开，是比较容易确定的，但找好分论点却又是另一个问题。《南方》杂志评论员文章《知史砺初心　阔步新征程》《坚定新时代赶考路上的精神自觉》等正是沿此路径深入探索，通过把党在新时代的赶考路分解为“崎岖之路”“接续之路”“锻造之路”“复兴之路”等分论点，拓展其论证深度。因此相继获得《求是》杂志转载。三曰巧布局。《南方》评论注重通过文章的布局展现评论员的思考方向、思维模式。如《求是》杂志转载的评论员文章《高擎思想之旗，坚定走在前列》正是牢牢抓住习近平总书记对广东的殷殷嘱托和关怀厚爱这一主线，从背景、要求、行动、目的逻辑顺延论述了当前主题教育的重点和要点。

放大声量、“出圈”“上镜”，是《南方》杂志评论形成核心竞争力的最终一步。如果说《南方》杂志评论获得中央党刊关注是一种系统内的纵向“出圈”，那么融媒体时代的理论评论工作，更加需要的是面向社会的横向“出圈”。近年来，从中央到地方，主流媒体评论员从“笔头”走向“镜头”，“在视频评论的加盟下，短视频能够成长为更有内容、有质量的传播形态；而短视频的独特魅力及其发展进化，也会让视频评论不断升级，成为传播正能量、引导社会舆论、温暖凝聚大众民心的有效载体”[10]。近年来，《南方》杂志在打造行思兼备的南方思想理论高地的过程中，主动拥抱短视频时代的融媒创新，探索推出《杨阿洋快评》新媒体评论产品，用丰富的语言和情境，以及与粉丝互动等形式，营造轻松、平等、互动的传播环境，以接地气的“人格化”语言，对艰深晦涩的政策文件以及重磅议题进行轻量化解读，实现了从平台“出圈”到产品载体整体“破圈”的转变，幕后的记者与评论员不仅“上镜”走到观众面前，更受邀参与“大潮起珠江·湾区新时代”等一系列网络论坛，与百万粉丝大V论道大省担当，进一步在互联网圈层中“上镜”“出圈”，形成特色鲜明的南方品牌。

启示：新时代省级党刊理论宣传经验谈

坚持且行且思、知行合一，这是《南方》杂志理论季刊创办的初心理念。面对新形势新任务，《南方》杂志始终坚持在理论建设中做到：在重大场景中不缺位、有高度，在热点理论学习贯彻中不求全、有角度，在理论解读和诠释过程中不老套、有新料，在品牌打造中不重样、有聚焦，在知行合一中不守旧、敞开门。

总而言之：经过几年探索，《南方》杂志评论形成了有重点、有亮点、有爆点的完整体系，既有以深度和高度著称的“卷首”系列，实现理论上、政策上的深度解读；又有立足细节的“政谭”系列，以小事件、小切口看广东高质量发展；还有在社交平台中主打时政快读、领读、解读的短视频，使理论评论更加具象化、亲民化、生动化，更易于形成“爆款”。以上三者综合，形成评论传播矩阵，有效提升党刊评论传播能力。

概而论之：行思兼备，这是《南方》杂志理论工作的生动实践。《南方》杂志把思想理论的厚重底色和新闻评论立足现实又穿透现象的高度特点结合，牢牢抓住学思践悟习近平新时代中国特色社会主义思想这个根本，持续强化观点建设。《南方》杂志以卷首评论为龙头，以理论季刊、观点频道为平台，以重大理论问题为重点，以舆论关切的实践问题为焦点，“行思兼备”气质更鲜明，辨识度更高。面向未来，《南方》杂志将以省委党刊的政治自觉、理论自觉和行动自觉，加速推进思想理论建设，突出问题意识，输出南方观点，持续壮大南方评论的“声量”，并且全面加快“以理服人”节奏，为广东在推进中国式现代化建设中走在前列提供思想舆论和智慧支持。

（黄曦系南方党建智库研究员；
刘艳辉系南方日报理论评论部理论工作室副主任）

参考文献

[1]习近平.在学习贯彻习近平新时代中国特色社会主义思想主题教育工作会议上的讲话[EB/OL].求是网,http://www.qstheory.cn/dukan/qs/2023-04/30/c_1129581895.htm.

[2]李宗建.新媒体时代宣传思想工作机制创新研究[M].北京:人民出版社,2022:190.

[3]求是.习近平：在全国党校工作会议上的讲话[EB/OL].人民网,http://jhsjk.people.cn/article/28317481.

[4]习近平.坚持用马克思主义及其中国化创新理论武装全党[EB/OL].求是网,http://www.qstheory.cn/dukan/qs/2021-11/15/c_1128063854.htm.

[5]祝捷.以制度建设推进理论武装的历史演进、内在逻辑和发展进路[J].人民论坛·学术前沿,2021(16):38-45.

[6]毛泽东.毛泽东选集：第3卷[M].北京:人民出版社,1991:819.

[7]继续把党史总结学习教育宣传引向深入 更好把握和运用党的百年奋斗历史经验[N].人民日报,2022-1-12(1).

[8]刘艳辉,练学华.构建思想理论高地的党刊实践：《南方》杂志理论季刊的行思之路[J].传媒,2022(24):14-16.

[9]黄曦.党刊如何守好战疫评论阵地：以《南方》杂志为例[J].南方传媒研究,2020(3):135-141.

[10]江帆.新闻评论员如何从"笔头"走向"镜头"[J].传媒评论,2021(4):61-63.

从凤毛麟角到百花齐放，评论机制是怎样炼成的

黄曦

在互联网技术的不断冲击下，受大众媒体的影响，人们不再满足于获取信息资讯，开始更多关注评论分析，甚至渴望参与讨论。

新闻评论作为一种表达观点、阐释观点、传播观点的特殊写作形式，某种程度上成为媒体融合大环境下最能表现新闻单位站位和气质，最能反映媒体水平高不高、成熟不成熟，最能实现让新闻更有分量、让观点更具影响目标的重要载体。

在这种背景下，如何以思想优势赢得话语优势，用源源不断的好评论赢得更高的舆论引导力？《南方》杂志作为省委机关刊，通过从生产机制、队伍建设到平台打造等方面全面重塑党刊评论机制，走出来一条从“凤毛麟角”到“百花齐放”的党刊评论建设之路。

何以凤毛麟角？《南方》评论建设之困

评论质量是评论的生命线，高站位、高质量是对党刊评论的重要要求。但从现实角度讲，生产高站位、高质量评论并非易事，其症结就在于评论员这个评论生产的主体。可以说，没有相当数量的高水平评论员，就不可能持续生产出高站位、高质量的评论文章，这是时下很多党报党刊推进评论建设之困。

曾经，《南方》杂志也深度受困于此。一方面，是评论员来源过于单一。在一段时间里，为了确保政治话语和理论阐释的准确性，南方杂志社以延请专家学者担任特约评论员的方式进行社论生产，但这却使评论员文章呈现出“自说自话”的趋势，在解读理论创新和政策创新时往往显得过于学术化，不利于一般读者的理解、接受和传播，舆论引导的传播力和影响力受限。

为解决这个问题，《南方》杂志启动了专职评论员队伍建设，从2015年起开始探索独立创作社论。但党刊评论与一般的新闻写作有所不同，是带着舆论引导目的创作的新闻产品，对创作的选题、观点、论证等都有严格要求，评论员既要熟悉党的理论、方针、政策，又要懂新闻传播规律，还需要一定的融合表达与传播能力，这使《南方》杂志专职评论员长期稀缺，没有形成一支完整队伍。

高素质评论员队伍没有建立起来，这直接导致评论的生产能力长期处于低水平。以舆论引导为目的的新闻评论创作要求高、时间紧、约束多，缺乏完整队伍建制的《南方》杂志的社论只能由评论员单枪匹马、单刀赴会；而社论相对固定的命题作文式的生产流程和内容创作，以及评论作品在评优评奖、职称评聘等方面的劣势，也使评论员更容易产生职业倦怠。

正因如此，《南方》杂志评论建设在很长时期内呈现“凤毛麟角”的状态。一是产品类型的“凤毛麟角”，除了杂志正刊所必需的《开卷》社论，基本没有对其他类型评论展开探索；二是有影响力的评论“凤毛麟角”，虽偶有高质量评论产品，但没有在一定数量基础上形成立体传播矩阵，自然也很难在众声喧哗的舆论场上“出圈”“上镜”；三是高素质评论员“凤毛麟角”，除了专职评论员外其他人缺乏内生创作动力，极少参与评论创作，更毋论主动结合自身领域和新闻线索展开评论探索，评论作品整体面目单向化、固定化的情况比较突出。

何以百花齐放？《南方》评论建设之变

为了解决“凤毛麟角”之困，从2019年以来，《南方》杂志把“思想产品”研发放在了突出地位，特别是以策划推出抗击新冠疫情宣传的《南方》战疫系列评论为契机，从生产机制、队伍建设到平台打造对评论机制进行了全方位的重塑，从而开辟了《南方》评论百花齐放的新局面。

一是生产机制之变，通过成立南方杂志社评论委员会，设立《开卷》写作组等，为高质量评论“百花齐放”奠定基础。其中，南方杂志社评论委员会是2020年初为统筹《南方》杂志“战疫系列评论”而设立的机构，委员会由社领导、采编部门主任、骨干记者（评论员）等组成。委员会经过初步试水后逐步转为常态化运行，由采编部门负责人、骨干记者直接对接分管领导，一题一议，专题专议，部门负责人召集人，负责落实协调委员会原创评论相关部署，整理呈报工作推进中遇到的问题，推动原创评论工作实现有领导机构、有部门设置、有后勤保障、有专门版面。

以南方杂志社评论委员会的设立为牵引带动，南方杂志社同时成立《开卷》写作组。写作组最初是为平衡和协调“战疫系列评论”和正刊《开卷》社论而设立的虚拟机构，由时政部负责人担任组长，根据需要协调组员分别承担

“战疫系列评论”和正刊《开卷》的写作任务，确保两个评论品牌作品可以同时生产、同时推出。从2020年1月到6月，共27篇“战疫系列评论”及同期10多篇正刊《开卷》实现不断档连续推出，评论产能真正从“凤毛麟角”跃入“百花齐放”。因此，在“战疫系列评论”创作告一段落后，这一制度也被保留下来，成为在评论委员会统一管理下全面负责主题遴选、文本写作和编辑出版相关工作的专有机制，让多条评论生产线可以同时、同步运转起来，确保在质量稳定的基础上评论生产能力的跃升。

二是队伍建设之变，新生产制度大大激发了骨干记者的内生创新创作动力，《开卷》写作组本身也成为挖掘培养评论人才的孵化器，推动《南方》杂志评论员实现了从一到多的转变。《开卷》写作组从设立之初就探索集体创作原则，每一篇评论的选题策划、观点提炼等方面由集体共同商议，在具体写作上指定一人负责，既实现了集体力量和个人所长的结合，又能有效依靠实际的生产创作实现领导同骨干记者、评论员之间的“传帮带”。这就激发了杂志社内部有能力、有意愿的记者加入其中锻炼身手、增值成长的内生动力。

同时，杂志社在内部推广《开卷》写作组的经验，在评论委员会的领导下，设置若干评论写作“三人小组”，“三人小组”数量不限但成员基本固定，不断吸纳杂志社采编骨干参与，形成全社采编骨干写评论的干事创业氛围。

三是平台打造之变，在产能和人员“百花齐放”的同时，推动产品类型实现高度与地气、线上与线下、文字与图像兼备的“百花齐放”局面，创设并持续完善三大评论平台。继续深耕以深度和高度著称的“开卷”系列，注重对党的创新理论和党中央重大决策部署进行深度阐释解读，利用全渠道拓展内容及品牌影响力，统筹协调在南方+客户端党建频道、观点频道和微信公众号等平台第一时间推送，注重统一视觉标识、平面语言，强化整合营销。增量推出立足于锐、着眼于精，贴近群众、注重实效的《政谭》系列，体现思辨睿智，风格突出党味、粤味、鲜味、辣味，在选题、表达、传播环节发力，更加重视思考过程及解决对策，“高度、深度、温度、锐度、精度”并重，利用社内外全媒体平台，实现全方位、全领域传播，提升传播效率与效应。创新打造《杨阿洋快评》《漫评广东》等全媒体立体传播栏目，针对近年来越来越多主流媒体从“笔头”走向“镜头”的发展趋势，探索推出短视频评论、漫画评论等产品，用丰富的语言和情境，以及与粉丝互动等形式，营造轻松、平等、互动的传播环境，推动评论员从幕后走到镜头前，丰富评论作品的新媒体表现形态，使得评论产品更加亲民化、生动化。

何以高质量发展？《南方》评论建设之效

近年来，南方杂志社不断提升原创评论水平，将原创评论作为新时代传播党的理论、武装和教育基层干部群众的有效途径。无论是评论产能、高质量作品数量，还是队伍建设和平台打造等各方面，都走出了一条从“凤毛麟角”到“百花齐放”的发展道路。

在评论作品质量上，更加注重以原创评论揭示规律、指引方向、凝聚力量，在为群众思想上解“惑”、政策上解“渴”、精神上解“压”方面取得良好成效。从“战疫系列评论”《复工的从容脚步写着中国的韧性与坚强》第一次获得党中央机关刊《求是》转载以来，三年多时间内《南方》杂志共有6篇原创评论作品获得中央党刊《求是》转载；献礼党的二十大的长篇宏论《向着伟大复兴阔步前进》获中央网信办推荐在全国省级媒体网站全网推送并获广东新闻奖，高质量评论产品形成“井喷”态势，多种类型和载体的评论“百花齐放”的格局愈发明显。

在评论队伍建设上，初步摆脱了单一化、固定化的评论员选拔和培养机制，在队伍更新和人才成长方面形成了良性循环。通过评论委员会和“三人小组”等一批体制机制创新，带动各采编部门纷纷投身评论事业，一批采编骨干深度参与理论评论工作，评论员来源显著扩展，一支以专职评论员为主、兼职评论员为补充的评论员队伍初步建立起来，顺利完成了资深评论员的迭代转型工作。

在评论影响范围上，进一步“出圈”“上镜”，自觉沿着媒体融合的大方向深入转型。一方面，从广东改革发展的小事件、小切口出发，发挥《政谭》系列接地气、讲实话的优势，展现《南方》杂志独有观察视角，在新媒体文字传播中形成比较优势；另一方面立足本身权威解读赛道，《南方》杂志在社交平台中主打的《杨阿洋快评》，对晦涩的政策文件和重磅议题进行轻量化解读，不仅实现从评论“出圈”到平台“出圈”的转变，更荣获广东新闻奖，并受邀参与“大潮起珠江·湾区新时代”等一系列网络论坛，评论员与百万粉丝网络大V坐而论道，推动了产品在互联网圈层的整体性“破圈”。

总而言之，《南方》杂志在坚守党媒的政治站位的基础上，牢牢扭住“从一到多”“从线下到线上”“从出产品到造品牌”的创新思路，以问题导向，从生产机制、队伍建设、平台建设和品牌打造等多方面着手，成功推动党刊评论从“凤毛麟角”的局面转入“百花齐放”，初步奠定了党刊评论高质量发展的基础。面向未来，《南方》杂志将在媒体转型上继续发力深耕，把评论产品作为媒体融合的其中一个拳头产品，集中力量打造若干评论品牌，以更好地推动党的路线方针政策、重大理论创新“飞入寻常百姓家”，做到入心入脑入情，为新时代创建行思兼备的“四有”党刊构筑理论评论高地，提供思想智慧支撑。

屡被《求是》杂志转载，党刊社论如何体现“功用性”

李育蒙

2023年2月25日，《南方》杂志微信公众号后台突然涌入大量网友“感谢”留言。网友的感谢，源于当天广东省公务员考试的申论大作文题目是围绕“把广东制造业这份厚实家当做优做强”这一主题，撰写一篇策论文。早在省考之前，《南方》杂志就曾刊发了同题社论《把制造业这份厚实家当做优做强》。考试结束后考生们的感谢，正是因为关注过这篇社论。事实上，作为省委机关刊，《南方》杂志天然就是广东政治经济社会的观察者和记录者，更是考生眼中的“公考宝藏”。

随着信息技术的发展，各类新媒体的迅速崛起给传统媒体带来不小冲击。在媒体竞争日益激烈的形势下，作为主流媒体的党刊应如何发挥出传统媒体的优势，如何吸引读者和受众，如何发挥出对社会舆论的引导力、影响力？突出“功用性”是一条必要的、可行的路径。

“公考宝藏”，正是读者对《南方》杂志社论功用性的认可。近年来，《南方》杂志充分发挥优势，生产传播精品，以打造重磅社论等形式，持续推出一大批有思想、有温度、有功用、有综合传播力的精品力作。在唱响主旋律、传播正能量过程中，《南方》杂志进一步强调要增强读者意识，增强服务性，力求以“好用”“实用”来凸显党刊社论的“功用性”，积极推动打造“四有”党刊。

功用性源自于权威性

社论，作为新闻评论中最重要的一种体裁，是就当前的重大问题、重要时政发表的评论。党刊社论不同于一般评论文章，具有明确的指向性，这就要求社论在撰写的过程中，必须始终坚守党性原则，必须突出政治性、权威性。《南方》杂志作为党刊，始终坚守“党刊姓党”，始终把政治方向摆在第一位，始终牢牢坚持党性原则，牢牢坚持正确舆论导向，切实把政治导向、政治要求落实到社论写作全过程，务求做到准确无误地传递、解读中央和省委政策精神。我们深知，党刊社论的功用性源于权威性。只有始终宣传党的权威声音，传播党的施政理念，社论才有说服力，才具可读性。

长期以来，《南方》杂志始终围绕中央和省委的决策部署、中心工作发出权威声音。如2021年2月初，中共中央决定在全党开展党史学习教育。《南方》杂志迅速响应，在第3期推出社论《知史砺初心　阔步新征程》，权威解读中央开展党史学习教育的深意，号召从党史中汲取智慧力量，激发新时代党员坚守初心、担当使命的思想自觉、政治自觉和行动自觉。文章刊发后，深受读者受众好评，获《求是》杂志2021年第5期转载。

本着“唯此才准”“唯此才真”的权威性，《南方》杂志在历届全国和省党代会、全国和省“两会”、省委全会等重要会议之际，都对会议精神和重大决策部署刊发阐释解读的社论。近年来，围绕“制造业当家”“绿美广东生态建设”“百县千镇万村高质量发展工程”等省委重要决策部署，《南方》杂志第一时间推出社论，权威解读相关政策，积极发出正能量的声音。《南方》杂志社论正是因为紧跟中央和省委的步伐，完整准确全面解读和把握中央和省委政策精神，才成为广大受众学习领会、贯彻落实中央和省委决策部署精神的“必读”刊物，成为广大受众学习工作的“参考书”“工具书”。

功用性得益于指导性

党刊作为党的主流媒体，不仅是权威信息的提供者，更是正确舆论导向、正确立场观点方法的提供者。党刊社论具有鲜明的目标导向，能够引导读者统一思想认识，能够调动读者群体的积极性，能够汇聚起读者群体的智慧和力量，引导全社会形成明确的前进目标和努力方向。党刊社论作为一种思想和价值的表达，只有通过输出有价值的观点、提供有效的信息、指引正确的思想认知方向，真正帮助读者解决实际问题，真正让读者觉得读党刊社论“管用”，才能更好地彰显出党刊社论的功用性。

《南方》杂志推出的社论，既聚焦最新的中央精神，又紧跟省委的重大决策，在写作过程中更会结合发展的新情况、读者关切的新问题等深入调研，力求在围绕中心、服务大局中突出党刊社论鲜明的目标指向。例如，今年中共中央办公厅印发《关于在全党大兴调查研究的工作方案》后，《南方》杂志相继推出社论《甘于“沉下去” 方能“浮出来”》《用好调查研究这个“传家宝”》等文章，聚焦调查研究中可能存在的问题，既亮明观点更给出方法，以突出的实践导向来增强文章的指导性，成为许多基层读者群体“明志的挚友、明智的良师”。

本着以文字“含金量”凝聚发展“正能量”的原则，《南方》杂志社论在文风上追求舒展自如，在内容上追求求真务实，以上接“天线”下接“地气”的方式增强读者的“亲近感”，不仅贴近实际，而且管用好用，能够让读者从阅读中获得工作思路，把阅读时的想法变成工作方法。从紧跟时代到贴近读者，《南方》杂志始终通过社论等重磅产品，架起与广大党员干部读者沟通的桥梁，以真正发挥出文字的“含金量”，给读者工作上的帮助、学习上的收获、精神上的陶冶，真正以“管用”“好用”来凸显功用性，来为发展凝聚“正能量”。

功用性体现于服务性

党刊作为主流媒体，是党的意识形态工作的主阵地和风向标，肩负着巩固党的领导、宣传党的声音、反映群众呼声等使命任务。但是在目前的媒体生态下，在众声喧哗的舆论场中，党刊社论要吸引读者，必须增强可读性，才能扩大传播力和影响力；必须拓宽服务的思路，真正以“实用”突出服务性，才能当好决策参谋的助手和决策参与的平台。近年来，《南方》杂志推出的社论，致力于可读性的建设，在深入、正确领会解读上级指示精神的同时，也积极地呈现读者的所思所想所感，以鲜明的问题导向让所撰写的社论能够引起“共情”，以有的放矢的方式让社论文章能够“适销对路”，真正做到为党和国家事业服务，为读者受众服务。

党刊社论的功用性，最主要体现于服务性上，在于能通过党刊社论的输出，切切实实为党和政府及读者受众带来有利于工作开展、有利于事业发展的有效信息。例如，2023年4月，习近平总书记视察广东，对广东寄予厚望。总书记的重要讲话、重要指示精神具有很强的政治性、针对性、指导性，如何学习宣传贯彻好是全省的头等大事和首要政治任务。《南方》杂志在第一时间推出社论《高擎思想之旗　坚定走在前列》，对于如何结合主题教育学习贯彻习近平总书记视察广东重要讲话、重要指示精神，提出了见解和方法，有效地服务了全省读者受众。文章刊发后获得2023年第9期《求是》杂志转载，这也是主题教育启动以来《求是》杂志首次刊发地方党刊文章。

党刊社论的服务性，就是要让读者受众觉得是在替他们发声，能拿起来就可用。事实上，《南方》杂志社论也始终向着这个方向发力。例如，《南方》杂志刊发的社论《常怀为民心，长效办实事》《把群众冷暖放在心上》《乡村振兴要紧扣高质量发展主线》《越是“两难”，越要“两全”》等等，都是聚焦经济社会发展过程中的难题，提对策、给建议，真正把读者的所思所想所感表达出来。此外，《南方》杂志社论如《向着新的奋斗目标出发》《奋进大湾区　拥抱大未来》《感悟真理伟力　践行政治忠诚》《坚定赶考路上的精神自觉》《锚定总目标　发力新突破》《持续推动主题教育扎实有效开展》等等，屡屡成为地方党政干部学习工作重要的参考材料，真正实现让读者受众“拿起来就可用”。

作为主流媒体，作为省委机关刊，《南方》杂志深知，党刊社论最大的功用性就是要向读者和受众提供优质的信息服务。这要求写作团队不仅要贴合实际谋划选题，更要瞄准需求撰写文章。既要让党刊社论体现出善观大势、善谋大事的格局，也要注意从大处着眼、从小处着手，用“小切口”“小故事”来见大世界，力求让党刊社论更符合传播规律，更契合国情实情，更满足读者需要。

近年来，《南方》杂志社论可谓成果丰硕。从《复工的从容脚步写着中国的韧性与坚强》作为首篇被《求是》杂志转载的广东地方党刊评论员文章开始，三年来《南方》杂志共有6篇社论被《求是》杂志转载，其中更是有像《向着伟大复兴阔步前进》这样的献礼党的二十大的长篇宏论获中央网信办全网推送，有像《高质量发展再造一个新广东》这样的社论获得中宣部阅评表扬。

（李育蒙系南方杂志社时政部理论评论工作室主任）

理论宣传“主力军”这样挺进“主战场”

刘艳辉

二十年来，无论是传统媒体时代，还是新媒体时代，“行思兼备”始终是《南方》杂志人的气质与业务追求。近年来，《南方》杂志始终坚持把宣传阐释党的创新理论作为观点建设的重中之重，在省委宣传部和杂志社领导的关心支持下，杂志社时政理论团队具体负责开设运营南方+客户端观点频道、开设《悦理轩》专栏等，进一步传承发扬行思兼备的优良传统，持续深耕理论评论阵地，在互联网主战场上全方位、多维度、深层次展现马克思主义中国化时代化新飞跃的磅礴伟力，让党的声音传得更开、传得更广、传得更深入。

打造一个品牌：《悦理轩》初试啼声

2022年10月起，《南方》杂志及杂志微信公众号、南方+客户端观点频道同步推出《悦理轩》专栏，目前已推出《“两个答案”为什么管用》《理论宣传如何让年轻人“路转粉”》等20余篇清新活泼、接地气的专栏文章，一时间在广东理论宣传普及领域刮起了一阵“新风”。

故事还要从2022年夏天说起。一天上午，我接到社里通知，要谋划申报一个理论宣传类项目，上级领导专门强调主打一个宣传普及，要内容形式不拘一格，要“大胆想”！在杂志社领导的亲自指导下，我用了几天时间，集中精力做了一版方案，就是《悦理轩》的雏形。而后方案几经修改，最后留下了开设专栏这个选项，却又在起名字上犯了难。方案最开始报的是稳重大气的“岳理轩”，也更像一个集体化名，然而报上去之后，上级领导有所顾虑：一是项目实施第一年还在试水的阶段，传播效果有待观察，不好贸然强推；二是栏目定位是年轻化、小而美，从这个角度看，无疑“悦理轩”更能拉近理论与读者之间的距离。经过一番比较与分析，《悦理轩》的名字就这样定下来了。

方案上，项目是2023年度的，却从2022年就开始“营业”了。最重要的原因，是党的二十大的胜利召开。党的二十大报告围绕习近平新时代中国特色社会主义思想、中国式现代化等重大理论和实践问题提出了系列原创性理论观点，做好学习宣传阐释是理论工作职责所在，也是价值所在。此时不开更待何时？

当时，距离交稿所剩时间已经不多，必须抓紧组织选题、联系作者，还有就是提前做好包装、设计。美编老师们几易其稿，最终确定下现在的栏目图和版面样式。在全媒体部同事支持下，每期《悦理轩》文章都在杂志微信公众号头条发布。得益于创新形式的加持，在流量方面的表现一直可圈可点。

《悦理轩》虽然姓“悦”，但在编辑的过程中，很难直接体会到这种喜悦，更多的是苦中作乐、苦乐参半。先说“乐”的方面，“乐”就在于找到了合适的选题和能够胜任的作者，好题目+好内容，就能为后期编辑工作奠定一个不错的基础；相反，“苦”则来自选题和作者的不匹配，有时写作不能达到策划意图，甚至离题甚远，就需要和作者反复沟通修改，或者自己改写，一来二去的打磨，使得编辑一篇文章要花费一两天的时间成为常态。幸运的是，几位青年专家都极富耐心，对于编辑的建议和修改不仅不以为忤，反而欣然接受。正是作者编者的通力合作，才成了“整活”的关键。

《悦理轩》初试啼声之后，由于文风生动活泼、说理明白晓畅，在广东社科界引发了一些积极反响。经常在开会时，遇到专家向我竖起大拇指，虽然不乏客套的成分，但起码说明了栏目的知名度和显示度已经有所提升。然而，随着各界关注度的提高，一些理论专家的讨论甚至争议也接踵而至。换个角度看，这也给我们提了一个醒，说明讲好讲活党的创新理论，绝不是毫无边界的，能否兼顾守正与创新，决定了栏目能否走得更远。

如果说《南方》杂志是一个二十岁的英俊少年，那么《悦理轩》就是一个刚满一周岁的婴孩。从无到有，从小到大，伴随着《悦理轩》的茁壮成长，我边干边学，渐渐上手，逐步从一个入门编辑，成为一个较为熟练的理论编辑。喜出望外的是，2023年1月，南方杂志社领导传达了一个好消息——《悦理轩》正式写入2023年广东省委宣传部重点工作计划，一跃成为全省理论宣传普及工作的一张新名片。“出圈”令人欣慰，无形中也激励着我们进一步把品牌擦亮。

运营好一个阵地：观点频道功不唐捐

挺进主战场，必须有自己的主阵地。其实，早在2016年，《南方》杂志就立足自身理论评论优势，主动融入南方+客户端开发建设，承担起观点频道的建设和运营工作。7年来，观点频道围绕“《南方》杂志理论评论官方客户端和移动端”的平台定位，坚持“行思兼备”理念，有机整合杂志社内外资源，建立起了规范完善的内容发布体系，逐渐打响品牌、擦亮底色。

在迎接党的二十大胜利召开之际，观点频道以问题为导向，在内容发布、栏目设置、流程把关等方面进行优化，实现“言值”与颜值的双提升，为学习宣传贯彻党的二十大精神做足了准备，奠定了基础。回过头看，当时运营团队主要做了两大重点工作。

一是夯实高质量的内容发布基础。在深度呈现杂志原创理论评论稿件、集纳好央媒重要文章的基础上，做好议程设置，体现策划意识，将资源优势转化为内容优势、流量优势，巩固夯实杂志理论评论高地建设。加强与省委党校、广东省习近平新时代中国特色社会主义思想研究中心的合作，把观点频道打造为主体班学员学习文章的首发地、理论季刊的二次传播地，进一步提升频道活力与引力。同时，对原有栏目进行整合、精简，保留《传习录》《思想荟》《求是观点》《南方论坛》《饮茶粤海》《理论学人》等具有杂志鲜明特色的栏目，增设《社科动态》《时论荐读》等栏目，强化内容支撑。

二是努力打造“爆款”理论产品与活动。实践证明，只有在优质的原创内容和新颖的理论形式上下大力气，理论才能“圈粉”。观点频道与省直机关工委联合主办的“两学一做”考学活动吸引了10万+党员干部参与，并推出《党的组织生活制度》动漫学堂、“七一讲话”口袋书等基层喜闻乐见的拳头产品，获得了良好的传播效果。2021年，围绕习近平总书记七一重要讲话和党的十九届六中全会精神，南方杂志社两度与省社科院联手主办广东社科界理论座谈会，观点频道也成为会议发言摘要官方发布渠道，受到广泛认可。在传承发扬以往经验的基础上，观点频道加快融合步伐，努力开拓视频业务，取得了一些可圈可点的成果。一是与《杨阿洋快评》《粤讲粤有李》《政谭快评》等杂志社融媒栏目携手，大大提升频道原创含量；二是与中山大学、暨南大学等高校马院加强合作，开设《打卡思政课》视频栏目，进一步丰富产品形态，扩大频道“朋友圈”。

“日拱一卒，功不唐捐。”无论是开设一个栏目，还是经营一个频道，需要的不是一两篇优质文章、一两个爆款产品，而是持之以恒的坚守，日复一日的耕耘。观点频道虽然长期人手不足，但有赖两三个采编人员在采访、写稿之余勤勉付出，“借船出海”成效明显，对于杂志社观点建设和深融转型的意义不可小觑。

努力建立一个链条：南方理论供应链日臻完善

建设南方理论供应链，是推动南方杂志社理论工作实现从以专家为核心到以杂志主题为核心的转变，从点对点联系到以点带面、串链成网转变的重要抓手，是进一步推动南方理论高地建设的重要途径。2022年初，时政理论部在杂志社战略研讨大会上初步提出相关设想。接下来，以学习宣传贯彻党的二十大精神为主线，不断展开新探索，展现新气象。

完善“南方理论特聘专家”机制。2018年11月、2023年7月，南方杂志社两度在北京召开“新思想引领新时代”理论专家座谈会，邀请中央党校、中国社科院、清华大学、中国人民大学等的权威专家学者担任杂志社特聘专家。几年来，该机制为杂志社出色完成重大选题、重大理论宣传任务提供了有力支撑，提升了理论专家库的分量。

探索建立“南方理论供应通讯联系”机制。为方便向“南方理论特聘专家”重点发展对象约稿和建立稳定联系，南方杂志社尝试在北京、上海、武汉等地建立若干“理论通讯基地”，确定一批“理论通讯员”。同时，注重发掘一批青年理论专家，通过线上线下互动，进一步积累、聚拢优质专家资源，优化内容供给。

尝试推动成立党刊理论工作联盟。南方杂志社面向重点地区党刊系统，通过建群、定期拜访等方式加强联络沟通，发起成立党刊理论工作联盟。一方面开门办刊，积极面向省外专家征集或选登高质量理论文章；另一方面互通有无，除了加强与《求是》的联系之外，还积极推动南方观点输出，不断提升《南方》杂志影响力、传播力。目前，已经有《党管青年的百年生动实践》《从治理转向“智理”，打造安全发展支撑地》等优质理论文章获《当代贵州》转载。

受托写下此文时，笔者因工作调动已经不再负责这项工作，《悦理轩》和供应链建设等前期工作只算是抛砖引玉，《南方》杂志的持续进步有赖战友们继续奋斗。值得庆幸的是，我们仍在理论宣传同一战壕里，挺进主战场之际仍可并肩奋战、守望相助。二十年整装再发，《南方》必将一路花开，一路佳音！

第四章

融媒实践

实现“正能量”和“大流量”双赢的发展之道

——南方杂志社推进媒体融合的探索与思考

执笔：林琳 蔡惠珍 刘树强
课题组成员：姚燕永 蔡惠珍 刘树强 林琳

《南方》杂志自2003年创刊以来，一直致力探索新型党刊的办刊规律与路径，以打造广东最权威的时政大刊为己任，以深度、高端、创新的形象受到上级主管部门及广大读者的深度认可和业界同行的一致好评。在创刊后的第一个十年，《南方》杂志成功跻身月发行量百万大刊行列，核心受众为全省各级公共决策者以及广大党员干部，多次获得“广东省品牌期刊”“中国出版政府奖期刊奖”“全国百强社科期刊”等荣誉。

然而随着舆论形势和传媒生态的深刻变化，《南方》杂志在进入第二个“十年”之初便面临着新的形势、困难和挑战：新兴媒体的发展一日千里，曾经站在大众媒体最重要位置、拥有强大话语权的纸质媒体在信息传播中的重要性急剧下降，影响力也不断向互联网新兴媒体让渡。传统党刊的发行量虽大，但有效阅读刊物的读者越来越少；党刊以周、双周甚至以月为出版周期的传播时效与互联网的即时传播形成强烈反差；在刊网融合初期，党刊内容的强势一时难以在互联网上复制，正能量的新闻作品不一定能有大流量的宣传效果。如果不能迅速打开新局面，就很难实现新闻舆论“主力军”挺进互联网“主战场”，谈何以主流声音传播主流价值？我们应该怎么办？答案显而易见，就是要做“正能量+大流量”的新时代党刊。

党的十八大以来，习近平总书记多次对新闻舆论工作作出重要指示。从2013年在全国宣传思想工作会议上强调“网络是重中之重”，到2014年在中央全面深化改革领导小组第4次会议上就传统媒体与新兴媒体融合发展发表重要讲话，再到2016年党的新闻舆论工作座谈会上提出“党的新闻舆论工作的职责和使命”的“48字方针”和“努力推出有思想、有温度、有品质的作品”的要求，习近平总书记为新闻舆论工作指明了努力方向、提供了根本遵循。

在不断深化对习近平总书记关于新闻舆论工作系列重要讲话精神的再领会、再认识、再把握的基础上，南方杂志社以更宽广的视野、更长远的眼光来思考和把握媒体融合发展面临的一系列重大战略问题，确立了“打造有思想、有温度、有功用、有综合传播力和可持续发展能力的新型党刊”的“四有”发展思路，并在深融智转实践中突破思想、制度、运作等藩篱，从“全程、全息、全员、全效”四个方面突出成效，不断探索具有鲜明特色的“正能量”和“大流量”双赢的党刊高质量发展之道，全力构建体现广东最权威时政党建大刊视野的综合立体传播格局。

破解策略之一：处理好出版周期与传播时效的关系，推动矩阵传播“全程化”

（一）时效与阵地：全媒体时代的挑战与机遇

时效性被称为新闻的生命，时效性差、传播时效滞后是纸媒发展的痛点之一。以纸媒为载体的党刊一般为半月刊或者月刊，因为出版的周期性，对重大主题、重要动态的报道，一般最快也只能在下一个出版周期传递出信息。除了时效性，党刊在版面容量、版面设计等方面也必须遵循特定规范。

实际上，党刊作为主流媒体，先天基因决定了我们有能力从众声喧哗中脱颖而出。党刊作为党媒，天生就有“大V”的影响力和号召力，只要敢于“亮身份”，获得数十万乃至数百万关注者其实不是难事，尤其在面对重大突发性事件时，受众更愿意相信党媒的信息。全媒体时代既以其信息的高速交流对党刊形成挑战，又因其媒介手段的多样性而为党刊提供参与全程的传播渠道。新媒体信息传播和接收的即时性优势，成为传统媒体扩大传播力和影响力的助推器。只要突破时空的限制，在最短的时间内，以多个平台、多种形式、最大容量弥补周期性出版的不足，提供给读者最全面、最多样的阅读服务，党刊的光芒就不会被掩盖。

（二）党刊传播“全程化”的《南方》实践

媒体融合发展环境下，传播既需要特写也需要广角，在深度和广度上都不能缺位。南方杂志社在经过多次针对传播平台的研讨和实践后，摒弃了需要投入大量资金、人力且风险较大的自有平台搭建计划，着力做好四级传播矩阵规划，以“全媒体”全程跟进弥补刊物缺乏时效性、全景性的弱点，力求时时见平台、处处是阵地。

移动优先：基于社交媒体的新阵地运用。人在哪里，新闻舆论阵地就应该在哪里，我们必须参与进去、深入进去、运用起来。2015年5月，南方杂志微信公众号正式上线。距离2012年微信公众平台开放已有3年，此时入驻微信已没有先发优势，怎样突围而出？上线初期，南方杂志微公号以独家品牌栏目开路，推出“吾土吾乡”系列征文活动和《美丽广东》专栏，以“美文+美图（视频）+互动+线下推广”模式，为南方杂志微公号品牌形象积累了口碑……

经过一段时间的试水，围绕“专注政治、政坛、政策；分享思想、理论、观点；服务广大党政干部，服务南方杂志品牌”的公众号定位，一大批精品力作崭露头角，南方杂志微公号逐步在广大党员干部中有了棱角分明的“面孔”。

“两个融合”：党刊特色实现精准引流。为扩大主流价值影响力版图，在运营好官微的基础上，我们提出“与集团融合、与新兴媒体融合”，深度融入南方+客户端。2016年，由南方杂志社承办的南方+观点频道开始运营，对《南方》杂志观点产品进行及时、全面、高效的二次传播。2018年承办的南方+党建频道，成为省级新闻客户端里率先开设的党建专业频道。频道每日稿件近半被南方+客户端首页选推，部分重点原创报道全网点击量超千万。南方杂志社核心平台阅读流量稳居全国地方党刊前三名，借力这些有影响力的核心平台，爆款产品不断出现。

四级矩阵：“主流声音”讲好广东故事。推动媒体融合发展，必须强化阵地意识和导向意识。2017年以来，南方杂志社在开发利用好南方杂志微公号、南方+观点频道和党建频道等核心平台的基础上持续拓展传播阵地，《南方》杂志人民号、《南方》杂志学习强国号和学习强国广东学习平台“粤刊专区”等陆续开通。随着新闻纪实短视频的深入探索，南方杂志视频号、抖音号自2020年开通以来推出近1000个原创视频产品，平均播放量超过2万，实现了党刊视频产品的出圈。此外，南方杂志社以头条号、百家号、对外传播专页“In-Depth GD”等作为第三方分发平台和对外传播平台，积极讲好粤港澳大湾区故事和广东故事。《南方》杂志及其新媒体平台遵循同样的导向把关标准，全媒体全流程导向把关体系和审校制度日臻完善，创刊20年来持续保持着良好的“三平”局面，实现舆论导向零事故。南方杂志社“党建新媒体”项目入选广东省委宣传部年度创新项目，入围全国报刊媒体融合创新100佳优秀案例。

从“追随”“摸着石头过河”到“依托‘两个融合’，借船出海”，持续深入推进“全程化”传播使《南方》杂志的思想、温度和功用向互联网各平台延伸，实现党刊综合传播力的提升，“正能量”与“大流量”的同频共振初见雏形，相关作品多次荣获中国新闻奖、全国党刊优秀作品奖和广东新闻奖等荣誉。

破解策略之二：处理好内容严谨与形式鲜活的关系，彰显内容传播“全息化”

（一）严谨与鲜活：党刊传播的时代课题

党刊的发行量大，就意味着阅读率高、影响力大、传播力强吗？其实不然。调查显示，党刊的阅读率不高，尤其90后、00后大多没有阅读党刊的习惯。究其原因，是刊物内容与阅读需求、表现形式与互动欲望之间出现了矛盾。

首先，个别地方性党刊的办刊出发点和落脚点有偏差，过于侧重领导干部的需求，而忽略了普通读者的需求，把刊物办成了“文件汇编”[1]，其说教的“面孔”无法引起受众共鸣。其次，新媒体的发展凸显了党刊的传播盲点。一项针对党刊的调查显示，有57.79%的读者认为党刊反映群众声音“不充分”，有20.8%的读者认为群众声音“太少”，两者合计将近80%[2]。这种评价从侧面反映了一些党刊内容偏重说教宣传，而忽视了民生民情。如何在确保党刊政治性、严谨性不变质的前提下，让宣传更加贴近受众，形式更加生动鲜活，是党刊面临的时代课题。

（二）“全息化”活化党建叙事的《南方》答卷

把握新媒体移动化、视频化、年轻化、差异化特性，才能有针对性地传播思想、引导舆论、实现价值。南方杂志社着力钻研5G应用、视频、VR技术等

“全息化”新应用和新手段，探索党建叙事在范畴、特征和模式上的变化，推出了一大批“大流量”担当产品。

重磅纪录片唱响时代主旋律。近年来，南方杂志社着力打造扎实厚重、内涵丰富的“党建+”纪录片，见证中国特色社会主义乘风破浪、现代化建设奋发启航。2016年，推出纪录片《江望》第一季，呈现了生动的练江治理画卷，累计观看量突破百万；庆祝建党百年宣传主题纪录片《一纸承诺鉴初心·星海回声》入围中国新闻奖相关专项奖初评名单。党的二十大召开前夕，酝酿打磨三年的纪录片《江望》第二季推出，真实记录广东练江从“污染典型”蝶变成“治污典范”的历程，全网播放量再破百万，荣获广东新闻奖。2023年，纪录片《开山凿江　百里输水——这项工程何以改变广东？》被省内10多家重点新媒体平台转发，全网观看量超过2000万，为推动广东高质量发展走在全国前列作出示范营造良好舆论氛围。主题的重大性、内容的正能量与表达的鲜活化、传播的矩阵化相融合，大流量的爆款纪录片塑造了《南方》杂志实力与颜值并存的新形象。

全媒运用构建公共事件传播全貌。始终保持党同人民群众的血肉联系，始终与人民心连心、同呼吸、共命运。2020年新冠疫情暴发，南方杂志社运用各类融媒产品积极营造向上向善的抗疫氛围，开设日更音频专栏《声援疫线》，用声音记录抗疫故事；制作《上班族防护指南》等100多张海报，获网友留言称赞“南方杂志是做得最实在最有血有肉的党媒公号”；发布《影像记录：抗击疫情战场上的“捕毒者”》等短视频60多条，全网播放量超5000万，单条最高播放量达86.6万；上线智能应答机器人“战疫AI”，点击量近200万，大数据中心筛查反馈数据近60万条，智能解决率逾95%，被《中国新闻出版广电报》突出报道。

“党建+VR”打破传播时空限制。运用沉浸式720度全景漫游技术，实现

“党建+VR”，为用户提供更真实更具象化的内容体验。2021年，南方杂志微公号推出《吾土吾乡·红色村VR巡礼》专栏，深入走访广东省红色村党建工程示范点并拍摄成VR在线上全景展览，被“打卡广东红”小程序收录，全网点击量超过2000万，获得广东省“网络传播品牌建设工程”效果评估优秀作品一等奖，入围中国新闻奖期刊作品应用创新类初评并入选“2022年中国报业媒体融合‘用得好’案例库名录”。

如何变作品思维为产品思维，将传统文字作品用新技术“翻译”成新产品，是我们在媒体融合过程中不断思索的问题。依托对传播领域有关新技术的研究和应用，我们策划推出《寻找最美第一书记》《奔跑吧！理工大｜请为高水平大学投票》《十个“热搜词条”，微评2023年省政府工作报告》等一批音视频、H5、海报、SVG多维立体融媒产品，立得住、叫得响、传得开，让大流量“爆款”助力各级党委、政府中心工作。

破解策略之三：处理好技能转型与业务转型的关系，助推党刊转型“全员化”

（一）技能与业务：转型中的难点与堵点

媒体竞争的关键是人才竞争，媒体的核心优势是人才优势。提高业务能力，勤学习，多锻炼，努力成为全媒型、专家型人才，是当今传媒格局深刻变革新形势下对新闻舆论工作者提出的新要求和高标准。

党刊独特的体制优势、人才优势、品牌优势，为其更好地适应全媒体传播格局提供了保障。但在全媒转型大浪潮中，一方面，纸媒的衰退以及党刊内部自身的管理、机制问题等因素的叠加，容易导致优秀人才流失。另一方面，一些党刊从业者改革发展的内生动力不足，存有传统固化思想[3]。不少人存在技能恐慌，心里唯恐跟不上时代步伐，思维却还停留在过去。只有激活采编队伍自身的转型动力，明确规划好采编队伍的转型路径，才能以每个人的技能转型为先导，带动党刊的整体业务转型，实现集体价值和个人价值的双重彰显。

（二）以技能转型带动业务转型的《南方》探索

南方杂志社要求采编队伍不断深化对时代特征和发展大势的认识把握，努力突破传统媒体思维的束缚，掌握新媒体传播特点和规律，全力打造具备全媒生产能力的复合型传媒人才，同时以敏锐的感知力、洞察力，吸纳各领域创新做法和基层新鲜经验，为杂志社推进媒体深度融合拓展新视野、形成新理念、探索新路径。

做好顶层设计，强化内容生产考核一体化。为迎接融合大势，杂志社将传统采编选题会升级为“融媒选题策划会”，推动全体采编人员普遍树立全媒体思维，加快融合转型。2019年，设立融媒体中心，进行采编流程的全面再造。2022年，设立新媒体平台编辑委员会，各采编部门主任兼任新媒体平台编委，增强各部门“共建共治共享”新媒体平台的积极性，逐步实现了人员、内容、推广、运营的深度融通。同时，强化党刊企业文化建设，把舆论引导能力和可持续发展能力双提升作为评判工作成效的首要标准，探索在全平台铺开动态计分制和推行“协议薪酬”，以精细化、高效能的考核“指挥棒”护航融合转型。

重组新型工作室，推动灵活组合和特色表达。创新成立视界工作室、新媒体编辑工作室、新媒体研发工作室等多个新型工作室，催生一批导向鲜明，富有影响力、感染力、号召力的《南方》IP。这些融合团队采用跨部门合作、扁平化管理的运作模式，迅速高效地形成协同生产的自觉，实现内容生产专业化、垂直化、细分化，相继推出了《视界》《漫评广东》《政观广东》等深入人心的融媒专题专栏。

人才转型加速，孵化“南方网红”出镜破圈。着力培养心有大局、勇于拼搏，能扛起创新重任、能独当一面的帅才和能冲锋陷阵的尖兵。2016年起，结合南方报业“南方名记者培育工程”，南方杂志社精心培育多名“南方名记”“南方主笔”，全力打造《寻找最美第一书记》《殷殷夜有声》《读·书记》等全媒体拳头产品。以党的二十大等重大主题报道为契机，打造时政轻评论视频产品《杨阿洋快评》共计90余期，全网流量1000多万，获得广东省委宣传部、共青团广东省委等单位的高度认可，收获一批高质量的党政干部粉丝。《梦享时分》《党知部》《小影Vlog》《粤讲粤有李（粤语）》等网红专栏相继诞生。瞄准强把关、精策划、会运营，众多记者转型成为各领域项目或新媒体产品的“主理人”，全员奏响了转型“协奏曲”。

破解策略之四：处理好传播到位与宣传入心的关系，凸显传播方式“全效化”

（一）方向与效果：全媒体时代的传播布局

党的二十大报告明确提出，牢牢掌握党对意识形态工作的领导权，全面落实意识形态工作责任制，巩固壮大奋进新时代的主流思想舆论。让主流传播走深走实，必须遵循全媒体时代的特点规律，适应受众审美情趣的变化，把握好方向，有效引导舆论。要突出自身特色，推动党建基因和同中华文化从融入到融合，提升传播的有效性，真正让主流舆论宣传入脑入心。

唱响主流声音，善用网络特点，聚焦民间舆论，化解矛盾，占据主流媒体阵地，引导舆论方向，这是打通“两个舆论场”的关键所在。实践证明，全媒体不能是“纸媒+网端+多媒体”的平面组合[4]，而应是你中有我、我中有你，形成合力、攥成拳头。南方杂志社全面打通刊物、网站、客户端、微信等平台，依托党刊强大的采编力量、权威的信息渠道，辅以统一指挥调度的全媒体采编平台，由记者、编辑同网友、用户的双向交流中挖掘新闻素材，产生原创新闻资讯，并通过多种产品形态，与受众产生有效的二次互动，提升传播效能。

（二）“全效化”提升传播效能的《南方》路径

传播效能提升的最终目的是让所传播的信息精准地到达用户群体，从而解决信息沟通缺乏确定性的问题[5]。受众群体是多样化的，南方杂志社针对不同的用户群体，研发了动漫、直播、线下党建服务等形式来强化精准到达和精准服务。

探路“党建+动漫”，让专业内容直达一线。2017年，南方杂志社与广东省直机关工委联合策划“党的组织生活制度”动漫学堂，全网播放量超500万，得到时任省委常委、组织部部长邹铭批示表扬，后作为优秀作品经由广东省委组织部报送中组部；2019年，原创设计的“党员干部微信表情包”荣获广东新闻奖三等奖；2021年，以“同心村换届选举那些事”为题创新打造的四集连环漫画和动画情景剧，被广东发布等50余个官方微公号转载，全网阅读量超百万，营造广东村（社区）“两委”换届良好舆论氛围。

做强“南方直播”，让红色文化始终“在场”。“南方直播”栏目自2019年在南方+客户端党建频道上线以来，引入5G直播技术，围绕乡村振兴、红色文化、地方发展亮点等，进行了60多场直播。2022年，南方杂志社与团省委、省委宣传部联合开展“‘爱上广东红’——广东省青少年传承红色基因志愿宣讲视频展播”活动，推出22期专题直播，南方+客户端观看量累计超过520万人次，多次排在阅读量周排名和阅读排行热榜第一。

做优智库服务，成为各级党委政府的“智囊”与“参谋”。针对基层用户需求，南方杂志社推出了一批党建服务产品，打开了全效传播新局面。聚焦广东各地传承红色基因、弘扬伟大建党精神的重要任务，助力多个基层单位指导完成党建展陈和主题教育阵地全线规划建设，打造出广州市非公有制经济组织党建工作展览馆、广州南华西街道“风起南华”研学线路等多个党刊与地方融合的全新党建共建样本，建成集党群活动、教育学习、成果展示于一体的多功能、专业化的全息多媒体展厅，掀起群众在“家门口”学习互动的热潮。

了解基层、贴近基层、服务基层，是党刊最大的优势，也是最大的特点。南方杂志社坚持下沉基层、创新业务，释放党刊新活力，为各级党委部门提供“党建参谋”，得到了广大机关、企事业单位等机构和广大党员干部的一致认可，也生动地说明了传统党媒只有结合市场需求不断改革创新，提升传播实效，才能有效突围，实现跨越式发展。

结语：“正能量”与“大流量”双赢的《南方》经验

2014年以来，南方杂志社从夯基垒台、架梁立柱迈向优制智转、深融提质的新阶段，以打造“四有”新型党刊社思路为引领，努力将长期积累的品牌优势、内容优势和体制优势转化为新媒体环境下的品牌影响力和综合传播力，完成了从被动适应时代趋势到主动拥抱时代趋势再到引领时代趋势的优美转身，也形成了一些基于自身实践的经验与启示。

（一）必须把平台建设作为传播“全程化”的基础性工程

地方党刊在区域经济社会发展、思想文化宣传和参与基层治理上有其天然的地缘优势，在发展社会主义先进文化、广泛凝聚人民精神力量上更具有独特的贴近性和亲和力[6]。目前，地方主流媒体服务基层治理的数字化、智能化水平不断提升，区域性舆论宣传平台、综合服务平台、社会治理平台的特征渐次清晰，全媒体传播体系的社会治理功能日益彰显。

南方杂志社坚守“党刊姓党”的根本之道，同时根据时代发展趋势和受众需求，把平台建设作为传播“全程化”的基础性工程，努力淡化时空距离，创新探索建立符合广东地域发展特点和全媒体运行规律的新模式新架构，在重大事件、重要时期全网推送具有区域贴近性的新闻资讯，构建网上网下一体、内宣外宣联动的主流舆论格局和基层宣传体系，在不断地学习探索、不断地变革图强中实现与时俱进的自我完善、自我超越，努力建设成为新时代推动治理现代化的重要平台。

（二）必须让技术赋能成为传播“全息化”的主要动力

不管媒体融合以何种方式推进，不管互联网的风口如何变幻，优质内容都是媒体的核心优势，也是媒体的安身立命之本。在全媒体时代，虽然舆论生态、传播方式等都发生了较大变化，但“内容为王”始终不会过时。在“酒香也怕巷子深”的时代，“内容为王”更需要“技术赋能”。

南方杂志社坚持充分发挥传统纸媒内容生产优势，将其与新媒体的技术和传播等优势紧密结合，用新媒体叙事解锁大流量密码，内容与技术相互支撑、相互融合，才能美美与共、行稳致远。近年来，南方杂志社保持对新技术的敏感性，以先进技术赋能内容建设，塑造主流价值。作为南方报业传媒集团成员单位，南方杂志社依托南方报业强大的技术支撑，用好各类技术平台，通过提供优质内容，来共享技术服务，通过技术平台化，来实现内容与平台的融合，推动媒体融合发展。

（三）必须把人的转型摆在转型“全员化”的关键位置

作为新型党刊社的采编人员，除了要承担信息传播的职能，还将担负起更多的社会责任，从而起到导向性作用[7]。因此需要培养更多专业技能全面、复合多种渠道、具备深刻思想的“观察者”“思考者”和“全能手”。

南方杂志社在人才培育和使用中突出一专，兼顾多能。内容生产中通过组建各类业务工作室，发挥每个人的比较优势，把策划交给擅长头脑风暴的人、把文案交给妙笔生花的人、把直播交给能说会道的人、把视频交给善于追光逐影的人。最近3年的中国新闻奖和广东新闻奖评选中，南方杂志社有13件作品获奖，其中9件为团队协作完成，根据作品创作需要，安排各有所长的人员组成项目团队，相互之间既有分工又有合作，让每个人在深度融合实践中实现自我价值和社会价值。同时不断完善采编人员岗位成长通道，设立首席岗位、资深岗位等，以业绩论英雄，定期选聘，能上能下，让年轻人才争相成为名编、名记、名评论员、名主播。

（四）必须以推动新思想入心入脑作为传播“全效化”的根本目标

什么是掌握人心走向、站稳群众立场的真正流量密码？“理论一经掌握群众，也会变成物质力量。”在推进党的创新理论宣传过程中，南方杂志社牢牢把握“回应新时代的机遇与挑战”这一切入点，站在全国视角找选题，从宏观全局写报道，着力回答好新思想蕴含的历史之问、时代之问、实践之问。

作为思想和内容的提供者，我们坚持围绕中心、服务大局，开展融合路径探索。一方面，始终锚定打造“南方理论高地”的目标，倡导行思兼备的理论风尚和思想潮流，不断壮大主流思想理论的传播力和舆论影响，积极推动习近平新时代中国特色社会主义思想飞入寻常百姓家。另一方面，深入实施党刊品质提升工程，突出做好重大主题宣传报道，加强社会热点问题舆论引导，注重融党刊之庄重于语境之亲切中，进而打通党媒与社会两大话语体系，在讲清楚“人民至上”的根本立场、中国共产党性质和宗旨中推动新思想入脑入心，让主旋律占据主流量，使正能量激发大流量，让党的声音传得更开、传得更广、传得更深入。

（林琳系南方杂志社总编室副主任；
刘树强系南方杂志社全媒体发展部主任）

参考文献

[1]许志敏,金雪涛.搭建智慧党政平台 提高地方主流媒体融合传播能力:基于全国31家省级党委机关刊融合实践调查[J].新媒体研究,2023,9(2):1-6.

[2]李聪.全媒体时代党刊面临的困境和应对策略:以《北京支部生活》月刊为例[J].青年记者,2015(18):48-49.

[3]韩建平,霍宏光.融合背景下地方性党刊的再定位再出发[J].记者摇篮,2021(6):87-88.

[4]董林.改变单向传播 加强受众互动[J].新闻前哨,2014(9):21-23.

[5]林祺.融媒体时代如何提升传播效能[J].采写编,2023(2):83-85.

[6]覃进,刘紫荣,秦明瑛.全媒体传播体系建设的重要力量:新时代我国地市党报舆论传播阵地建设分析[J].传媒,2021(22):41-43;45.

[7]陈屿,孙文.新媒体时代职业新闻人的身份转型[J].新闻前哨,2016(11):41-43.

省级党媒的红色题材视频创新

——以《南方》杂志视界工作室为例

陈海燕

对于党媒而言，媒体融合发展提供了转型契机。不论传播格局如何变化，“党媒姓党”始终不变，这对媒体工作者的职业素养提出了更高要求。近年来，广东省委机关刊《南方》杂志立足党刊使命、党建特色，通过一系列有效举措，与时俱进把握传播规律，直面需求创新传播形式，提升视频创作质量、产量和传播流量，将党性原则融入新媒体产品特别是视觉产品中，打造广东最专业的党建全媒体传播体系。

一、“编导思维”创新机制

党建视觉体系建设是一个系统工程，既要有总抓手，又要突出重点。2015年起，南方杂志社发力党建视频建设，在广东省级媒体中率先搭建党建视频专业制作团队——视界工作室。经过多年沉淀，视界工作室紧扣建党百年宣传主题，在2021年实施“编导思维”创新机制，以优质内容策划和专业技术支撑，开创红色党建视频传播新局面，先后推出《党刊百年鉴初心》《一纸承诺鉴初心》等一批优质代表作。

编导是主心骨，是视频的主导，其定位是充分发挥视听语言各要素的优势，既要有运筹帷幄、通观全局的能力，也要有整体把握与细节刻画的本领。只有镜头、素材和技术，而缺乏内涵和灵魂的作品难以出新、出彩。而编导思维，就是要求记者像编导一样去思考，将文本进行影像化，以视频画面呈现出来，用视听语言讲好新时代的故事。“编导思维”创新机制实施以来，南方杂志社在人才队伍建设过程中，注重视频编导型人员的储备，以视界工作室为头雁，通过“编导思维”孵化盘活杂志社的视频人才存量；在融媒体构架中，从采编流程、业务培训、人事调度到奖励机制等同步进行转型，并形成标准化生产机制，以适应灵活、快速、高效的长短视频创作，加快视频高质量发展。

“编导思维”创新机制为南方杂志社媒体深度融合发展提供了坚实支撑，保障视频在内容输出上质与量兼得，将党的声音以视觉方式传播得更远更好。

二、精品视觉表达价值的探索与思考

在瞬息万变的互联网时代，有思想、有温度、有新意和特色的精品内容具有更强的传播和持续关注力。“对内容的投资是当前性价比最高的投资”，从内容到内“融”南方杂志社视觉报道闯出了一条属于自己的融合发展新路。

一是重大主题报道的视觉表达。在中国共产党成立100周年之际，以百年党刊发展为脉络，历时两年策划、由视界工作室拍摄的《党刊百年鉴初心》大型文献政论片，展现了不同年代党刊人坚守信仰、用青春热血奋笔疾书的精神风貌，赓续了新时代党刊人的使命与时代价值，推出后受到广泛关注并获得良好反响。《党刊百年鉴初心》融媒体产品，既传承了党不忘初心、牢记使命的精神力量，也讲述了新时代党的新闻工作者传承百年文脉，继续书写伟大时代的不懈追求。

视界工作室精心制作的系列人物微纪录片《我们一同前行》，用镜头记录了广东这十年践行新发展理念，稳步前行路上的典型代表，得到广东省生态环境厅、广东省交通集团等单位的肯定和关注，全网总播放量超过200万；视界工作室历时三年制作的大型练江主题纪录片《江望》第二季（时长51分钟），累计播放量突破800万，成为反映广东这十年积极贯彻落实习近平生态文明思想生动实践的经典作品。拍摄扎实、逻辑严谨、情理交融，《江望》第二季既有见人见物的故事细节，严谨深入的理性采访，也有制作精良的画面和客观动人的讲述，真实记录了广东练江从“污染典型”蝶变成“治污典范”的历程，推出后得到广东省水利厅、广东省生态环境厅和汕头、揭阳等市有关领导的充分肯定与点赞，并荣获2022年度广东新闻奖三等奖。

二是抢救式记录红色历史影像口述史。历史因精神而生动，历史因精神而伟大。习近平总书记强调，一百年来，中国共产党弘扬伟大建党精神，在长期奋斗中构建起中国共产党人的精神谱系，锤炼出鲜明的政治品格。视界工作室推出的重磅策划——《精神的力量》视频融媒体产品，正是聚焦精神传承的精品力作。

《精神的力量》之《一纸承诺鉴初心》系列人物纪录片切入点新颖，故事视角独特，题材沉稳厚重兼备浓郁的历史人文气息。区别于常规的人物报道，摄制组专门邀请了姚璇秋本人，叶挺将军长孙叶大鹰导演、孙女叶小燕，冼星海之女冼妮娜，星海音乐厅党委书记杨震，丁颖长子丁松筠，丁颖学生李金培等代表人物来到历史地点，通过当事人或身边相关人员口述史的形式，以“入党申请书”为切入口，生动形象地再现前辈先贤入党的峥嵘岁月，前后推出军事家叶挺、爱国音乐家冼星海、人民艺术家姚璇秋、农业科学家丁颖等专题纪录片，作品推出后，广东发布、南方日报、中国新闻网等多家官方媒体机构主动转载。四期人物故事总阅读量超1000万，得到广东省委组织部、广东省委宣传部、广东省委党史研究室等多个单位的肯定，成为传播好建党百年典型人物、讲好广东故事的有力之作。

三是英雄的故事，永不褪色。视界工作室走访了多位广东籍志愿军老兵，聆听他们的战斗故事，忆往昔峥嵘岁月，持续关注并记录老兵口述历史素材，推出“精神的力量”之参战老兵系列。截至2023年11月，累计完成近80位老兵影像、图文口述史。从表现形式上，视界工作室深入他们的生活工作之中并进行长时间的记录，围绕主人公的故事进行叙述性创意表达，以沉浸式报道来强化观众对参战英雄的感性认识，用真实打动观众。多篇报道得到国家退役军人事务部、省退役军人事务厅等有关单位转载和认可。对这些宝贵的影像资料的记录，真正达到了凝心聚力、鼓舞人心的效果。

视觉记录生活的广东一线视角。视界工作室前后开设《最美第一书记》《小康味道》《我来自基层》《我们生活的广东》等栏目，全方位展示广东基层先进事迹风采。冬奥会期间，“我们生活的广东”之《要玩雪，来广东》《Cool！广东人也有片冰雪江湖》充分展现了广东助力“三亿人参与冰雪运动”的积极作用以及广东冰雪产业的蓬勃发展；《冰墩墩，是我们广东老乡》的主创人员采访了北京冬奥会吉祥物冰墩墩设计团队，突出广东设计在冬奥会中的创造力。今年，视界工作室独家推出《我们生活的广东》之《开山凿江 百里输水——这项工程何以改变广东？》，记录国家水网骨干工程之一的珠江三角洲水资源配置工程的建设始末纪录片，总观看量超过2000万，获得广东省委宣传部高度评价，被全省10多家重点网站和新媒体平台转发，为推动广东在中国式现代化建设新征程中开好局、起好步，在高质量发展上走在全国前列营造良好舆论氛围。

三、结语

移动互联网时代，党刊如何顺应媒体格局和传播方式的变革，夯实主流媒体地位是每一位新闻工作者必须直面的挑战。

作为党的新闻舆论工作者，南方杂志社视界工作室将党性原则贯穿始终，坚持党媒姓党、人民至上，将党和政府的大政方针政策广泛传播。南方杂志社经过不断的实践摸索，创新实施“编导思维”机制，激活了传统媒体生产潜力，实现采编人员“跨部门、跨地域、跨专业”的超媒体强强联合策划与报道，推行媒体融合发展进程中有力的改革创新举措。

从内容到内“融”，我们只有始终立足党刊定位、党建特色，在现场用镜头去探索、去发现、去记录，才能敏锐地在众多纷繁的素材中细微体察、披沙拣金，才能真正推动“以党媒算法引领社会流量”的良好局面。

（陈海燕系南方杂志社全媒体发展部视界工作室主任）

技术创新何以赋能新闻报道

陈冰青　莫群

随着大数据、5G、云计算、互联网、人工智能技术的不断发展，移动媒体正进入加速发展的新阶段。中共中央办公厅、国务院办公厅印发的《关于加快推进媒体深度融合发展的意见》指出，要以先进技术引领驱动融合发展，用好5G、大数据、云计算、物联网、区块链、人工智能等信息技术革命成果，加强新技术在新闻传播领域的前瞻性研究和应用，推动关键核心技术自主创新。

近年来，南方杂志社不断强化互联网思维，推进内容、渠道、平台等方面的融合重构，高度重视技术的创新驱动作用，组建研发团队深耕媒体技术，深化内容供给侧结构性改革，以技术赋能+内容优势赢得融合发展优势。

技术赋能，推动融媒精品生产创新

5G时代是技术驱动、内容为王的时代。先进技术是媒体融合发展的支撑力量。紧扣主题主线、紧抓社会关注热点、强化技术创新与应用、加快前沿领域探索，《南方》杂志新媒体聚合短视频、长图、海报、动漫、H5、VR、微纪录片等多种形态融媒产品，促进一体化、融合化生产，加强与用户共情和互动，增强党刊传播力，为融内容、融视频打造一副“高颜值”“品相优”，兼备主流价值与创新活力的全新内容体系，让好产品自带传播热量、好内容自产流量源泉，提升用户体验，提高用户黏性，“爆款”产品频频出圈。

聚焦党的二十大和全国两会等重大主题活动以及重要时间节点，通过技术赋能内容，《南方》杂志频频推出精品策划，强化互动传播，增强了党刊的公信力、传播力和引导力。党的二十大开幕后，《南方》杂志策划打造的《党的二十大观会指南》《数字视角，和你共读党的二十大报告》《党的二十大报告提到了哪些精神？》《一图回顾二十大记者招待会上的“新时代声音”》等多个独家新媒体产品，阅读量在南方日报微博单一平台短短两天内就超过了2000万。全国两会期间，用图解、H5等多种鲜活的表现形式，为民众展现了精彩纷呈的两会“新闻大餐”。《报告直接@广东！这几处注释帮你加好了》等多个长图、H5产品阅读量超过80万；清明节推送的《“云端”祭英烈　共铸中华魂》推出云端祭扫平台让用户寄托哀思，用户进入全景云平台进行全景式云祭拜，同时可将专属链接通过微信等方式分享给其他亲友，也可在后台“留言”里以撰文、寄语等方式表达追思之情。全民国家安全教育日，推出在线答题活动，表情包小微老师上线为大家讲述全民国家安全教育相关内容，引导网友参与答题互动，开展打榜活动，答题活动覆盖面广，吸引近3万网友在线PK答题。与南方+客户端、广东革命历史博物馆联合推出的红色物件系列条漫——《红色周历》，深入挖掘广东红色基因，讲述英雄故事。通过一件件革命文物，深刻解读百年大党历尽艰辛、缔造东方奇迹的“密码”，13期精美条漫全网阅读量超1000万，相关微博话题#跟着小南学党史#阅读量已超4500万，转发量近10万。

除此之外，H5产品因集合了多种技术手段，可以通过音频、图片、文字等向受众报道新闻，传播手段灵活，在融媒精品生产中颇受欢迎。《南方》杂志联合广东革命历史博物馆推出了多个互动体验型html5小程序，如《穿越百年长堤　带你读懂广州》《红色文化轻骑兵》等，在H5体验中，观众可以跨过历史长河回到百年前的长堤，在当时广州最繁华的城市地带，看到中国第一座海关大楼、广州最高的大厦、广州第一家商业综合体、广州升起的第一面五星红旗等等。由于融媒产品在生产中创新运用了Swiper、Pixie、TweenMax等JS技术，因此用户在手机、平板电脑等移动终端上观看时能触发长卷里各种互动元素的交互功能，受众通过看、听、互动等多种形式，能够如临其境。《南方》杂志推出的多个H5还获得了中央网信办、广东省委网信办高度评价并加以推广。

以“智”提创，助力融媒技术开拓创新

作为科技发展的产物，新媒体要充分利用人工智能、大数据、云计算等新技术和新产品，实现媒体深度融合发展。在人工智能迈入3.0时代的今天，人工智能已经融入日常新闻的创作之中。

拥抱新技术，产品才有可能破圈出海。

2020年2月22日，《南方》杂志上线的防疫机器人“战疫AI”实现了人机互动的自动化问答，传统媒体用科技赋能迈出融媒发展坚实的一步。

《南方》杂志坚守省委机关刊使命，勇于担当，积极利用大数据和人工智能技术AI产品作为信息传播的智能补充。合作开发战疫机器人，为党刊发展探索“党刊+技术”的可行路径。《南方》杂志第一时间设计并与中移在线公司合作开发24小时全天候在线服务的智能应答机器人“战疫AI”，从初步确定客户需求、拟出基本解决方案至顺利上线，双方组建的专项小组仅用了5天时间。该机器人运用时下流行的科技互动新模式，用户向机器人提问，机器人通过识别关键字，便可提供一对一服务。

“战疫AI”上线期间，覆盖人群高达千万，点击量超500万全面、真实、准确的资讯内容井然有序，大数据中心筛查反馈数据近60万条，智能解决率高达96%，有效缓解疫情防控宣传压力，有效推进党刊宣传智能化，开发智慧战“疫”+党务新模式，深度诠释了党建结合新时代科技的智能化理念，实现科技赋能。

“战疫AI”的开发，也进一步印证了党刊在发展探索中主动加大“思想+信息+技术”的融合力度，是一条适合当前传播生态、能够实现传统党刊价值的重要路径。

“直播+VR”沉浸式传播，让受众“身临其境”

融媒时代，新闻报道并不是简单讲述新闻事件，而是要让读者感受新闻现场，产生身临其境的现场感。因此，融媒产品的数字化、互动性、多媒性等特征，决定了新闻叙事的基调。技术的发展，推动了叙事逻辑的转变。

在传统的新闻生产中，对于跨时空信息内容，往往只能通过文字和图片来传达，需要受众靠经验和想象来复原、理解。随着媒体融合新技术的应用，信息传递的时空限制逐步被突破，受众可更加真切地感知时空环境，随时随地

“走进”新闻现场。

《南方》杂志推出的南方直播栏目，以“我们在现场！用直播见证时代，用脚步丈量广东，用初心润泽人心”为口号和宗旨。该栏目以直播的独特形式，直击第一现场，探索在行进中开展直播，推出了一系列时代感强、主题鲜明的融媒策划，形成强大声势。

开播至今，该栏目取得了一定成效，完成了120场、共超2000分钟的直播，直播栏目的总流量超过了2000万。栏目内容广泛，互动亲切，可视可听可感，紧扣广东实际；围绕中心工作进行策划，内容涵盖优秀传统文化传承、乡村振兴、党史学习教育等多个主题。

2022年，《南方》杂志联合共青团广东省委创新开展“‘爱上广东红’——广东省青少年传承红色基因志愿宣讲视频展播”活动，依托全省各爱国主义教育基地开展志愿宣讲行动，在青少年中广泛宣传党的十八大以来党和国家事业取得的历史性成就和发生的历史性变革，线下组建768支宣讲队伍，开展志愿宣讲活动6293场；2022年线上推出35期宣讲视频展播，全网流量近1300万。展播以党史故事分享、学习感悟交流等形式，开设国庆特别栏目，经省委宣传部的推荐在北京路步行街、广州图书馆、流花湖等商业旺地连续7天展播，覆盖人数超千万。该栏目获评“第九届广东省网络文化精品奖”，是名副其实的“爆款”新媒体产品。

除了直播技术，VR技术和360度全景影像技术的不断发展，使得沉浸式报道在新闻传播行业得到广泛应用。这种报道方式不仅对新闻生产流程产生了影响，同时在一定程度上改变了用户获取信息的方式，甚至可能重构整个新闻传播格局。

《南方》杂志VR栏目，以“VR+党建”的方式，在全景式报道中融入新技术，打破传统体验式红色教育的时空限制，借用VR、AR技术，通过视觉、听觉等全方位立体化运用，打造沉浸式、可互动的学习空间。

在建党百年之际，《南方》杂志策划推出《吾土吾乡·红色村VR巡礼》系列报道，作为广东省首个红色村全景式报道专题，该栏目将红色资源与党史学习教育充分结合，利用科技赋能、载体创新带领观众触摸历史记忆。系列30多篇稿件吸引人民日报、学习强国等主流媒体跟进报道，被中央、省委、广州市委三级网信办推送，取得“受众满意、业界点赞、领导好评”的良好成效；所有红色村的VR被“打卡广东红”小程序收录，构建了具有品牌度、辐射度、辨识度的主题报道新格局，突显了融合传播价值。截至目前，该专栏全网点击率超2000万，获广东省“网络传播品牌建设工程”效果评估优秀作品一等奖，入围中国新闻奖期刊作品应用创新类初评，入选中国报业“用得好”案例目录。

2022年12月至2023年5月，《南方》杂志联合南方+客户端、《南方日报》、南方网、《南方农村报》、《南方周末》、《南方都市报》、N视频、粤学习，启动了“好山·好水·好人”全国党媒联动直播活动。活动持续半年，省内外25家媒体先后参与，镜头对准10多个省（区市）的山河、风物、民俗。该产品在联动中拓宽视野，在融合中赋能传播，超30场直播异彩纷呈，全网总流量超1亿。

结语

媒体融合一个重要的路径是话语融合，话语重构的主要任务是构建年轻态的话语体系，以适应网络原住民更注重数字赋能和自身体验的特点。近年来，党刊新媒体深入推进媒体融合，顺应移动化、社交化、可视化趋势，以技术赋能新闻报道，不断提升新闻的“社交圈属性”，塑造“年轻化”的形象。

互联网时代每个人都身处“屏”的世界，在技术赋能下借“船”出海有助于增强自身传播力。媒体的头部核心内容朝新媒体的传播力建设转向，会直接影响到主流媒体的品牌知晓度、认同度、接受度。

《南方》杂志深化媒介融合，“与集团融合、与新兴媒体融合”，深度融入和用好南方+客户端，升级采编流程，加速推进信息分享、内容创作、技术开发、管理体系共融互通，实现内容优势的互联网化、智媒体化。

技术的应用为新闻融媒生产创造了更多互动空间和可能，进一步推动着生产制作模式的创新。技术将成为创意生产的重要推动要素，为媒体融合开辟更加丰富的新场景、新轨道。

（陈冰青系南方杂志社全媒体发展部研发工作室主任；
莫群系南方杂志社全媒体发展部副主任）

“红色视觉设计”方法论

——《南方》杂志设计方法的理论与实践

李芳宇

2003年12月26日，广东省委主管主办的机关刊《南方》杂志创刊号精彩亮相。历经发展考验并多次改版创新的《南方》杂志聚沙成塔，视觉效果随内容建设不断飞跃，具备党建根基、《南方》气质的“红色视觉设计”理论方法应运而生，极大提升了广东省委机关刊的传播力和影响力，助力《南方》杂志在守正创新、深融提质和优制智转中收获累累硕果，是“红”与“美”之间一条有独特效用的新路径。

一、掌握“红色视觉设计”的三种基本能力

党刊是宣传党的路线方针政策的重要阵地，加强党性和政治素养是党刊工作者必须遵循的核心要义。对于党刊设计工作，运用好“红色视觉设计”理论方法，需要具备以下几种基本能力：

（一）要具备辨识能力

只有对党史、新中国史、改革开放史、社会主义发展史等知识深入了解，对党建元素的使用规则了然于胸，才能辨识正误，避免设计表达时有可能出现的偏误、淡化或歧义。比如，我们有时会发现，党徽、党旗、国旗等党建元素在一些场所或媒介上的视觉使用存在不规范现象，革命形象或色彩选用在部分展示空间里还不够妥当，类似的情况如果在党刊及所属各类产品中出现，极易造成“低级红、高级黑”，甚至是重大的政治差错，影响主流媒体在群众心中的地位。

（二）要具备领悟能力

只有对党的路线方针政策保持高度关注并领悟其内涵，才能理解视觉创作的思路，更好地在党媒设计工作中运用视觉形式进行表达。《南方》杂志2021年第13期建党百年特刊《百年奋斗恰风华——中国共产党人的精神谱系》，2021年第14期《伟大复兴启新程——学习贯彻习近平总书记在庆祝中国共产党成立100周年大会上的重要讲话精神》，2022年第20、21期合刊《喜迎中国共产党第二十次全国代表大会胜利召开·跨越历史向复兴》等三期特刊，是近年来《南方》杂志在重大主题宣传报道上的代表之作，其创意的精妙感、画面的恢弘感和氛围的辉煌感，均是在深入领悟的基础上展现出的视觉表现力，是“红色视觉设计”在政治意义与美学表达之间取得的最大公约数。

（三）要具备边界意识

党刊设计工作要掌握“红线”和“底线”思维，了解舆情动态并具备清晰的边界意识，才能做好视觉设计的创作、创新。以《南方》杂志2021年第4、5期合刊封面《国家的掌舵者　人民的领路人》，2023年第8期封面《大兴调查研究——问道广东高质量发展》，2023年第11期杂志《澎湃科创新活力》为例，由于特定要素的存在，创作过程中经历了反复调整，边界意识在流程后期起到了重要的纠正作用。

二、封面是“红色视觉设计”理论与实践的高度凝练

建党百年特刊《百年奋斗恰风华》的封面创造性地运用国花“牡丹”作为表达元素，以视觉转化的情感认同深刻表达出建党百年举国欢庆的浓烈氛围。“特刊一本真意十分于此时尽展百年砥砺，雄魄千层雍容万瓣惟斯景更燃亿兆荣光”，此幅作品调整升级共200余次，是《南方》杂志封面创作史上的代表佳作

封面是一本杂志重点内容的视觉载体，也是“红色视觉设计”理论与实践的高度凝练。《南方》杂志封面刊头“南方”二字，取自于毛主席为《南方日报》题写的报头。在这20年里，历经多次改版的封面，框架结构更加平衡稳重，颜色组合更为醒目明快，标题字体坚守大气端庄的风格。“南方”二字，在这405帧画面的光影流转中，见证了《南方》杂志不忘初心、牢记使命的荣光。《南方》杂志的封面作品先后获得“中国最美期刊”“全国党刊优秀作品美术类一等奖”等多项荣誉并入选“中国设计期刊周”，擦亮了“红色视觉设计”的招牌，是《南方》杂志当之无愧的颜值担当。

（一）铸造精品之力

随着融媒体产品的形式日益多样和视觉传播效用的不断提升，《南方》杂志封面的视觉类别也随时代发展变迭更新。在创刊初始的风光摄影类别基础上，逐步增添了艺术摄影、创意海报、艺术绘画、3D模型等多项综合化全方位的表达形式。“醒目、精妙、回味”这三重递进式的标准已经融汇成封面设计“铸造精品”的恒定动力。

（二）创新流程之法

“关注”是每期杂志的重磅栏目，封面与之表里相应。确定选题后，设计团队就会和责任编辑进行交流；然后由各位设计者进行独立创作，这是感性表现与理性思维同内容交融的熔炼过程；接下来由责任编辑与视觉总监对几十幅设计初稿进行筛选，再由视觉总监召集采编人员进行研讨、投票，这是集思广益、纠正提升的过程；逐步缩小范围，再经总编室主任和编委商讨，提交副总编辑圈选后，最终呈报社领导审核定版。上述流程在省级党刊中并不常见，所谓方法上的创新，也得益于南方杂志社在20年转型探索中形成的思辨、相融、共创的良好氛围。

（三）工匠精神之心

促使创作的天平向成功倾斜的砝码，就是一颗纯粹的工匠之心。从铺满一地筛选而被社领导笑谈的“地摊文化”，到高效科学的审定流程，每期封面都是个体创作和集体智慧的结晶。一路走来，多项亮点工作在《南方》产品矩阵中熠熠生辉。封面是不断淬炼“红色视觉设计”的铿锵铁锤，运作得法，火花激扬。

三、“红色视觉设计”的四类应用及融媒转化

（一）图片应用

图片由图像和图形构成，是媒体产品中重要的可视元素，具有先于文字传达信息的特性。

1.拓展图片来源

《南方》杂志不断建设专业优质的图片资源，与新华社、视觉中国、南方日报社等机构的合作保证了图像的权威性和新闻性，VCG、Veer图库、包图

网等机构的服务增添了图形的种类和创意。

2.严格选用标准

在保证图片数量和品质的双重基础上，以安全性、新闻性、美学性、适配性为衡量标准，严格选用最为妥当的图片进行再次创新。

3.强化全媒体机制

持续倡导全媒体供图机制，融媒团队可以在采写时完成图像的拍摄和采集，为纸媒、新媒体产品提供优质的图像素材。

4.发挥能动性

视觉设计团队充分发挥“红色视觉设计”理论方法的能动性，具备全面的图片处理能力，影像编辑、图形设计、手绘插画等方面的创作能力为纸媒及新媒体产品使用图片提供品质保障，并先后获得了多项业内荣誉。

（二）版式应用

随着媒体深度融合转型的不断演进，版式已成为纸媒与新媒体结合电子终端的展现形式。历经多次改版后，《南方》杂志再次蝶变升级，主要表现在以下几个方面。

1.更易阅读

各层级字号及字形加大变粗，各题区、内文及注释说明等序列规整，展现了“字”列方阵在阅读体验上的共鸣感与亲和感。

2.更加理性

《南方》杂志的版面框架是页眉、页脚、版心、栏头、栏列等分级组合的整体定义，通过在颜色取舍上避繁就简、字线组合上强化突出，发挥了分类、分层与视觉规划的重要作用。

3.更为美观

一直以来，《南方》杂志的端庄、大气、雅致广受好评，特别是近年来，

“红色视觉设计”方法运用颜色搭配、素材渲染、质感塑造等技法在关注、时政、经济、文化等版面上的表达愈发成熟，取得了不俗的成绩。

4.更多实践

在南方杂志社出版的产品方阵里，“红色视觉设计”理念和方法在《南方》杂志正刊与理论季刊、《南方学堂小丛书》、《南方杂志 · 领导参阅》、《政工参考》等多项产品上得到了全面的应用。

（三）字体应用

无论何种媒介，字体的合理应用可以使信息更好传递，共鸣感和品读体验也会得到提升。

1.和而不同

“红色视觉设计”理论方法将黑、宋、楷及其变体字形与杂志文字深度匹配，如栏头字体的“雅士黑”、内文的“标雅宋”、文学类标题的“清刻本悦宋”等，整本杂志字体面貌和而不同，散发出别有气韵的《南方》魅力。

2.出人意料

正如画作中的有趣细节和合奏时的特殊乐器，用好特别字体可以发挥更好的作用，如2020年《战疫进行时》系列“正大黑”体、“工业黑”体，主旋律公益海报中的“宋黑”体等，一些特定属性的字体在应用时会产生出人意料的效果；

3.学习借鉴

在人民网、新华网、央广网、学习强国等权威央媒的视觉产品里寻找规律，并将其吸纳转化，也是“红色视觉设计”理论方法一直倡导的学习方式。

（四）载体变化

1.纸媒载体

纸媒是业态发展下体量精简又具有很好传播效果的载体，《南方》杂志对油墨、纸张、克重、开本、装订等印刷装帧技术精益求精，不断提升，立足当下，放眼未来，守正而非守旧才能更好地创新。

2.新媒载体

南方杂志社在新媒体探索和智慧化转型领域持续发力，以《视界》《杨阿洋快评》《梦享时分》《时节广东》等为代表的品牌栏目精彩不断，设计团队以“红色视觉设计”理念为依托，以形象海报、视频剪辑等多种方式参与创作，在新媒体产品上发挥了稳定的视觉效用。

3.智媒载体

智慧融媒是媒体融合发展的新阶段，传统视觉设计形式将由二维、三维转向高维，多元化视觉传达和高互动性将成为主流，媒体产品将更具创新性和表现力。“红色视觉设计”积极做好理念创新、交互研究、产品探索等方面的准备，同时更加坚定围绕中心、服务大局的使命，在高质量发展道路上奋楫扬帆再出发。

四、“红色视觉设计”的全面勃发

随着党建服务的多元化需求不断提升，成长于《南方》杂志沃土的“红色视觉设计”已日趋成熟。包括“南方圆红色文化空间”、作为党建工作亮点示范基地的“省交通集团大潮高速高陂管理中心园区”、世界500强企业广药集团“党建文化标识”、兼具古韵与红色基因的广州市海珠区南华西街“文化形象标识系统”在内的数十个党建智慧服务产品取得了良好的传播效果。根植于《南方》杂志的“红色视觉设计”，凭借以下三方面特性在全新领域为南方杂志社赢得了良好的口碑。

（一）权威性

紧紧围绕党委和政府的中心工作，每项产品均以主题策划、内容采写、编辑设计、实体应用的顺序制作发布，把党的路线、方针政策、决策部署，准确生动地体现和贯注到主题内容、视觉形式、陈列效果等各个方面，为党委和政府及国企等主体单位动员、鼓舞、教育、组织干部群众贯彻落实中央精神，实现中央和省委提出的奋斗目标和宏伟蓝图提供有力保障。

（二）思想性

把党的二十大精神从抽象的理论转化为具象的视觉表达，尤其是在习近平新时代中国特色社会主义思想的阐释过程中，要通过领悟提炼、图形转化、色彩搭配等方法准确地凝练理论精髓，让广大党员干部尤其是基层干部快速、精准、高效地抓住重点并学习领会。

（三）专业性

从党媒设计的专业性出发，运用好“红色视觉设计”理论方法，准确地将党建规范、党史知识、党政元素等专业理论知识与主体单位的核心需求相结合，以更为艺术化和现代化的创作手法进行专业塑造，向受众传达更准确、美观、丰富的形象。

（李芳宇系南方杂志社总编室副主任）

打开时政新“看”法

——时政类新媒体栏目策划

杨洋

2023年8月底，第52次《中国互联网络发展状况统计报告》发布，截至2023年6月，我国网民规模达10.79亿人，较2022年12月增长1109万人，互联网普及率达76.4%。

新媒体已经成为传播信息的主要载体。在众声喧哗的网络空间，主流的声音如何直抵人心？这是时代交给新型主流媒体记者的课题。唯有准确识变、科学应变、主动求变，到移动互联网的主战场大干一场，才能不断扩大主流价值影响力版图，让党的声音进群入圈。

南方杂志社近年来积极探索时政新闻的媒体融合，在全国党刊和集团内率先推出时政评论短视频栏目《杨阿洋快评》，并不断尝试改进时政主题报道传播方式，陆续策划推出《政观广东》《漫评广东》《政谭快评》《县域主官谈振兴》等新媒体栏目。

系列产品在互联网拥抱新“玩法”，打开党媒时政报道的新“看”法。

从“笔头”到“镜头”
代表栏目：《杨阿洋快评》

南方报业传媒集团大力打造“主流网红”，南方杂志社结合工作实际守正创新，打破壁垒推动跨部门融合，率先引领党媒主播新生态的建设，以Vlog形式推出《杨阿洋快评》时政短视频栏目。

栏目以视频为主要形式，结合图解等形式进行立体传播，以微信视频号、南方＋客户端、粤学习等平台为主阵地，在抖音、今日头条等平台上推广，迄今发布90多期，全网流量达到1000多万，其中多篇报道经央媒转发创下单条100万+的流量，“爆款”撑起流量的大头。

走读广东十年的《这十年，粤非凡》系列入选第九届广东省网络文化精品获奖作品，获评广东新闻奖三等奖，主创人员受邀参加省委网信办举办的网络名人分享会，多篇报道在省委宣传部媒体负责人会议上获表扬，主流媒体“网红”效应初显。

栏目出圈的密码就在于向内“破圈”，向外“破卷”。

“破圈”首先要理念破圈，记者从纸上转到网上，从幕后走到台前，一开始就立足于平等对话的视角，用丰富的语言和情境，增强视频观看者的代入感。《粤西“藏”不住了》《颜宁之问，问出了什么》《广深都“认”了，接下来怎么“跟”》，摒弃单向灌输与简单阐释的话语表达，善用网言网语增强感染力，增强视频观看者的代入感，打破受众与新闻的隔阂。

“破卷”就是要找准赛道、错位竞争，瞄准立足本省做好权威解读的赛道，紧抓主流媒体的资源优势，以“人无我有，人有我优”的理念，打造重大主题深读系列。今年围绕中心工作推出《高质量面面观》系列，《开工首日全网直播 经济大省立下军令状》《省区“一把手”来广东“串门”》《广东这场产业转移将改变什么？》……在重磅节点进行深入、细致的解读，致力做好政策的“解码”和“译码”工作。

紧跟省委动态
代表栏目：《政观广东》

《政观广东》是南方杂志社出品的全媒体政经观察栏目，2022年11月首次推出，紧跟省委主要领导调研步伐，一市一评，一城一品，推出《坚持“制造业当家”，肇庆有哪些“当家制造”》《破解城乡区域发展不平衡，云浮如何“反弹琵琶”》《茂名“二次创业”，加快新旧动能转换》等近30篇文章，内容高度、解读深度和话题热度是《政观广东》栏目的三大看点，获得省委和各地相关领导的肯定与关注，在省内政经参考上打响关键一炮。

《政观广东》栏目的定位是“很政经，很广东，新视野，观南粤”，关注广东省委中心工作，由热点政经话题和现象导入，结合记者调研实践和理论积累，采用深度观察、轻量解读的形式，关注并解析广东高质量发展最新动向，以及相关建设带来的机遇与挑战。2023年8月18日，抓住省委常委会会议开到地市的新动态，在全网率先推出《省委常委会会议开到地级以上市，这一次在深圳》原创观察报道，深度剖析创新调研的深意和信号，报道在南方+客户端首页大图推荐。9月20日，在省委主要领导密集调研推进“百千万工程”之际，栏目推出《广东这个“头号工程”，省委书记带头推进》，梳理最近几个月来的密集部署和调研，包括干部培训班和专家座谈会等，阐明为何以头号力度推进头号工程，在南方+客户端和南方杂志微信公众号创下流量新高，获得各地百千万专班传阅点赞。

同时栏目紧跟政策动向，“河套方案”出台后第一时间推出《国家重磅落子，河套“有一套”》；在海洋牧场相关措施出台后，推出《这项建设，列入“百千万工程”实绩考核》；《广东这件“美”事，省委书记要求持续用力、久久为功》被省乡村振兴局等转发，并获绿美广东专班领导肯定，称文章“有温度、有深度”。第一时间、第一落点解读省委中心工作，不仅流量可观，而且开拓了读者思路，提供决策参考。

读图时代时政轻解读
代表栏目：《漫评广东》《政谭快评》

互联网的高速发展加速了“读图时代”的来临。现代人习惯在网上获取信息并快速阅读，图文结合的轻新闻就能在最短时间内提供最丰富的信息。《南方》杂志时政新闻也相应研发出了特色的读图新闻。

（一）粤东西北中，漫评新广东

《漫评广东》是自2023年2月起推出的漫画评论栏目，迄今已推出20多期。

顾名思义，“漫评”就是将立意高远的政经漫画与鞭辟入里的评论文字结合，叠加两种新闻体裁优势，让党刊评论既形象生动，又精辟深刻。“广东”即立足广东，用漫评这种直观、生动、形象的形式让党政干部、市民群众深入了解广东最新的形势和政策，以通俗易懂的方式解读新时代广东如何在高质量发展的大道上闯出新路。与同类栏目相比，《漫评广东》站位高、立意远、内容新、形式活，自推出以来深受读者喜爱，同时得到各级领导肯定和群众赞扬。

《打开“粤海粮仓”的“新蓝海”》《绿美广东，“植”于你我》《看湛江！“红树林之城”为什么是绿色的》等作品获省委网信办全网推送，两期精品报道入选广东主题教育生动实践宣传册，实现流量和口碑双丰收。

（二）打造党刊转型新范式

《政谭快评》栏目于2022年11月上线，聚焦重要节点和重大主题，追求简明深刻，实现有效抵达。相比传统时政评论的铠甲重装，《政谭快评》如同一支轻骑兵，迅速建立起栏目知名度和舆论影响力，屡屡收获高流量和好评。2023年上半年，该栏目频道总阅读量超过360万人次，总点赞量超210万人次，总转发超过70万人次，传播力和影响力显著提升，以“三轻”的气质和特色，为党刊评论转型探索出一条路径。

《政谭快评》注重传播反馈，积极“向上向下”拓宽传播“朋友圈”。“向上”，即传达上级部署意图，比如《9个关键词读懂省委十三届二次全会决议》《擦亮广东新名片》等文章，获得省委宣传部点赞表扬，并在全网推送，成为各地重要参考。“向下”，则是注重二次传播，不局限于在南方杂志微信公众号、南方+客户端等平台宣传，而是充分借助用户基数大、影响力大的社交平台进行传播赋能，提升“长尾效应”。如《省政府工作报告这10个新词，速来get！》，微博阅读量超过60万人次，加强评论联动，放大协同效应。

下沉策略构筑服务价值
代表栏目：《县域主官谈振兴》

党刊融合竞争日趋激烈，想要长久地保持可持续发展的生命力，就需要进一步“破卷”，就不能浮在上面，而必须深度下沉，利用党政资源优势，服务好中心大局。

随着互联网渗透率的不断提升，下沉市场被认为是流量增长的重要来源地。近年来，南方报业传媒集团推动南方＋客户端等工作重心下沉，既是大势所趋，也是党端融入基层治理、走好网上群众路线的必然要求。

“县域强则全省强，县域兴则全省兴。”省委十三届二次全会明确突出县域振兴，借“百县千镇万村高质量发展工程”的东风，2023年1月份，南方杂志社在全省媒体中率先推出《县域主官谈振兴》栏目，通过调研和专访县域主官，广泛凝聚共识，汇聚强大合力。第一期《张扬彬：推动英德县域振兴走在全省前列》的专访报道，收获了良好反响。全省高质量发展大会召开之后，《南方》杂志全媒体记者深入基层调研，走进云浮市云安区热火朝天的开工作业现场，推出了县域党政一把手面对面视频专访《梁玉莉：云浮云安做活欠发达地区高质量发展》。专访推出后，在《南方》杂志所属新媒体平台阅读量迅速破10万，并被人民日报客户端、央视频客户端、学习强国学习平台、触电新闻客户端等平台转载，新华社客户端的阅读量更是在24小时内达到了101.3万，云浮市委书记转发点赞。

这只是开始，接下来记者将密集探访各县域紧锣密鼓推进的各项工程，在韶关南雄、云浮云城、清远阳山等地继续推进专访，将省、市的思路融合于访谈中，落地到县区。

通过这一系列的下沉操作，党媒主播在传播价值以外，也在构筑服务价值，为产品注入了源源不绝的生命力。

小切口　大能量

——从《党知部》栏目看党建新闻视频化探索

石静莹

新闻可视化，是以数据为核心、以信息为支撑，以可视化为载体的跨媒体新闻报道形式。将新闻报道中的文字、图片和数据，通过可视化的方式呈现，让表达更加直观、通俗易懂，且具有互动性。

2022年7月以来，《南方》杂志在党建新闻以及党建知识可视化方面紧紧围绕“党建”这个关键词，坚持以优质内容为核心，以用户思维为导向，主打多主题的短视频产品，推出多个具有传播力、影响力的可视化新媒体产品，探索出一条独具党刊特色、符合融媒体发展规律、易于传播的可视化表达路径。

一、短视频发展带来的挑战与机遇

近年来，随着移动互联网迅速发展，抖音、快手、微信视频号等平台的短视频内容，已经成为用户在网时长和流量增量的主要来源。中国互联网络信息中心（CNNIC）发布的第52次《中国互联网络发展状况统计报告》显示，短视频用户规模增长迅速，截至2023年6月，我国短视频用户规模达到10.26亿，用户使用率高达95.2%。

从短视频自身传播特点来看，其短平快和不受时空限制等特点为媒体融合转型提供了新路径。相较于长视频，短视频体量小，制作门槛更低。移动互联网的快速发展也使得用户可以随时随地观看短视频，更契合当下人们快节奏、碎片化的阅读习惯。短视频的独特属性为传统媒体创新报道形式和传播途径提供了重要机遇和突破口。

然而，传统媒体报道，尤其是党建类报道在短视频的探索发展中面临着诸多挑战。短视频平台上账号庞杂，信息传播呈现出碎片化、无序性的特点，对主流媒体的报道造成一定的冲击。

在过去的传播模式下，受众只能被动接收信息，传统媒体的宏大叙事方式，占据了传播的垄断地位。但在融媒体时代，受众获取信息的途径从被动接收转变为主动选择，更频繁地自主选择从微信、微博、抖音等互联网平台获取信息。同时，短视频平台借助大数据、算法等新技术让内容分发更精准，这也使得受众形成了新的阅读习惯，更倾向把目光放在自己关注的事件或者人物上。

因此，面临更加复杂的舆论引导形势，作为主流媒体中的党刊，更需要与时俱进、不断创新，将自身专业优势与新媒体形式相融合，打造适合短视频平台传播的党建类短视频节目，壮大主流思想舆论，凝聚社会共识。

二、《党知部》栏目的运行机制与特点

习近平总书记在党的十九大报告中指出，要“坚持正确舆论导向，高度重

视传播手段建设和创新，提高新闻舆论传播力、引导力、影响力、公信力”，为党的新闻舆论工作指明了方向，明确了着力点。新闻舆论的传播力、引导力、影响力、公信力事关意识形态工作领导权，是新时代新闻舆论工作抓重点、补短板、强弱项、寻突破的关键所在。作为党刊，《南方》杂志拥有党建垂直报道的内容生产优势，如何将优质内容进行视觉转化并保持持续供给，是一个需要重点关注的问题。

南方杂志视频号的《党知部》短视频栏目于2022年7月1日正式上线，深入剖析互联网思维下的视频类产品的特性，紧紧围绕“党建”这个关键词，坚持以优质内容为核心，以用户思维为导向，围绕党史、党建、政务知识等多个主题，探索推出了一系列科普型短视频。

《党知部》栏目契合时事热点，主打党建类话题，同时不乏对党的历史和政务知识的普及。视频产品在选题以及内容制作上具备较强的专业性与独家性。

（一）内容上突出特色，精细化小切口

在新媒体时代，人们习惯利用碎片化时间来了解新闻、获取最新讯息，新媒体平台也不再是年轻人的专属，其受众群体愈发广泛。在这一形势之下，传统党建媒体的新闻工作者需要审时度势，主动出击，利用现代化科技手段来打造主题鲜明、内容优质的短视频新闻作品。

短视频新闻的内容生产和传播形式发生了巨大的改变，其中最突出的一点就是具备精准化特质。党建新闻大多偏向于宏观话题，《党知部》视频团队尝试从小处着眼取材，从小切口、细微处入手写作，以轻量化的表达方式增强可读性，不断推出叙事生动、视角独特的短视频佳作。

以小切口叙事表现重大题材是一种有效的传播模式，然而这并不意味着制作团队要缩小视野。相反，团队在整个取材到创作的过程中，必须保持大局意

识。同时，从庞杂的素材中抓取小的切入点，凝练好主题，做到行文和主题高度呼应，这需要记者具有高度的新闻敏感以及对热点的准确把握。

在2022年第一期《党知部》推出短视频《七月一日，党的生日是怎么来的》，给读者答疑解惑，当晚即在微信视频号突破3万点击量；在《习近平谈治国理政》第四卷出版发行后，主创团队随即在《党知部》栏目上推出了《习近平谈治国理政第四卷　这几个典故蕴含深意》《习近平谈治国理政第四卷　发人深省的三个故事》等系列科普视频；在党的二十大胜利召开之际，推出《党的二十大报告里，古语背后的故事》系列视频，以及《党章的这些重要修改，你一定要知道》等五期与党章相关的系列知识普及型短视频。并在2022年接下来5个多月的时间里，短视频全网累积点击量超过50万人次，成为垂直深耕党建领域的新媒体产品标兵。

2023年，《党知部》适时推出了《注意！这样使用微信，你可能泄密了》《公务员加班，补休or补助》《党史上的七月，广东发生了这些大事》等契合新闻热点，具备较高传播力的短视频产品。同时，自全党深入开展学习贯彻习近平新时代中国特色社会主义思想主题教育启动以来，推出了《有关“主题教育”这些表述要规范》等系列时效性强的小切口短视频产品。

坚持正确政治方向与舆论导向，聚焦党建知识科普及互动，围绕党史、党建、政务知识等多个主题，《党知部》推出了一系列小切口、精细化的优质短视频，探索出一条独特的党建垂直领域正能量视频报道方式。

（二）制作上打破部门壁垒，实行小团队作战

《党知部》栏目首先做的是整合人员力量，重点关注灵活与高效。不同于文字作品，视频栏目涉及的工种和人员较多，往往需要团队作战。《党知部》栏目突破传统的部门设置，从不同部门抽调编辑、文字记者、出镜记者以及后期制作人员，整合为栏目制作小组，采取小团队作战。这种方式机动灵活，也

可以尽量减少对其他工作的影响。其中1名编辑主要负责选题策划与统筹；2名文字记者主要负责选题策划、稿件撰写和部分编导工作，其中1名文字记者负责出镜拍摄，另1名文字记者作为出镜替补；后期剪辑视情况交由1名专业的后期制作人员来完成。

同时，采编审流程力求高效。为缩短制作周期，该栏目采用扁平化运作方式，选题直接报分管领导，文稿和成片均由编辑统筹，尽可能减少中间报审环节，提高了效率。遇到热点新闻，记者及时与编辑沟通，确定选题后，迅即撰稿，后期剪辑人员同时收集背景资料，方便第一时间进行快速剪辑。此外，出镜记者也已逐渐摸索出方便快捷的录制方式，利用手机自带拍摄功能，文稿完成后即可马上开录。

三、结语

在视频化、碎片化、分众化的新媒体发展趋势下《党知部》短视频团队聚焦热点，坚持精品意识以及底线意识，在政治上把准方向，反复打磨锤炼，推出一系列优质短视频。传统宏观叙事的报道团队，必须抓住机遇，顺势而为，乘势而上，利用新技术新手段提升自身传播力、影响力。要做好党建新闻，党建知识可视化至关重要，这是一项系统工程，创意是核心，内容是根本，形式是支撑，背后更需要文字编辑、撰稿、美术设计、后期制作等多部门多工种的沟通协作配合。党建新闻团队要坚守“内容为王”的原则，不断优化受众体验，持续提高党建类短视频的品质以及传播效果。

“文化性+新闻性”，创新传统文化报道的视频语言

——《时节广东》栏目的行与思

影子　陈春霖

融媒体时代，党刊记者要不断坚定历史自信、文化自信，进一步深化对“两个结合”的认识，不断增强把马克思主义基本原理同中华优秀传统文化相结合的思想自觉和行动自觉，不断提升扎根基层的脚力，运用镜头“说话”，表达对时代命题主动思考的脑力，在短视频中以党刊之“笔”闯出一片蓝海。

“文化性+新闻性”，文化性是传统文化所赋予的特性，而新闻性是媒体所特有的气质。南方杂志社《时节广东》团队将两个方面有机结合，摸索更具新闻性的文化栏目的传播规律。该栏目从2016年的“见闻+散文随笔+原创摄影”图文稿（1.0版本），到2022年加入原创漫画和H5互动（2.0版本），再到2023年系列视频化（3.0版本），该栏目在内容上紧密结合绿美广东、百千万工程、岭南文化“双创”工程等中心工作，以创新性的视频语言，对二十四节气进行了本土化的探索，成功打造“小影”网红IP，多次获得广东省委宣传部《广东新闻阅评》肯定。

深调研让栏目更有底气
如何克服广东的节气“跟不上趟”的焦虑

脚板底下的泥土有多少，笔下精彩的故事就有多少。《时节广东》短视频系列报道深入现场和实践一线，去探索、去发现、去获得。

广东的天气相比于黄河流域很多时候有一些“反应迟钝”，或者说是“不赶趟”。节气人将其总结为“广州的冬天有着北方的秋景”：不管是广东冬天落羽杉的红黄色，还是枫叶的红，这不都是北方的秋天吗？而广州到了春天，许多树木才开始落叶，这也是北方的秋景。这样的“不合时宜”让这个栏目本身就增加了难度。

在坚实调研的基础上，团队有了创作的底气，不焦虑，不盲目跟风。团队紧密结合广东的地域特色和时节风物推出相关报道。

比如到了小满时节，通常大家会习惯性联想到谷物满浆、趋近成熟。然而经调研，广东种植的小麦要到6月中下旬才满浆，7月初成熟。为此团队另行选题，结合萤火虫热，把目光聚焦到“生态检测仪”萤火虫，同时呈现小满时节盛放的繁花、渐满的江河和夜间羽化的昆虫。其间，团队捕捉到“金蝉脱壳”的珍贵镜头，内容得到华南国家植物园专家的高度认可，华南国家植物园官方微公号第一时间“全文+视频”独条推送该期视频。

作为深挖广东本地特色文化的栏目，团队实事求是，敢于质疑。到了雨水时节，“雨水时节，宜吃春笋”一说满目皆是。但经过团队调研，这一说法对于广东地区来说并不适合，须等待一个月后才是竹笋的最佳采摘期。基于此，团队于春分前夕拍摄了春笋题材，并于春分当天推出《时令味道　寻找春天的菜王——笋》。

…………

此外，《时节广东》着力在短视频的独家与深度上下功夫，满足读者对“新”与“奇”的需求，避免了内容同质化的问题。

如雨水节气，江门市新会区睦洲镇石板沙村的黄沙蚬很有特色，团队和当地渔民一同开工，在西江打捞“开春第一鲜”黄沙蚬，克服水面作业的不稳定性，带网友体验疍家人的水上生活，品尝疍家美食；春分节气，竹乡肇庆广宁最具代表性的苦笋上市，团队抓紧时机进行拍摄，在山林间跋涉，寻找苦笋身影。

以体验式报道替代科普式宣传
如何讲好四季里的广东文化

二十四节气作为传统文化的重要组成部分，丰富多彩，但同时给人以“距离感”“不实用”的固有认识。为了加强内容的呈现，让读者对熟知的内容更有兴趣，团队努力加强报道的深度，不只作为讲述人，而是成为其中的参与者，让读者“知其然更知其所以然”。

（一）用故事讲文化

从内容策划开始，团队以精品意识打造故事性。文案摆脱传统的“新闻稿”，而是口语化、剧本化。出镜记者以第一人称演绎内容，活泼而不生涩。同时摄影从多角度诠释人物和主题，剪辑从形式上呈现完整故事。

4月20日，团队推出《“梅”好时光　酿一壶青梅酒》，青梅佐酒是一种时令风俗，在古代尤其受到文人雅士的喜爱。为此，团队邀约民俗专家饶原生，共同演绎了一场“穿越”短剧。先着现代服饰到青梅园采摘青梅，而后换上宋制汉服，吟诵青梅诗词，酿制青梅酒。在古风与诗意中，带领读者领略时节之美。

每一期文化节目即是一个文化小故事，有趣易懂，读者可以借鉴运用到生活之中，有效拉进了内容和受众的距离。

（二）以互联网思路提升栏目品牌影响力

团队注重强化观众观感，视频主播小影出镜的网红IP元素，以主人公第一视角呈现时节的美好和感知。

在《时节广东》中，为加强网友观看印象，每期短视频中均嵌入“时节轮转，诗意广东，我是小影”的开场白，通过标准化的栏目语言提高栏目的辨识度。主播第一时间亮明身份，以接地气的语言拉近与受众间的距离。

在文案中，“小影”融入其中，成为内容的纽带。“小影”不只是主播，更是一个符号化的角色，成为团队的IP，成为栏目和受众间的桥梁。

如何在秋意不浓的时候找好报道角度？《立秋，来广州市中心体验收割水稻的快乐》以小影深度体验的视角，带网友在广州新城市中轴线上的海珠湿地体味野趣，收获喜悦，同时带领网友走进毗邻海珠湿地的广州市文化馆。拍摄时团队克服暑热，从球鞋到水鞋、从主播到农人，一系列转场活泼生动，获得好评。这期内容获得广州海珠湿地管理方邀约，在园区大屏幕进行循环播放，辐射园区十万游客，实现栏目的落地，在一定范围内打开了知名度。

随着栏目的推进，“小影”带网友们体验节气已经成为一大亮点。

为进一步增加与网友的互动，团队在2023年初建立微信粉丝群，以粉丝群助力品牌号召力，在每期产品推出后，群里粉丝都会积极转发视频和海报。群内定期分享创作心得和现场工作花絮，群里粉丝交流活跃，对视频中出现的艾粄、春笋、黄沙蚬等岭南风物兴趣颇浓，纷纷求购。团队不断加强与各地区的交流、沟通，陆续收到各地各部门和群众的不少反馈。有地市领导表示，希望栏目可以加持当地文化推广，助力“网红”变“长红”。

团队注重提升产品互动感，强化与网民的连接。如3月21日春分推出的

《时令味道　寻找春天的菜王——笋》，视频结尾首次加入互动竞猜环节，结合竹文化，主播展示了一份小工艺品—竹编小猪笼，让网友竞猜。评论区留言活跃，不少网友留下“猪笼入水”的答案，而这个小工艺品包含了别具广东特色的好意头—财源滚滚。

技术赋能
如何把文化报道讲“活”

因应技术变革所触发的用户阅读场景和需求，团队以新技术赋能文化传播，点亮节气可视化之美。3月6日推出的《惊蛰农耕忙　在广东遇见绿美麦田》，主播出镜体验“农机春耕+农田灌溉+冬小麦灌浆”，团队使用无人机航拍麦田，以大全景呈现惊蛰时节的蓬勃春景与广东农业高质量发展的画卷，为增强听觉体验，团队注重现场收音，力求通过声音展现四季轮转的痕迹。5月21日推出《最好人生是小满　“点亮”小小萤光》，团队到华南国家植物园采集鸟啼、蝉鸣、蛙叫，为观众呈现“清风半夜鸣蝉”“听取蛙声一片”的独属于夏夜的声音。

根据内容定制原创画面，是提升视觉效果的好办法。第一期《立春　岭南春早》片头以插画开场，开篇便春色盎然。摄影照片的使用可作为视频的补充，也能为视频增色。第八期《最好人生是小满　“点亮”小小萤光》通过慢门拍摄的萤火虫照片，补充了视频无法捕捉的瞬间，获得众多网友评论“感谢为了这些优美动人画面呈现的你们”“美好的画面背后是你们的辛勤付出精神”。

在追求新闻性的同时，团队力求让画面兼具唯美。团队不仅使用广角拍摄，还会对微末之处进行挖掘，使用100mm定焦镜头等，呈现岭南风物细微之美。如麦田中随风飘荡的麦穗、夕阳下新鲜剥壳的苦笋、雨后的柚子花、遇水渐开的柑普茶……这些都是图片与视频之间获得了最佳的极致呈现。

文化短视频“可文可武”
挖掘时代新内涵

《时节广东》系列融媒体报道以小切口讲好大主题，可以严肃，也可以活泼，“可文可武”。

通过系列内容的生产，团队一方面加强了对传统文化和相关内容的学习，能够在调研中找寻书本材料和现实的差异；另一方面清晰地了解到在广东的文化沃土中，传统文化从过去到现在经历了怎样的变化，以及传统文化有了怎样的新时代内涵。团队在其中提炼出传统文化的最新姿态，努力为人民群众提供更丰富、更持续、更有品位的文化产品。

通过深入田间地头，团队重新认识了丰富多彩的节气文化。团队不仅在广阔天地中学习了书本上没有的知识，也在实践中获得了源源不断的新闻素材，同时为基层群众解决了一些实际困难。作为新闻工作者，我们与非遗传承人谈艺术创作、与果农聊收成、与村民一起劳作，在这一过程中体会到了“跟群众打成一片”的乐趣，对调查研究的工作方法有了更深刻的认知，体会到真正和群众建立起彼此亲密无间的感情，正是做好乡村报道的关键，也是进行调查研究的基本守则。

目前，《时节广东》视频长期获得南方网、南方+App、学习强国等平台推荐，传播覆盖面广；省市县镇四级宣传部门积极转发，加持地方文化推广，助力当地文化品牌建设；获得外宣机构号推送，节气风物和历史文化的新颖解读，也获得国际网友点赞。

（陈春霖系南方杂志社全媒体发展部新媒体产品工作室主任）

黄金年代：视频成就文化记者的修养提升

李梦醒

媒体融合，从概念的提出到全面的实践，已经过去了至少十年。如今，手机上的各类短视频App，不仅提供了内容丰富、令人眼花缭乱的短视频，还衍生出情感解析、服务咨询、直播卖货等专业赛道，极大改变了多个行业的生态和发展方式。

在当下文化宣传报道愈加专业化的传播态势中，能够为受众读者提供更加丰富的学习和感受体验的新闻视频产品备受重视。这样的时代当之无愧，为记者、主持人的黄金年代。

新时代对文化报道提出新要求

2023年10月7日至8日，全国宣传思想文化工作会议在京召开。习近平总书记对宣传思想文化工作作出重要指示，指出宣传思想文化工作事关党的前途命运，事关国家长治久安，事关民族凝聚力和向心力，是一项极端重要的工作。

党的十八大以来，习近平总书记把宣传思想文化工作摆在治国理政的重要位置。在这次对宣传思想文化工作的重要指示中，总书记对新闻工作提出了“着力提升新闻舆论传播力引导力影响力公信力”的要求。短视频的快速发展同样改变着新闻报道特别是文化报道的业态。

当前短视频平台资源十分丰富，具有拍摄编辑功能的移动端也已普及，公众可以随时记录身边发生的新闻事件，并通过社交平台进行分享。虽然这种自媒体的新闻创作凸显传播速度和娱乐性，但因专业性缺失容易造成不良和不实信息等的传播。因此，在纷繁的短视频大观中，专业学科出身的主播更受肯定，主流媒体生产的视频产品的权威性也更被受众所认可。短视频的赛道竞争激烈，正是在这样机遇与挑战并存的黄金年代中，《梦享时分》新媒体实验室应运而生。

通过深度报道打造记者专属IP

如今，传播方式、形态发生变化，受众群体出现不同群体的偏好特征，传播语言系统呈现出深受互联网影响的特点。当读者变成网民、粉丝，传播的路径变得更加广阔、迅速，策划思维便尤显重要。作为意识形态阵地建设宣传的主旗手，党报党刊的新媒体平台建设十分关键，短视频的生产更要注重差异性、独特性，凸显党刊的视野、高度和应有的文化调性。

《南方》杂志的文化报道体现了围绕中心工作的高站位，记者长期的采写积累为《梦享时分》新媒体实验室提供了成熟的策划和执行基础。实验室成立后，在策划和选题上坚持党刊定位，抓住重要题材进行巧妙展现。

在《梦享时分》新媒体实验室成立之初，对市场反应较好、学界评价较高的自媒体视频和主流媒体的短视频产品进行了样本分析和受众喜好研究，推选语言表达能力好、形象气质佳、策划执行强的记者来担任主要任务，强化记者个人IP，让记者作为传播主体，突出分“享”、乐“享”特点，围绕岭南文化、人文湾区、文化强省、美丽广东等多个主题进行栏目策划。

专业度提升影响力

文化报道特别是文化视频报道，要想“走心”“入心”，最关键的是内容是否吸引人、打动人，传播形式是否便捷高效。记者对文化艺术领域的深耕和积累，使得产品在选题上、内容制作上具备较强的专业性、独家性。在选题上，基于《南方》杂志在文化报道领域的积累，《梦享时分》新媒体实验室首先选取了熟悉的题材进行突破，一开始就取得了良好的传播效果。

在《宋莲千年之约》的采访中，由于广州海幢寺千年宋莲名声在外，《梦享时分》新媒体实验室克服了各种困难才说服海幢寺住持同意进行拍摄，展现了在羊城文化艺术史上占有重要地位的海幢寺里令人震撼的宋莲奇景。

记者擅长抓住文艺界热点，能够和文艺界人士高效对话，挖掘更多新闻价值、人文价值。如2023年7月推出的《对话郭莽园|岭南美术出奇峰》，嘉宾本身的艺术成就和记者的艺术素养、人文素养相碰撞，最终造就了有效且精彩的艺术访谈，在湖南、广东和北京等地的读者、粉丝中，特别是艺术家、画家、美术评论家等中广泛转发传播，备受好评。

此外，《梦享时分》新媒体实验室在视频生产过程中，主播李梦醒作为主要策划人和执行人，查阅了大量的资料文献，确保报道的权威性、真实性、专业性。此外，《梦享时分》新媒体实验室和全媒体发展部、总编室开展常态化跨部门合作，根据不同场景、题材梳理了拍摄、剪辑过程，继而形成有效的经验模式，进一步提升了栏目创作的效率，也锻炼出了很强的团队协作默契和生产力。

短视频是记者新闻业务能力的新考场

在新闻报道中，记者并不单纯是事件的旁观者、叙事者，而是在现场中与受众同行的陪伴者、引导者。在视频报道中，记者表现力、采访能力的高低对于传播效果至关重要。如2023年6月推出的《广东声音|文化强国建设高峰论坛》，记者往返多个分会场进行采访，主抓文博会的重磅活动——文化强国建设高峰论坛中的广东观点，采访参加分论坛的专家，展现他们在各领域的思考和研究成果。

短视频既要快也要精，更加凸显记者的策划意识、现场信息的整合能力和高度凝练的语言表达能力，特别是大型活动、中心工作的报道，容易发生和其他媒体撞题的同质化现象。《梦享时分》新媒体实验室通过加强统筹策划，在短视频这一载体上尽可能提供丰富信息和独特视角。

2022年7月，国家版本馆正式启用，广州国家版本馆也逐渐向世人展现其伟岸面貌。《走，去文沁阁！》拍摄前期，由于开馆前的保密性给采访带来了较大的困难，记者想方设法跟主管部门和各家支援建设版本馆的单位取得联系，多次来到尚是工地的版本馆建设现场进行探寻和了解，成为首批提前探馆并成功推出主播出镜报道的媒体。此次报道，不仅取得了广东省委宣传部的高度评价，在整体的版本馆全媒体报道中，无论是其他城市的国家版本馆，还是广州版本馆的报道，都非常突出和亮眼。

2023年3月推出的《番禺人的骄傲图书馆》视频产品，经过多次策划、实地采访，带领拍摄团队反复打磨，以广州市番禺区图书馆新馆这一文化新地标的建设规模、运营理念为案例，展现广东在文化强省、文化惠民上的切实行动和顶层设计，被广州番禺发布视频号转载，社会各界反响热烈。

在《专访何镜堂|白鹅潭大湾区艺术中心诞生记》中，记者与何镜堂院士的对谈，让读者粉丝们充分了解了白鹅潭大湾区艺术中心的核心设计理念。该视频被广州荔湾发布视频号、中建三局华南公司视频号转发，还在全国文学馆联盟会议上播出，更在何院士的家乡东莞引发了领导干部和广大市民的关注，让大众对此艺术中心充满期待。

坚持优质审美的新闻美学

《梦享时分》栏目并不满足于给粉丝看热闹，更秉持精品意识，坚持敢给人家看门道。《梦享时分》新媒体实验室负责人李梦醒作为播音与主持艺术专业、广播电视学专业出身的新闻工作者，有过硬的语言表达能力、采访突破能力、主持控场能力，在视频生产中，针对发音、吐字、手势、肢体等专业元素抠细节、做精品，赋予视频产品坚实的专业度和品质感。通过结合每次的视频主题、拍摄环境，不断调整出镜的服装、造型，追求大方自信的同时务求细节过硬，展现出了符合当下审美趣味的新闻美学的产品调性。

内容的设计与题材的选择紧密相关，当题材选择更加丰富，内容的具体呈现也有了更多扩展空间。《梦享时分》新媒体实验室产品在表现形式上十分丰富、灵活，不仅有对话、多人访谈，还有记者实操传统技艺或体验文化场景。如在《一起Citywalk去“国宝村”大岭村探宝！》中记者亲身体验蓝染非遗项目；《弦外有声》岭南古琴系列邀请了广东省博物馆古琴文化艺术展策展人、古琴演奏家、斫琴家，从岭南琴派的起源、发展等多个角度进行访谈。

文化话题天然带有“软”属性，其审美性、个性化、贴近性使得文化报道可以十分贴近日常生活，触动个体情感。《梦享时分》新媒体实验室的基调设计，让人能充分“乐享”，感受文化的浸润与滋养。

主播型记者如何强化已有IP

党刊与媒体技术融合下的发展，不仅是要掌握新兴的媒体技术，更应在守正的基础上，创新传播思维，通过打造传播广、品牌佳的产品，在新媒体平台上集聚优势，进一步提升党刊社会影响力和美誉度。《梦享时分》系列栏目正是通过强化用户思维，采取超细分的采编播发原则推出的视频产品。《梦享时分》新媒体实验室产品的生产思路、产品传播、内容风格都呈现出一系列特征和互联网思维，形成了较好的社会影响和较强的人文传播力。

接下来，《梦享时分》新媒体实验室将继续生产有调性、有品位、有内涵的文化视频，在可能的情况下邀请更多学者共谈，开展形式丰富的研学、沙龙等线下活动，还将根据实际情况与相关部门协同开展文化领域的调研，深度挖掘、展现岭南文化的深厚底蕴和广东近年取得的成果。

愈发激烈的媒体竞争格局，既带来激烈的挑战也带来更多的发展机遇和可尝试、可开拓的路径。如何大有可为，用优质内容、独家视角打开党刊文化报道的空间，形成有文化味、时代感、艺术性的党刊人文报道格局，考验着党刊工作者的智慧。充分发挥自身优势，积极打造适应新时代传播特性的新媒体产品，才能不断巩固和壮大新形势下的舆论主阵地，在坚守和变革中增强党刊的传播力、引导力、影响力、公信力，继而担负起党和人民赋予的社会责任和历史使命。

（李梦醒系南方杂志社社文部文化报道工作室主任）

第五章

智慧转型

智库担当：党刊增值的自然选择

执笔：林若川 夏梦
课题组成员：陈广腾 石雄东 林若川 夏梦

近年来，智库的价值和社会影响力日益凸显，“中国特色新型智库”的提出为传统媒体转型发展指明了发展方向。

2015年，中共中央办公厅、国务院办公厅印发的《关于加强中国特色新型智库建设的意见》提出，鼓励并支持新闻媒体等单位先行开展高端智库建设试点。习近平总书记在党的十九大报告中阐述“牢牢掌握意识形态工作领导权”时，把“加强中国特色新型智库建设”和“提高新闻舆论传播力、引导力、影响力、公信力”紧密连接在一起。2018年，原国家新闻出版广电总局印发《关于加快新闻出版行业智库建设的指导意见》，从政策层面为新闻出版行业智库的建设提供了支持。在这样的大背景下，各级各类党刊顺势而动、乘势而上，充分发挥传统优势，积极谋划探索智库建设。

2014年起，南方杂志社响应南方报业传媒集团融合转型号角，拉开转型帷幕，并于2017年11月起建设南方党建智库，在全国党刊系统率先进行智慧转型探索。目前，南方杂志社已由传统党刊社发展成以党建传播、党建研究、党建服务为主要载体的立体传播平台和智慧服务平台[1]，展现出党媒融合发展的新气象，开辟了党刊智慧转型的发展新空间。

一、“智媒转型”，实现党刊生态系统再造

媒体变革大潮之下，传统媒体受到了巨大的冲击，党刊也不例外。党媒身份、“党媒传统”是党刊安身立命的根本。无论何时，党刊都要把服务人民作为出发点、落脚点和着力点，忠实履行党的新闻舆论工作职责。

如何走出一条立足党媒姓党的“高度”、挖掘地方党刊的“深度”、拓展舆论引导的“力度”、培植服务群众的“温度”的智慧转型之路，成为党刊的时代命题。

经过充分调研论证，南方杂志社逐步探索在媒体融合新形势下，依托党刊的优势和特点，更好履行职责使命，为全面从严治党贡献智慧力量，从而提升党刊综合传播力和持续发展能力的路径。找到这条“路”，南方杂志社经历了四个阶段：

一是时政党建大刊格局初步确立。党刊的核心优势在于理论宣传的权威性和准确性，特别是在基层党建方面有着难以替代的工作指导性。2014年11月起，南方杂志社逐步加快推进媒体融合，先后进行多次改版，不断增加党的建设、基层组织建设、党务实用知识等党建专业内容的比重，持续提升党刊在指导基层党建方面的核心竞争力。

二是思想理论高地建设初见雏形。2015年起，《南方》杂志注重突出理论评论建设，全新打造理论季刊和评论栏目，打造“行思兼备的南方思想理论高地”。经过几年积累，评论的产能和品质逐渐提升。2020年新冠疫情期

间，在网端和杂志连续刊发30多篇原创评论。2020年3月至今，已有6篇原创评论被《求是》杂志转载。

三是全媒体传播平台初具规模。移动互联网时代，党刊必须顺应媒体格局变革，强化主流媒体地位。2016年起，南方杂志社在新媒体建设方面加大投入力度，构建新媒体平台，目前以微信公众号、客户端、网站等组成“党建全媒体”，影响力、阅读流量稳居全国地方党刊前列。在拓展新媒体平台的同时，原创产品生产能力也不断加强。目前，南方杂志社党建视频、音频、动画、漫画、长图、H5、VR、直播全面开花，形成极具党味的全媒体产品矩阵。

四是党建智库智慧转型初显成效。通过加强传播能力建设、创新党刊表达方式，《南方》杂志的声音实际上已比过去传播得更远，但南方杂志社对履行党刊责任的追求不止于此。

在2017年11月筹备建设党建智库期间，南方杂志社曾组织由总编辑带队的调研组赴北京的一些国家级顶级智库学习考察。经过充分调研、交流并比较广东媒体智库发展情况后得出判断：广东的党建研究机构在传播力、研究力、服务力等方面都还比较薄弱，难以服务广东省委加强党的基层组织建设的工作目标。于是，“南方党建智库”应运而生。

回首这一筹建过程，从“突出党建特色——突出理论评论”到“强化新媒体建设——强化新型智库建设”[2]，这样的探索积累过程，对于南方杂志社来说不仅是党建专业上的厚积薄发，更重要的是智慧转型上的理念更新和思想统一。

2022年，南方党建智库获推荐成为广东省委组织部主管的广东省党建研究会新一届理事单位。目前，南方党建智库已邀请省内外200多位理论专家学者组建专家库，同时培养自有专职研究员数名，已完成各级各类党建研究课题

150多个。同时，创新相关工作制度，鼓励编辑记者积极大胆向研究员转型发展，以便更灵活、更高效地参与智库型产品生产。为了更好地深入开展基层党建研究，南方党建智库与全省各地各单位合作共建18个基层党建研究基地，举办3届广东基层党建创新案例征集遴选活动。通过持续创新探索党建传播、研究、服务的下沉实践，展现党媒融合发展新气象，为各级党组织全面从严治党提供决策参考。

二、“下沉”策略，打开党刊智慧服务新空间

媒体智库以媒体组织、媒体机构为创办主体，利用媒体优势，以开展深度研究为核心业务内容[3]。媒体智库的一个使命，就是要抓住媒体深度融合的战略机遇，围绕党委政府工作大局，有重点、有针对性地投入基层社会治理。媒体智库最大的优势是了解基层，贴近实践，可以通过有效传播提升智库产品知名度和影响力。另外，为各级各地各单位提供有决策参考价值的智库研究报告，是媒体发挥内容生产优势助力社会治理创新的坚实举措。

脱胎于党刊社的南方党建智库，将媒体对社会事件的敏锐感知优势与智库的理论性和前瞻性相结合，以党建研究和服务为抓手，更好地助力提升基层社会治理水平。

在探索构建智慧服务业务新格局方面，南方党建智库坚持在党建领域突出智慧服务能力，打造核心竞争力，树立“南方”品牌，坚持以“做上级党委部门决策党建工作的参谋、机关企事业单位研究党建工作的助手、广大党员群众参与党建工作的平台”为工作定位。

坚持这样的定位，意味着南方党建智库必须有下沉一线的阵地。在新的传播环境下，传播关系正从“一对众”转向以互动分享为主要特征的分众化、差

异化传播。南方报业传媒集团在2022年初旗帜鲜明地提出建设新型主流媒体要抱持“长期主义”，对于党刊智慧服务来说也是同样的道理：各级党委政府部门、企事业机关单位和广大党员干部的需求在哪里，党刊转型创新的触角就要延伸到哪里，党刊智慧服务的研发创新更要在哪里发力。

为此，南方党建智库积极响应“下沉”策略，践行社会责任，为基层提供专业性强、个性突出的智慧服务产品，紧密结合基层需求提供包括研究、策展、宣传在内的智慧产品，在“重构媒体融合发展闭环”的同时，实施“下沉”策略也打开了传统党刊社转型“智媒”、实现高质量发展的新空间。

（一）阵地下沉：打造研究基地矩阵

2018年，省委办公厅印发《广东省加强党的基层组织建设三年行动计划（2018—2020年）》，推动党的全面领导在基层落实、全面从严治党向基层延伸。对照党中央的相关精神和省委的战略部署，南方杂志社提出设立基层党建研究基地，作为南方党建智库向基层的延伸。基地建设的思路是，选择省内有代表性的地市、区县、企业、园区，以属地党建实践为主题，研究基层党建相关问题，为广东各级党委加强党的建设提供决策参考和智力支持。随后，南方杂志社制定了基地管理办法、建设标准和相关流程。

这项党建研究的“下沉”实践，最早在韶关南雄市落地。2018年4月，南方杂志社与南雄市委共建“南方党建智库基层党建南雄研究基地”。南方党建智库广邀权威党建专家、全国党刊同仁深入南雄，为基层党建、红色文化研究献计献策，为当地发展贡献智慧力量。

随后，南方党建智库在全省各地、各领域与一批具有示范价值的党组织开展共建，精心打造多个基层党建研究基地——

2019年3月，与广州医药集团合作成立首个以国企党建为研究主题的基层党建研究基地；当年9月，与江门市委组织部共建的“南方党建智库基层党建江门研究基地”正式启动。2021年，南方党建智库持续探索研究基地下设工作站的形式，进一步向基层延伸研究触角，新增广州市海珠区、白云区、天河区研究基地，以及黄埔区文冲街道、白云区三元里街道工作站。

近年来，南方党建智库已在广东各地市与组织部门和企事业单位联合共建，围绕城市党建、农村党建、国企党建等不同党建领域，设立基层党建研究基地，并将其作为南方党建智库开展党建研究、教育培训的重要载体。针对不同领域的党建实践，智库推出了研究报告、视频、党建空间等一批研究成果和融媒体传播产品。可以说，党建研究基地矩阵，成为南方杂志社链接基层党建的纽带，是杂志社下沉一线的连接器。

（二）力量下沉：当好“党建参谋”

阵地下沉，为基层党建研究极大拓展了视角。南方党建智库的党建研究，主要是针对基层党建实际，坚持问题导向的应用型研究。比如在广州黄埔区，南方党建智库以研究基地为平台，聚焦“为推动粤港澳大湾区建设提供坚强组织保证”的研究主题，深入研究黄埔区基层党建创新实践。通过系统梳理当地的基层党建经验，特别是中小企业党组织建设的实践和经验，助力黄埔的红色基因更好更深融入自身发展血脉。

这是基层党建研究的一个缩影。2018年以来，南方杂志社立足基层党建研究基地，重点围绕广东基层党建三年行动计划要求，推出了国家级、省级和地市级党建研究课题并深调研120余个；邀请省内外党建专家实地开展调查研究，有针对性地梳理基层党建的经验、问题和提升路径等，持续为各级党组织加强党的建设提供决策参考。

同时，南方党建智库还承接了大批来自省、市各级组织部门的课题研究，形成了《广东省镇街党校建设与管理研究》《城市基层党建引领基层治理创新效果研究》《新时代领导班子政治建设提升整体功能研究》等一批重点研究课题成果，获省党建研究会表彰奖励。

开展研讨会，是加强沟通、开展业务交流的普遍做法，也是南方杂志社下沉提供智力支持的有效举措。

近年来，南方党建智库牵手外部单位组织了系列研讨会。与广州市委组织部、广州市委党校等联合举办“羊城村官上大学”工程专题研讨会；在深圳市龙华区民治街道举办党建引领基层治理创新论坛；与潮州市委党校联合举办党史学习与文化自信研讨活动；同潮州市茂芝会议研究会联合主办“茂芝会议精神研讨会”；邀请专家走进江门新会，召开创新党员教育工作研讨活动，探讨农村基层党员教育载体创新……一系列研讨会的举办，既是南方杂志社“智力输出”的党建研究服务新渠道，也为南方党建智库积累了丰富的研究资源。

近年来，南方党建智库组织力量，对各地的新探索、新经验进行汇总、提炼，尝试开发可供学习借鉴的智库型产品。从2019年开始，南方党建智库每两年举办一届广东基层党建创新案例征集活动，迄今已成功举办3届。每届活动参评案例的数量和质量都不断提升，除遴选推荐一批有代表性、有示范价值的优秀案例以外，每届活动交流会还重磅发布一次广东基层党建创新力报告，系统梳理广东基层党建的创新经验。2019年—2023年，连续参与承办“粤治——治理现代化”党建引领社会治理创新优秀案例的征集和评选活动，邀请专家深入基层观察指导基层党建。

这些成果，为广东各地创新党的组织体系，创新党服务人民的举措提供了有益参考，为深入实施新一轮基层党建三年行动计划、提升基层党建质量提供样板示范。同时，也为广东向全国展示基层党建实践经验提供了高质量范例。

（三）服务下沉：开发智慧党建系列产品

随着具有党刊特色的党建传播立体化渠道的构建、党建研究专业化能力的提升，南方杂志社借助南方党建智库实现服务化转型，可谓水到渠成。

任何一件产品的研发生产，都离不开市场的需求。党建智库的产品定位也不例外，必须满足用户的需求。

通过强化用户意识，重塑智慧党建核心业务，南方杂志社的党建服务打开了新局面。近年来，南方杂志社以南方党建智库为服务抓手，针对在合作共建中了解到的基层党建需求，先后推出党史党建与红色文化类的研究报告并开发一系列主题出版物、文创、视觉设计、视频制作等个性化智慧服务产品。

在合作共建和持续开拓中，涌现出一批成功服务案例。如编辑出版《广东交通集团开路先锋》等系列专刊和党建出版物；提供以全国党刊红色教育基地、党建培训、舆情培训、红旅等为代表的“党建培训”；围绕“英雄花开英雄城”主题，邀请原中央党史研究室副主任李忠杰领衔党史专家库，助力红色文化传承；把握党建工作核心内涵，高质量拍摄制作基层党建视频，推出大量红色主题音视频、直播及动漫产品；在江门、广州增城等多地提供“南方圆”红色文化空间、基层党群服务中心等红色文化展陈创意、文案与设计服务。同时，南方党建智库还开展了红色交通线大潮高速策划设计、广药“123大党建”品牌内涵升级及视觉标识设计、白云山中一劳模工作室策划设计项目等红色视觉类的项目服务。

通过实施“下沉”战略，提供专业化、定制式、个性化的服务，南方党建智库充分展示了所提供的包括研究、策展、宣传在内的产品的丰富性。日渐丰厚的党建智慧服务产品线，成为南方杂志社高质量发展的新抓手，实现社会效益、经济效益“双丰收”，成为党刊可持续发展新的“增长极”，智慧转型成效初步显现。

南方杂志社通过党建智库，不断下沉基层、创新业务，释放了党刊新活力，生动地说明了传统党媒只有结合市场需求不断改革创新，才能有效突围，实现跨越式发展。

三、智慧相融，助力党刊高质量发展

党刊如何以高质量发展实现融合转型，是媒体发展新形势下的新课题。党刊既要不断巩固传统的渠道优势、传播优势和资源优势，又要完善管理流程，强化队伍建设，推进研究成果宣传转化，努力建设智库型媒体，为党刊转型发展闯出新路[4]。

南方杂志社以南方党建智库建设为试点，初步实现了以新平台、新理念，借助“下沉策略”整合优质资源，提升党刊综合传播力和可持续发展能力的创新路径。下一步，南方党建智库要想为各级政企客户提供更扎实、更专业的党建产品，还需要持续提升党建调研能力、研究平台建设和服务水平。

（一）加强理论评论建设，夯实智库思想根基

当前，理论宣传的环境、要求、方式发生很大变化，理论产品愈发显现其特殊价值。党刊是交流工作经验的重要平台，在以理论评论强化思想引领、加强舆论引导方面作用突出。另外，理论评论一直是南方杂志社牵头打造南方党建智库的能力基础，必须进一步加强南方理论高地建设，进一步把社会对真理和共识的渴求与党的创新理论有效对接起来，更好地发挥舆论引导主阵地作用，尤其做好学术价值和传播价值、研究范式和媒体范式的融合与转化，回应党员干部和广大群众的期待，扩大主流价值影响力版图，让党的声音传得更开、传得更广、传得更深入，为推动高质量发展提供强劲动能。

（二）强化党建课题调研，提升智库学术影响

南方党建智库定位明确，服务性强，符合组织工作需求，在党建课题研究应用方面，与其他媒体智库相比具有极强的专业性、唯一性、指导性。因此，可进一步结合高质量发展的要求，结合广东省基层党建三年行动计划等重要节点，推出中长期课题研究规划并按计划推进；与省委党校、省社科院等研究机

构加强沟通联系，更积极主动参加省级以上理论类、党建类相关学术性研讨活动，进一步提升南方党建智库的学术影响；不断完善专家库的规模和相关机制，用好专家库资源；针对基层党建实际需求开展更多自主研究课题，激活智库调查研究的活力；依托集团技术资源，探索提升党建数据的采集分析应用能力。

（三）适应党建服务需求，丰富智库产品体系

南方党建智库在服务广东省各级党组织加强党的建设方面起了积极作用，然而在结合各地各部门党建工作需求，更好助力党建高质量发展方面仍有提升空间。一方面对于南方报业传媒集团内外优势资源的整合连接能力仍有待提升，智库服务类产品的工作机制、管理制度有待健全；另一方面，党建智库智慧服务产品的类型和类别，还需要根据基层党建的实际需要进行拓展和优化。全面从严治党的不断深入发展，给党的基层组织建设增加了丰富的时代内容，带来了新的要求，基层党建智慧服务也必须体现鲜明的时代特色。为此，需要进一步强化党建服务产品的设计策划，丰富产品体系；在现有党建服务品牌和项目基础上，把运营深度做厚，把服务内容做广，扩大党建服务的覆盖范围；进一步发挥南方报业传媒集团“智慧党建”版块各相关单位（部门）和各地记者站的联动优势，联合策划、实施各类新的党建服务项目；积极探索推动“政务+服务+商务”联动策划，助力南方报业传媒集团党建服务进一步实现标准化、规范化，形成合力，更好地推进报刊网端一体化生产和可持续发展。

（四）完善研究基地共建，拓展智库基层资源

南方党建智库近年来探索与各地各单位合作共建的基层党建研究基地，是新形势下党刊更好发挥党建服务作用，助力推动基层党建工作的有效探索，是党建智库在基层开展传播、研究、服务的“物化依托”。为避免研究基地出现基层反映强烈的个别活动阵地“空心化”问题，更有效实现基地共建目的，

应对现有研究基地建设谋划提质升级，全面总结梳理共建经验和提升策略；要根据各基地特色和需求，探索差异化打造红色教育型、学术研究型、党群共建型、文化活动型基地，探索“资源跟着基地走”“专家跟着课题走”“活动跟着项目走”的“三步走”路径；要进一步完善相应规章制度并贯彻执行，明确研究基地共建标准、运营方式、合作期限、准入机制等；要对成功有效运营的研究基地模式加大宣传和推广力度，扩大影响，形成标准，以点带面持续带动当地红色阵地集群效应。

四、结语

习近平总书记近日对宣传思想文化工作作出重要指示，强调坚定文化自信、秉持开放包容、坚持守正创新，为全面建设社会主义现代化国家，全面推进中华民族伟大复兴提供坚强思想保证、强大精神力量、有力文化条件，并明确提出“七个着力”[5]。“着力提升新闻舆论传播力引导力影响力公信力”就是其中之一。推进媒体智库建设，关键在于能否持续发挥思想内容生产能力的优势，不断生产出满足基层社会治理和高层决策参考需求的智力成果，努力锻造强大的传播力、引导力、影响力、公信力。

建设南方党建智库的初心，就是更好履行党刊职责使命，助力全面从严治党。面对媒体融合的新形势、新任务、新要求，地方党刊通过传统纸媒有效发挥传播力、引导力的效用已逐渐弱化，只有紧紧抓住党建特色优势，抓住党员干部这一核心用户资源，提供更专业、更有针对性的党建智慧服务产品，才能使党刊突出重围，持续发挥影响力、公信力。

南方杂志社近年来建设南方党建智库的探索实践给了我们一些启示：一方面，必须源源不断地产出高质量的原创党建类产品，才能巩固、提升党刊在理论宣传方面的核心竞争力，智库化产品就是高质量原创内容的代表；另一方面，必须聚焦基层党建核心圈层，强化用户意识，不断创新服务模式、改进服务方法，才能实现党刊主流价值影响力与自身可持续发展的有效转化。媒体深度融合实际上是媒介生态系统再造的过程，党刊只有不断挖掘培育新技术、新平台，着力提升原创能力、服务能力、聚合能力，才能闯出一条通过智慧化转型提升党刊可持续发展能力的路子，不断开创新时代宣传思想文化工作新局面。

（林若川系南方杂志社时政部主任；
夏梦系南方日报社南方传媒研究院编辑一室主管）

参考文献

[1]陈广腾.助力基层党建创新　建设“四有”智慧型党刊社[N].中国新闻出版广电报,2020-07-079(8).

[2]黄楚新,王丹.媒体智库:发展路径与关键[J].新闻与写作,2016(1):13-16.

[3]叶石界,林若川.媒体深融时代的党刊智慧化转型:以南方杂志社构建党建传播研究和服务闭环为例[J].南方传媒研究,2022(5):26-30.

[4]钟鸣.浅论党刊建设智库型媒体的原则与着力点[J].记者摇篮,2019(9):13-14.

[5]坚定文化自信秉持开放包容坚持守正创新　为全面建设社会主义现代化国家 全面推进中华民族伟大复兴提供坚强思想保证强大精神力量有利文化条件[N].人民日报，2023-10-09(1).

强自基层　钥在创新

陈健鹏　黄曦　李育蒙

党的二十大报告指出："坚持大抓基层的鲜明导向，把基层党组织建设成为有效实现党的领导的坚强战斗堡垒。"

基层党组织是党执政大厦的地基，新形势下，基层党建工作面临诸多新情况、新问题，加强创新是应对时代变革的必由之路和必然选择。

自2019年起，南方杂志社每隔两年发起一次广东基层党建创新案例征集遴选活动，至今已成功举办三届。其中，由南方党建智库根据征集案例总结归纳形成的《强自基层——广东基层党建创新力报告2019》（以下简称《强自基层2019》）和《强自基层——广东基层党建创新案例征集遴选活动报告2021》（以下简称《强自基层2021》），成为遴选活动的一大亮点，不少基层组工干部、党务工作者都表示报告示范性强、可借鉴度高，值得进一步研究、推广和应用。

坚守党刊初心，推动基层党建高质量发展

2003年，时任中共中央政治局委员、广东省委书记张德江为《南方》杂志撰写发刊词“在创新中脱颖而出”，希望作为省委机关刊的《南方》杂志，肩负起“总结历史以开拓未来，联系实际以指导实践的重要历史使命”。

一直以来，南方杂志社秉承着“深度凝聚力量”的办刊理念，注重实践、着眼群众、努力创新，以党建类报道为特色和亮点之一，有计划、有组织地深入实践一线充分开展实地调研，发掘各类基层党建实践的优秀经验和成功做法，让这些做法得到更广泛的传播，让更多党员干部了解、认同并从中汲取灵感，从而在更广泛的范围内推动基层党建质量的有效提升。

为全面落实新时代党的建设总要求，进一步总结基层党建创新成果，深入挖掘、宣传我省基层党建工作的经验做法，《南方》杂志从2019年起，连续发起了主题分别为“提升基层党组织组织力”“百年奋进、永葆初心”“高质量党建推动高质量发展”的三届广东基层党建创新案例征集遴选活动，三届共征集到基层党建创新案例1700多个，涵盖了农村基层党建、城市基层党建、“三新”党建、国有企业党建、机关和事业单位党建、高校党建等六大类基层党建创新案例，包括党建引领、乡村振兴、精准扶贫、精准脱贫、头雁工程、社区治理、智慧党建、党员教育、党员先锋模范作用、思政教育等多方面内容，涉及干部选用、党的群众工作、党员培训教育模式、党员管理、党风廉政建设等方方面面，生动集中反映了广东新时代党建工作的新进展、新成效、新经验。

党建报道是南方杂志社核心竞争力的重要组成部分，遴选征集活动的成功举办，建立在南方杂志社党建深度报道的深厚基础上，是南方杂志社多年来党建主题报道的深入积累和独特触角，也是“深度凝聚力量”理念的一次充分

体现。

为进一步推动广东基层党建工作高质量发展，我们牢记“在创新中脱颖而出”的创刊定位，由南方党建智库连续三届对征集到的案例以及当中的优秀代表案例进行深入整理分析，发布《强自基层2019》和《强自基层2021》，勾勒出党的十九大以来广东基层党建创新的总体特征、创新思路和创新特色，提出了广东基层党建创新面临的新任务、新挑战，以及具有广东特色的基层党建的奋斗目标和提升路径，旨在为广东各地在坚持和加强党的领导，创新党的组织体系，创新党服务人民、促进发展的方式方法等方面提供有益参考。

分析广东基层党建的创新动因和未来趋势

党建工作的创新动因是什么？党建工作的未来趋势是怎么样的？这是我们一直在思考的问题。

党的十九大报告深刻指出，中国特色社会主义进入了新时代，为我国基层党建创新提出了新要求、明确了新方向。从国内党建领域的研究成果看，一直以来，“在农村和社区党建领域，基层党组织采取外设于经济社会组织的辐射模式”；在城市中，以单位制设置的嵌入模式是主流。进入新时代，“我国城市基层党建在组织体系、人员队伍、功能作用、基础保障等诸多方面都发生了深刻的变化，面临着许多现实问题”，农村党建、机关党建、国企党建等都面临着诸多困境。

面对上述问题，一些学者认为我们需要从基层党建的理念、能力、支撑以及生态环境等方面寻找原因，探讨如何深化新时代基层党建的创新方向。同时，国内大多数研究主要集中在宏观层面，重点分析基层党建在方向、道路、价值、组织等方面对中心工作的引领、整合和把控作用，缺乏对微观层面的研究。

为此，南方党建智库在对案例进行分类、编码、统计的基础上，将一系列特色案例串联起来，进而比对、分析、归纳、总结各案例中所呈现的表征信息与具体内容，进而抽象出建构性解释与理论性阐释。同时，对优秀案例的基本特征、发展演变历程以及存在的问题进行分析、研判，提炼其背后的问题本质与逻辑规律，进而归纳总结其基本特征、创新动因以及未来趋势。

《强自基层2019》提出了新时代的基层党建创新力，包括基层党建工作中的创新发展、创新机制、创新应用、创新手段、创新能力等范畴，认为基层党建创新力的五个维度，可以作为新时代基层党组织组织力强弱的直接衡量尺度。基层党组织通过全面提升创新发展、创新机制、创新应用、创新手段和创新能力，将有效推动全面过硬、全面进步目标的实现。

《强自基层2021》总结广东各地基层党建创新的总体特征、目标特征、方法特征、队伍特征以及制度特征，得出“对于创新路径的解析，将成为研究全省基层党建创新特征的主要分析工具”的结论。因此，我们以6个类别76个获奖案例作为样本，分析不同领域党建工作中呈现的创新思路和创新特色，提出了广东基层党建创新面临的新任务新挑战，以及具有广东特色的基层党建的奋斗目标和提升路径。

《强自基层2019》和《强自基层2021》获得了不少党建工作者和专家学者的好评。有专家表示，各地党组织若能够根据自身需要认真学习，并因地制宜进行推广实施，定能促进本地基层党建工作迈上新台阶。

为各级党组织提供党建理论指导和智力支持

作为党建智库，我们始终牢记：党中央的重大决策部署、党的科学理论创新发展到哪里，我们就聚焦到哪里；党的建设和组织工作实践推进到哪里，我们就紧跟到哪里。

调查研究是为了弄清事情的真相，找到问题的本质和规律，从实践中总结、提炼、升华出新的理论，再用新的理论去指导新的实践。我们发布《强自基层》系列研究报告，通过深入剖析问题、提出解决方案、总结经验教训等方式，为各级党组织提供决策支持，使其能够更有针对性地制定战略和政策，更好地适应党建工作的需要和时代的发展。

在《强自基层》系列研究报告中，我们通过对党组织的运作、党员队伍的状况、组织管理等方面的问题进行全面分析，识别和提炼出当前各领域党建工作中存在的问题，为党组织明确工作重点提供依据。

同时，在《强自基层》系列研究报告中，我们通过相关数据支持以及对趋势的分析，提出了具体的政策建议。例如在《强自基层2021》中，我们提出各领域党建工作的创新路径，从而帮助各级党组织制定更科学、合理的党建工作方针。此外，《强自基层》系列研究报告还总结了成功的党建经验做法，帮助各级党组织之间加强交流与学习，提高党建工作的效益。

总之，《强自基层》系列研究报告取材于源自基层、扎根实践的鲜活案例，既反映了广东各级基层党组织取得的扎实成效，也充分证明了基层实践是党建工作创新的重要源泉。而发现和挖掘这些广东基层党建自下而上的创新推动力，是南方党建智库研究广东基层党建创新工作的初心，也是“强自基层”得名之由来。

智库转型新探索：“新闻＋政务服务”彰显党刊智慧

史成雷

2020年9月，中共中央办公厅、国务院办公厅印发《关于加快推进媒体深度融合发展的意见》，指出要发挥市场机制作用，增强主流媒体的市场竞争意识和能力，探索建立“新闻+政务服务商务”的运营模式，创新媒体投融资政策，增强自我造血机能。

主流媒体开展智库建设，不仅是传统媒体实施融合转型的内在需求，也是响应国家战略的有力举措。在新时代，党报党刊通过智慧转型，提升服务能力、增创服务价值，成为必然。“新闻+政务服务”的有机结合，成为党报党刊推进深度融合发展的重要抓手。

2018年，南方杂志社承接广州市非公党建展览馆升级改造项目，提供智库咨询服务，全面承担策展文案脚本创作、展馆视频制作等工作。2019年七一建党节前后，广州市非公党建展览馆升级改造完成，重新开馆，打造具有广州特色的非公党建工作新名片。

这是南方杂志社充分发挥媒体的核心能力和核心资源，探索“智慧转型”，开展“新闻+政务服务”的一次有益尝试，成功将广州市非公党建展览馆打造为目前全国省会城市最大的非公党建展览馆，成为广州乃至全省非公党建领域的重要红色阵地。

让“受众”变成“用户”，提供党建服务和产品

党的十八大以来，各级党委政府在各个层面、各个领域对科学决策、民主决策、依法决策的要求越来越高，需要集中各方智慧、凝聚力量提供智力支持。主流媒体不仅拥有强大的新闻信息资源和传播平台，还具有强大的资源链接和整合能力，可以迅速有效地凝聚起政府资源、市场资源和社会资源。两者具有天然的契合度。

习近平总书记在党的十九大报告中明确提出，要加强中国特色新型智库建设。党的十九大结束后不久，南方党建智库正式筹建，定位于“党委部门决策党建工作的参谋、机关企事业单位研究党建工作的助手、党员群众参与党建工作的平台”三重角色，重点强化党建传播、党建研究、党建服务三大核心功能。其中，提供党建服务就是要立足广东，放眼全国，为各行各业各地区党建需求提供全方位的个性化、定制化服务。广州市非公党建展览馆升级改造项目，是《南方》杂志把“受众”变“用户”，为其提供党建服务的一次有益尝试。

以习近平同志为核心的党中央十分重视和关心非公有制经济的发展。近年来，习近平总书记对支持非公有制经济发展、构建亲清新型政商关系、开展非公企业党建工作作出了一系列重要论述。站在中国改革开放的时间轴上，广州

敢闯敢试、敢为人先，在非公经济、非公党建领域探索出诸多宝贵经验，创下了诸多“全国第一”。把非公党建历史资料、经验做法、先进事迹用图文、视频的方式集中展示出来，打造一个集宣传、学习、教育功能于一体的非公党建工作展览馆，很有价值和意义。

作为时政党建大刊，《南方》杂志高度关注重视非公党建的宣传报道，推出了一系列高质量的报道稿件。同时，南方杂志社培育了一批懂党建、懂非公经济的记者。南方党建智库把“非公党建”作为重要内容，由南方杂志社财经部负责统筹推进。经过反复多轮路演，南方党建智库在党建领域积累的专业性得到广州市非公经济组织党委的充分认可，最终承接广州市非公党建展览馆升级改造项目。

展现党刊高度，打造全国省会城市首个非公党建展览馆

广州市非公党建展览馆升级改造项目，是《南方》杂志探索“新闻+政务服务”之路，推动传统党刊向以党建传播、党建研究、党建服务为核心任务的立体传播平台和智慧服务平台转型的典型案例。如何把党刊的优势充分融入展览馆的升级改造中，是南方党建智库一直在思考的问题。

《南方》杂志深入学习贯彻习近平总书记关于非公经济、非公党建的重要论述，深入广州调研挖掘，以大量的文字、图片展现广州非公经济、非公党建发展的种种探索和创新，展现广州非公企业在党建引领下走向高质量发展、助力广州当好全国排头兵的光辉历程，并拍摄制作《永远跟党一起奋斗》《榜样的力量》等系列非公党建视频，以有思想、有温度的表达方式，让展览馆成为学习宣传贯彻习近平新时代中国特色社会主义思想和党的十九大精神的重要窗口。

在展览馆序厅，《习近平总书记谈非公经济、非公企业党建》一栏受到关注，该栏梳理整理了习近平总书记关于支持非公有制经济发展、构建亲清新型政商关系、开展非公企业党建工作等一系列重要论述。

40多年来，广州一直是我国改革开放的先行地。《南方》杂志通过查阅大量的历史资料，梳理出改革开放以来广州非公经济、非公企业党建在全国创下的诸多“第一次”或“率先”，比如广州成立全国第一个私营企业协会党委、广州在全国率先成立私营企业党委等，充分体现了广州勇立潮头、敢为人先的改革勇气和智慧。这些“第一次”或“率先”一方面可以激发今日广州推动非公经济发展、开展非公党建的激情，另一方面也可以为今日的工作提供启迪借鉴。

习近平总书记强调，加强和改进非公有制企业党建工作，抓好“两个覆盖”、发挥好党组织“两个作用”、加强“两支队伍”建设很重要。《南方》杂志对标习近平总书记关于非公党建的重要论述，结合上百份相关资料和图书资料，用大量的数据、图片、案例，清晰地显示出非公党建的“广州路径”，尤其是呈现了广州非公企业党建涌现出的一系列领域创新、模式创新、方法创新，展示了对全省乃至全国的非公企业党建起到示范引领作用的党建品牌。比如，展览馆用模拟实物的形式展现了广州市首个商圈党委——海印商圈党委打造的“海印党建先锋号”专列。

一个党支部就是一个堡垒，一名党员就是一面旗帜。优秀党员是群众的榜样、企业的脊梁。通过学习先进典型，可以坚定非公经济组织党员的理想信念。《南方》杂志突出党员的先锋模范带头作用，拍摄了《榜样的力量》党建先锋视频，打造非公企业先锋故事汇，通过图文并茂的形式，展现了10名老党员、10名优秀一线党员、10名优秀党务工作者、10名非公企业出资人的精彩故事，还打造了广州非公领域优秀党员、优秀党组织荣誉墙，展现广州非公党员队伍的整体风貌。

该展览馆是全国省会城市中第一个非公党建展览馆，也是目前为止规模最大的一个。开馆当日，展览馆得到广东省工商联、广州市工商联、广州市委党校等单位领导点赞，也得到中共三大会址纪念馆陈列研究部资深馆员等专业人士的好评。截至目前，广州市非公党建展览馆迎来全国各地参观学习者超10万人，成为广州市非公经济组织开展党建活动的首选地之一。全国工商联、中华全国总工会和省市领导前往参观并高度肯定。广东省委“两新”工委、省非公经济组织党委举办的“广东非公经济领域党建工作示范培训班”将其作为学习课堂。在2022年2月召开的广州市工商联（总商会）第十六次会员代表大会上，“建成全国副省级城市第一家非公党建展览馆”被列入广州市工商联过去五年发展主要成果之一。

从1到“N”，立足媒体核心优势开展智慧服务

广州市非公党建展览馆升级改造项目的成功表明，从“传媒”迈向“智库”，核心优势还是媒体的传播力、引导力、影响力、公信力。因此，智库建设并不是脱离传媒主业另起炉灶，而是立足于媒体的核心能力和核心资源开展智慧服务。同时，在历时近一年的探索中，南方杂志社财经部攻坚克难，在策展文案脚本创作、跨界视频制作、协调布展等方面，积累了诸多可复制可推广的经验，推动了展陈策划项目从“1”到“N”的快速发展。

广东省方志馆是广东省重点建设的9项文化设施之一，其中的广东省情馆是省方志馆省情展示与教育的主要场所。2019年9月，《南方》杂志承担了省政府地方志办公室委托的“新时代改革开放再出发”展览馆项目，这是《南方》杂志在省级党政展览馆领域的第一次探索。《南方》杂志从“牢记嘱托”“感恩奋进”“走在前列”三个章节，高度凝练梳理概括了党的十八大以来广东牢记习近

平总书记的殷殷嘱托，推动经济社会全面发展的探索实践，得到省政府地方志办公室领导高度评价。

2021年，我国脱贫攻坚战取得了全面胜利。《南方》杂志与广东省政府地方志办公室开启第二次合作，承接了大型展览“百年奋斗 圆梦小康——广东脱贫奔康展”的策展工作。《南方》杂志全面梳理了习近平总书记关于脱贫攻坚、乡村振兴的重要论述，从“百年奋斗”“决战脱贫”“乡村振兴”“山乡巨变”“多彩乡村”“圆梦小康”等六个章节展现广东脱贫奔康的精彩历程、在全国的诸多率先之举。

2021年7月，由省政府地方志办公室、省农业农村厅、省乡村振兴局、省科技厅主办，南方杂志社承办的大型展览“百年奋斗 圆梦小康——广东脱贫奔康展”开展，吸引省政协、省检察院、省直机关工委、省财政厅、省公安厅、省水利厅、省金融办等诸多单位前来参观，开展半年参观人数达上万人次。2022年，“百年奋斗 圆梦小康——广东脱贫奔康展”走进华南师范大学、华南农业大学等高校图书馆以及南国书香节，并在东莞、梅州等地乡村基层进行巡回展出，产生了广泛的影响力，让更多的人了解了广东脱贫奔康成果，彰显了《南方》杂志的党刊担当，提升了《南方》杂志的品牌影响力。

实践证明，在广州市非公党建展览馆升级改造和“新时代改革开放再出发”“百年奋斗 圆梦小康——广东脱贫奔康展”等展览馆项目中，《南方》杂志充分发挥了自身在改革开放、非公党建、脱贫攻坚等报道中积累的思考，展现出《南方》杂志的高度和深度，这是《南方》杂志智库转型新探索的重要支撑。

（史成雷系南方杂志社财经部区域经济工作室主任）

学好用好讲好新思想
助力“老先进”焕发新活力

——打造南华西街道党建阵地的探索与思考

林琳　陈春霖

媒体变革大潮之下，传统媒体受到了巨大的冲击，党刊也不例外。南方杂志社充分认识到不进则退，唯有跳出舒适区主动创新求变，才有突围的可能。对照党中央的相关精神和省委的战略部署，南方党建智库提出了设立基层党建研究基地的设想。

基地建设的思路是，选择省内有代表性的地市、区县、企业、园区，以属地党建实践为主题，研究基层党建相关问题，为广东各级党委加强党的建设提供决策参考和智力支持。

实施“下沉战略”，为各个基地提供专业化、定制式、个性化的党建服务，充分展示了南方杂志社所提供的包括研究、策展、宣传在内的产品的丰富性，为各地各单位提供了解决基层治理问题、活化党建阵地、丰富文化内涵的“红色芯片”，凝聚了高质量发展的磅礴力量。其中，南方党建智库与广州市海珠区南华西街道合作共建的基层党建研究基地是极具代表性的成功案例。

突出文化，深挖基层红色资源

南华西街地处珠江南岸，位于广州市海珠区西北部。作为具有浓郁岭南文化特色的古街道，南华西是从商贾云集的通商口岸到物质文明和精神文明建设双丰收的“中华第一街”，也有革命伉俪廖仲恺何香凝旧居“双清楼”和李少石烈士旧居等红色历史资源，更有江泽民同志、习仲勋同志等党和国家领导人亲临视察留下殷殷嘱托的印记。改革开放以来，南华西街多次荣获全国精神文明建设先进单位、全国先进集体、全国先进基层党组织等称号，精神文明建设硕果累累，许多工作走在了全国和省市的先进行列。

党的十八大以来，南华西街“干”字当头拼出波澜壮阔的发展之路，进行了很多以人民为中心构建共建共治共享社会治理新格局的鲜活探索。2019年起，南方杂志社充分发挥党刊优势，深入调查研究南华西街基层党建创新实践，不断擦亮南华西街党建名片。

2019—2021年，通过实地调研座谈，南方党建智库组成项目团队，系统化梳理南华西街党建引领基层治理经验和红色资源，及时为当地历史文化街区改造提升、做实社区治理“精细化”、搭建民主协商平台、打造公共文化服务新标杆等项目建言献策，为街道发展赋能聚力。其中，助力街道打造党群服务中心“南华星语”，构建党员群众“一站式”服务阵地；对街道以党建为引领以网格化管理为抓手的“微改造”实践进行研究，展现南华西街用“绣花功夫”优化人居环境，传承历史文脉，打造古韵今风交融、和谐宜居历史文化街区等切实提升居民幸福感、归属感和获得感的实招实效。

突出研学，共建特色党建阵地

近年来，各地党建阵地如雨后春笋般涌现，成为区域化党建的重要载体依托。然而，由于各种局限，许多党建阵地出现了各种问题，比如场所太过局促，基地基础配套服务设施落后；建设模板化，主题不突出，缺乏对当地文化内涵的提炼；内容吸引力不够，利用率低，甚至长期闲置，造成资源浪费；阵地管理、建设和使用等工作缺少评估反馈机制，影响其可持续发展等。

2021年是中国共产党成立100周年。如何把南华西街的历史文化资源利用好、保护好、传承好，利用党建阵地讲好光荣的革命传统和光辉的改革开放历程，成为南方党建智库的崭新课题。为切实加强南华西街红色资源的保护和利用，我们围绕党史学习教育和街道初心使命生动实践，为南华西街提供“党建展陈和咨询服务”，破解党建阵地建设的各类难题掣肘，与街道共建了“风起南华”展馆，并对街道“1+1+10”党史学习教育研学线路进行全线规划，对街道各处展示内容进行政治把关、文案提炼、形象设计等，并全程实施建设监理，打造出党媒与地方融合的全新党建共建样本，建成集党群活动、教育学习、成果展示于一体的开放式、多功能、专业化研学综合阵地。“1+1+10”党史学习教育研学线路迅速成为海珠区党史学习教育的重要红色阵地，海珠区委主要领导带头研学，区委班子参观调研路线，掀起“家门口”的学习热潮。

为进一步总结和提炼海珠区党建引领基层治理的经验成果，“南方党建智库基层党建海珠研究基地”于2021年6月正式落户南华西街，邀请党建专家学者走进南华西街，指导街道党建创新工作，着力发挥“风起南华”展馆和“1+1+10”党史学习教育研学线路在党史学习教育、革命传统教育、爱国主义教育等方面的重要作用，以共建基层党建研究基地为南华西街提供专业化、定制式、个性化的党建智慧服务。截至目前，已有过万人通过参观研学线路感受南华西街厚重历史文化和浓郁岭南风情。

突出实践，助力破解治理难题

党建阵地建成只是第一步，更重要的是聚焦群众“急难愁盼”的关键问题，不断挖掘提升阵地的使用价值和深刻内涵。2022年，南方党建智库积极助力各研学点充实惠民功能，调研提炼街道党建品牌，服务街道夯实“社区党总支+党建网格+党员责任区（党小组）”的党建引领基层治理体系和“网格员+街巷长”的精细化治理模式。在此基础上，街道积极扩大区域党建共建“朋友圈”，多措并举推动各领域、各行业党组织共同参与区域化党建项目和党建活动，包括与广州公交集团客轮公司联合共建，在优化提升党史学习教育研学线路的基础上，延伸打造鳌洲码头“珠水南华”党群服务驿站，为促进党建共建新模式注入新动能、增添新活力；联合有声数字阅读媒体企业开发党史研学线路语音导览系统，实现党史学习教育内容“数字化”，居民群众通过手机扫码即可获取“一对一”的智慧导览讲解服务，进一步提升党史学习教育的质效；联动江门职业技术学院李少石文化研究中心资源，原创李少石革命题材红色经典微电影《诗章》，推动红色基因传承，用群众喜闻乐见的形式让党的二十大精神“飞入寻常百姓家”。

聚焦文化自信自强，深耕南华西街历史文化沃土，加强历史文化遗产保护和活化利用。2023年，南方党建智库助力街道搭建覆盖全域、贯穿全年、惠及全民的文化平台，举办首届“南华春早·风铃花开”南华西文化艺术季活动，吸引4万多名居民和游客参加。延续“南华春早”活动效应，街道围绕“燃动夏日”“金风知秋”“趣藏冬集”等季度主题，持续办好各项喜闻乐见的群众性活动，让优质文化走出殿堂、走上街头、走进群众，逐步打造海珠公共文化服务新标杆。

通过一系列的生动实践，南华西街党建阵地不断被注入新的“活水”。2023年下半年，南方党建智库与街道再次合力提升党建阵地的颜值和功能，把原有内容全面升级为“风起南华”研学线路，优化“熟人社区”党建品牌，并从南华西街奋斗方向中提炼出三大发展定位：岭南文化的记忆点、和谐基层的示范点、老城新韵的融汇点，为更有力讲好海珠区故事、南华西街故事增添硬核“动能”。

南方党建智库不断总结南华西街等党建阵地建设经验做法，助力基层在新形势下以高质量党建引领各项事业高质量发展，持续焕发基层党建新活力。

第六章

持续发展

比学赶超　赛龙夺锦

——以研讨会为抓手推进南方杂志社高质量融合发展

李拉

推动传统媒体和新兴媒体融合发展，要遵循新闻传播规律和新兴媒体发展规律，强化互联网思维，坚持传统媒体和新兴媒体优势互补、一体发展，坚持以先进技术为支撑、内容建设为根本，推动传统媒体和新兴媒体在内容、渠道、平台、经营、管理等方面的深度融合。推进媒体融合发展，打造新型主流媒体，是做好党的新闻舆论工作的重大战略部署。

近年来，《南方》杂志不断加快媒体融合发展的步伐，推进融媒实践探索，深化媒体融合发展思考。以每年年初“龙抬头”时召开的研讨会为代表，通过深入研讨交流，加强对新闻传播规律和新兴媒体发展规律的认识，总结媒体融合的实践经验，在大力建设全媒体传播体系的同时，着力建设精细化高效能的支撑保障体制机制，为年轻人才提供展示舞台，鼓动全员“头脑风暴”，集众人之智，展个人之长，孵化出了系列融媒体产品“轻骑兵”，群芳次第，争相竞发，着力提升了广东省委机关刊服务大局的能力和水平。

一、全员“头脑风暴”，集众人之智展个人之长

2022年3月4日，农历二月初二“龙抬头”，在这万物复苏、阳气生发的日子，一场以“提升党刊综合传播力”为主题的专题研讨会在南方杂志社内热火朝天地进行，杂志社全体同事齐聚一堂，把脉融合深水区，点题提升传播力。从《从借船出海到造船扬帆，构建党刊对外传播新格局》，到《扎根都市圈 推进全覆盖——关于设立五大地方新闻中心的建议》，再到《报刊网端融合传播：知足、知不足、不知足》，一篇篇精心准备的主题演讲，激起了现场阵阵热烈反响。在自由发言环节，各部门主任更是带头发言并积极发动员工进行思考及报名参与研讨，重点鼓励副科级及以下员工开展“头脑风暴”，结合研讨会主题及工作实际踊跃参与讨论。历时一天的研讨会，发言人数之多，发言主题延伸话题之广，讨论程度之热烈，为杂志社历年之最，形成了一次效果良好的思想碰撞，也为后备人才队伍选拔提供了很好的展示舞台。整场研讨会紧凑热烈，硕果累累。研讨会一结束，杂志社办公室便迅速梳理出十大成果，包括加强党刊海外传播能力建设、党刊经营工作高质量发展、理论专家库建设等，并转化成为杂志社该年度重点项目。专题研讨效果显著，为促进杂志社深融提质、优制智转，实现高质量发展添砖加瓦。

每年开春伊始紧锣密鼓筹备召开的专题研讨会，已经成为杂志社开年的“重头戏”之一，研讨会围绕贯穿全年的工作主线，对一系列重大主题展开研讨，集思广益，全力助力杂志社高质量发展。从2021年度“技术赋能 深融智转——建党百年的南方责任与机遇”专题研讨会，到2022年度“提升党刊综合传播力”专题研讨会，再到2023年度“向着高质量发展再出发”专题研讨会，杂志社组织各部门员工广泛参与，积极思考，提出多个极具含金量的“金点子”，激发职工干部以强烈的责任感、使命感、紧迫感，推动杂志社高质量

发展各项工作谋在深处、干在实处，形成比学赶超、赛龙夺锦的奋进态势。

二、探索体制机制创新，推动深融智转

媒体融合发展是提升新闻舆论“四力”的有效路径，建设新型主流媒体是推动高质量发展的必然要求。《南方》杂志在推动媒体融合发展的路上，始终保持走在全国地方党刊前列的姿态和激情。2014年8月，中央全面深化改革领导小组第四次会议审议通过了《关于推动传统媒体和新兴媒体融合发展的指导意见》，“媒体融合”被正式上升为国家战略。在“打造一批具有强大影响力、竞争力的新型主流媒体”的目标指引下，作为省委机关刊的《南方》杂志，也积极响应中央顶层设计要求，投身于媒体融合改革浪潮中。当年12月，陈广腾社长上任伊始，便举行了一场“党刊使命与南方价值采编研讨会”，并逐步确立了杂志社以“深度融合、全面转型”为路径，遵循“守正创新，提质深融，优制智转”的改革理念，加快内容供给侧改革，提高融媒体生产能力，着力打造广东最专业的党建全媒体传播平台，进而建设有思想、有温度、有功用、有综合传播力和可持续发展能力的“四有”智慧型党刊社的发展目标。

在媒体融合发展的过程中，克服和解决深层次矛盾问题，关键在于“体制机制”。体制机制改革被视为媒体深度融合的突破重点，也是新型主流媒体平台化建设的关键支撑，但改革不是一日之功，要因地制宜、因时制宜，要不断调整方向、深化成果。南方杂志社也在一步步推进体制机制改革创新的尝试中，努力探索适应“深度融合、全面转型”的管理体制和运行机制。

2018年，为健全杂志社融媒体骨干人才的激励保障机制，以推进薪酬制度的改革为重要抓手，杂志社在遵循《南方杂志采编工作绩效考核办法》的基础上，根据《南方杂志社融媒体骨干人才培育工程方案》，制定出台《协议薪

酬考核办法》，这是适用于“南方主笔”“南方融媒菁英”和“南方融媒俊才”以及个别试点人员的浮动的协议年薪制度。通过制度的制定和完善，进一步完善考核和激励细则，有效地引导采编部门的生产力向网络平台和智库产品转移，优化杂志社采编经营业务结构及收入结构，实现原有架构、机制、流程的再造，提升人力资源效能等，以精品内容推动媒体融合，推进党刊话语平台创新，提高产品在新媒体领域的传播力、影响力，通过建设新产品、拓展新业务、发展新媒体来构建新模式、培育新生态，助力杂志社构建多元、立体的传播格局。

三、激发人才活力，打造新闻舆论“南方铁军”

媒体竞争关键是人才竞争，媒体优势核心是人才优势。习近平总书记一直高度重视媒体融合战略推进过程中的人才培养，强调要不断增强脚力、眼力、脑力、笔力，努力打造一支政治过硬、本领高强、求实创新、能打胜仗的宣传思想工作队伍。杂志社以制度建设为抓手，积极推进人才梯队建设，培养高素质党刊人才干部队伍，出台《增强“四力”教育实践工作培训方案》，开展系列专题学习讲座和研讨会，召开杂志社创新人才培养与创新发展座谈会，切实提升采编人员增强“四力”的思想自觉和行动自觉；启动融媒体骨干人才遴选工作，评选出若干名“南方融媒菁英”“南方融媒俊才”等，以一批人带动一群人，不断提高杂志社适应媒体融合趋势的技术能力、产品制作能力和传播能力，打造新闻舆论的“南方铁军”。

杂志社历来重视人才培养，通过不断创新融合发展体制机制，充分给予松紧有度的思考空间，建立鼓励激励机制，培养了一支召之即来、来之能战、战之能胜的全媒体人才。近年来，杂志社大力整合现有资源，创新成立“思想烩工作室”“视界工作室”“融媒体中心”，指派杂志编委、南方名记牵头负责；借南方报业传媒集团启动“南方名记培育工程”的契机，打造“南方名记工作室”；扩大全媒体发展部，相继引入了新媒体产品策划人才、新媒体设计和音视频制作人才等媒体融合发展比较紧缺的人才，在广东省级媒体中率先搭建党建视频专业制作团队，形成了在内容生产、产品策划，技术开发及系统维护，新媒体设计和音视频制作等方面比较全面化、专业化的复合型人才队伍，建立了专业的新媒体采编、技术、运营团队。在生产、协作、传播等流程中，这些融合型团队强化了部门协同联动，破除人员“分灶吃饭”弊端，通过有效分工合作，实现新闻“一体采集、多元传播”格局。作为2022年“提升党刊综合传播力”专题研讨会的成果之一，杂志社又以“揭榜挂帅”制推动一批年轻采编人员试水打造个性化新媒体产品，重点打造了《杨阿洋快评》《梦享时分》《党知部》《粤讲粤有李（粤语）》《漫评广东》等系列新媒体品牌，孵化新媒体轻骑兵，积极创新党刊报道的创新话语体系。这一系列人才培养政策，不仅激活了人才活力，充分提高队伍的凝聚力、创造力和战斗力，更为党刊深度融合、全面转型提供了坚实保障，为杂志社高质量融合发展不断注入动力。

（李拉系南方杂志社办公室主任助理）

以考核“指挥棒”护航党刊高质量发展

蔡惠珍

如果说提升内容品质进而提升竞争力是媒体永恒的课题，那么作为其保障手段之一的采编考核机制，则是一个与之相伴并需要不断迭代升级的议题。

自2003年创刊以来，南方杂志社一直致力于探索新型党刊的办刊规律与路径，并充分运用改革创新的思维、办法和手段破难题、促发展，在关键时刻、重要节点上，相继推出各个版本的采编绩效考核制度，充分发挥考核“指挥棒”作用，激发出巨大的融媒生产能力，培养和造就了一大批优秀采编人才，推出诸多的见证广东改革开放凯歌行进，见证广东在现代化新征程中走在全国前列、创造新的辉煌的名篇佳作，并推动采编领域改革攻坚突破，护航党刊高质量发展。

一、将薪酬与绩效挂钩，较早建立以能力、质量和贡献为导向的采编绩效考核制度

难点1：在文化体制改革逐步深化的框架下，如何激活党刊“第一资源”？

本世纪之初，随着市场经济发展、文化体制改革深化和文化政策逐步放开，各类媒体之间的竞争尤其是新闻产品质量的竞争日益激烈。人才是办好党刊的“第一资源”。有无一套科学规范、公平合理、导向明确的采编绩效考核制度及其能否有效运转，不仅关系到党刊采编人员的积极性和创造性能否充分发挥，更关系到党刊内容品质和核心竞争力能否获得优势、能否保持强势。

早在2005年，南方杂志社就开始对采编人员新型绩效考核展开探索，出台《内部管理制度及考核办法（暂行）》，以计分办法，量化考核采编各岗位绩效。在其后运行过程中，这套考核办法历经多次修订、充实，2008年5月，《南方杂志社采编人员绩效考核办法》（第一版）正式出台，杂志社首次对采编人员实施绩效考核制度。这一绩效管理制度配合杂志从月刊调整为半月刊的改版，围绕精心经营深度报道拳头产品这一中心环节，强调“编辑、记者各有专攻”，培养造就了大批独当一面的编辑记者人才，催生了《取经新加坡》《守望汶川》《改革开放30年》等一大批指导性、权威性和可读性并重的优秀作品，唱响了主流舆论的南方声音。

难点2：在刊期逐步缩短、品质要求提高的背景下，如何营造采编队伍创优争先的良好氛围？

从新闻产品生产到传播的过程看，新闻生产内部流程需经历两个把关步骤：一是在新闻传播前，经过“三审三校”流程的“前把关”；二是在新闻传播后，实施绩效考评机制的“后把关”。“后把关”并非完全是被动的事后

把关，它实际成为对下一阶段采编活动的“事前”导向。2010年以前，《南方》杂志的“后把关”一直处于较弱的状态。

为进一步提高《南方》杂志办刊质量，增强新闻报道的亲和力、吸引力、感染力和传播力，2010年5月，《南方》杂志实施新一轮改版。紧密配合此次改版的新思路、新要求，修订后的《南方杂志社采编人员绩效考核办法》（第二版）出台，突出奖优罚劣，一方面设置月度、季度、年度优秀作品奖，评选范围涵盖正刊稿件和版式以及《南方杂志·领导参阅》等项目；另一方面明确采写、编辑、排版和校对等各出版环节的扣罚细则。这些考核措施侧重对新闻成品的“现实价值”进行认定，其结果能促使采编人员不断修正对报道价值的认识并指导下次的采编行动，由此也使得绩效考核间接具有了“后把关”的导向作用。2012年，《南方杂志社采编人员绩效考核办法》以及相关的内部出版流程制度，得到广东省委宣传部的高度评价，并作为全省时政类期刊采编业务的示范性文件下发全省参照实施。

二、初步建立一套适应新的媒体格局、舆论生态和文化业态，有利于推动杂志社高质量发展的新型采编绩效考核制度

难点1：如何发挥采编考核“风向标”作用，推动传统媒体与新媒体融合发展？

在进入第二个十年之初，《南方》杂志面临着新的形势、困难和挑战：新兴媒体的发展一日千里，纸质媒体的影响力不断向互联网新兴媒体让渡；刊网融合发展初期，党刊内容的强势一时难以在互联网上复制。

2014年，南方杂志社确定了“打造一份有思想、有温度、有功用、有综合传播力和可持续发展能力的新型党刊”的“四有”发展思路。随着南方杂志

微信公众号正式上线和一大批新媒体精品的崭露头角，以传统媒体思维为底层逻辑的考核制度已严重不适应媒体融合转型发展的需求。2015年5月，《南方杂志社采编人员绩效考核办法》(第三版）出台，通过在重点选题报送环节引入竞争机制，新增对理论季刊和理论栏目、新媒体平台的绩效评价，全面调动采编人员的工作积极性，不断强化互联网思维和一体化发展理念，保障杂志社融合工作持续健康推进。

难点2：如何处理好考核指标和综合传播力之间的关系，推动主力军进入主战场?

在杂志社“四有”发展思路指引下，广东最专业的党建全媒体传播平台已初具规模，党建智库智慧转型初显成效，《南方》杂志将党的声音传播得比过去更远更广。原有的采编绩效考核制度在实施过程中逐渐显现出在推动全链条供给、综合传播力提升方面动力不足的问题。

为全面调动采编人员“深度融合、智慧转型”工作积极性，着力推动纸媒生产力向跨媒体跨平台生产力的转变，2018年8月，《南方杂志社采编人员绩效考核办法》(第四版）出台，细化了网络媒体原创产品的阅读量考核指标，增设“南方名记者”培育工程和南方党建智库考核细则。该版考核办法旨在树立“刊微网端并重”的考评理念，对使用5G应用、视频、VR等新媒体技术的产品加大奖励力度，充分体现绩效考核制度在推动主力军进入媒体融合主战场的“指挥棒”作用。

难点3：媒体融合进入深水区之后，如何协调成本控制与战略目标之间的关系?

多年来，南方杂志社在建立以岗位职责和岗位价值为激励导向的采编考核体系上进行了深入探索，并取得较好成效。然而，在不断发展实践中，大多数考核措施以激励为导向并逐年叠加，忽略了成本总量控制；“版面和页面之外”的工作绩效未纳入采编考核制度内……原有的采编考核制度越来越呈现出深层次和关键性的问题。

2023年7月，在全面分析现行采编考核制度的成效和不足的基础上，按照融媒体时代全媒体采编工作的规律和特点，《南方杂志社采编人员绩效考核办法》（第五版）出台。此次修订的积极意义在于强化了以移动优先为导向的全媒体融合传播以及影响力评价指标，全平台推行业务绩效动态计分制，打破传统的版面、稿酬计件工资制度，构建科学运转、适度调控、赏罚分明的全链条考核体系，在提质增效控成本的基础上推动杂志社各项事业高质量发展。

三、基于自身实践的经验与思考

采编绩效考核制度改革是一场“牵一发而动全身”的关键工程。虽然在创刊20年的历程中，南方杂志社已有了较为丰富的实践经验和深刻的认识理解，但真要做到与时俱进、科学规范、公平合理、奖惩分明，建立融媒体一体化发展且适应融合生产传播规律的采编考核评价机制，绝非易事。在推进采编绩效考核制度改革的历程中，南方杂志社充分利用改革创新的思维、办法和手段破难题、促发展，形成了一些基于自身实践的经验与思考。

一是与媒体融合发展同声相应。党刊融合发展到了现阶段，不是愿不愿意、应不应该，而是形势所迫、大势所趋、生存所需，是一场不容回避的自我革命。采编绩效考核制度要敢于突进深水区，敢于啃硬骨头，发挥“指挥棒”作用，力促党刊在媒体融合重要领域和关键环节的改革攻坚突破，发挥体制机制的合力优势。

二是与党刊改革实践同频共振。不管舆论生态、传播方式如何变化，“内容为王”始终不过时。党刊要始终把全面深化改革作为推进高质量发展的根本动力，要在把稳“内容品质”舵盘和大力建设全媒体传播体系的同时，构建精细化高效能的采编绩效考核制度，为党刊高质量发展保驾护航。

三是与人才队伍建设同向而行。媒体竞争的关键是人才竞争，媒体优势核心是人才优势。培养党和人民放心的党刊人才队伍的重点是要加强对采编人员的绩效考核管理，通过约束与激励“双轮驱动”，深层次推动人才转型升级，从而为建设有思想、有温度、有功用、有综合传播力和可持续发展能力的“四有”新型党刊奠定坚实的人才基础。

《关注》栏目是怎样炼成的

赵媚夏

“我选‘潮涌珠江　文化岭南’。10月7日—8日全国宣传思想文化工作会议在北京召开，全面深入贯彻落实习近平文化思想成为省委省政府的重点工作。”“我选‘绿美广东新画卷’。广东生态文明建设全国瞩目。”“我选‘南国风起　铸就文化新辉煌’。这个选题对学习贯彻落实全国宣传思想文化工作会议和探索文化自信的广东路径的策划很到位。”“我选‘把功夫下在解决实际问题上——我的主题教育工作笔记’。主题教育是我们读者受众关注的焦点。”……

这是2023年10月11日，在南方杂志社14楼会议室召开的“融媒体选题策划会”上的投票一幕，气氛热烈、场面活跃！每逢出版周的星期三，这样精彩激烈的会议和投票就会进行一次。先由时政、经济、社文、党建、机动等采编部门负责人分别推介各自部门策划的《关注》栏目的选题，再由全体编辑记者投票，总编辑、副总编辑和编委评议，通过民主投票和集中审议，再将胜出的选题交由社长审定通过，至此，集中全杂志社采编人员智慧的本期《关注》选题诞生了！

竞争机制：集全杂志社智慧头脑风暴

2007年1月，《南方》杂志改版为半月刊。随着此次改版，《南方关注》栏目正式与读者见面。彼时杂志社尚未成立具体的采编部门，由当时的专题组负责策划每期的选题，选题通过后，组织相关领域的采编骨干人员执行落实。

2008年6月，随着南方杂志社各个采编部门负责人的正式就位，《南方关注》的选题逐渐转变为由时政、经济、社文和党建4个部门轮流值班制，每期由轮值部门不限领域策划多个选题，均为围绕中央和省委省政府的中心工作，以及读者受众最关注的话题。这些策划方案在杂志社选题会上进行充分讨论和投票，最终由社领导确认最终的执行方案，并在执行中根据实际情况进行动态调整。

2010年5月，《南方》杂志再次改版，为强化品牌意识，突出《南方》杂志的现代感，在栏目设置上与国内外时政大刊接轨，此次改版将《南方关注》栏目的名字改为《关注》，突出内容为王，强调“顶天”“立地”“大视野”。

2015年5月，南方杂志社落实在战略研讨会和发展研讨会上的成果，遵循“有思想、有温度、有功用、有综合传播力和有可持续发展能力”的路径，推行综合改革。《关注》虽然仍是杂志的核心栏目，但是轮值制已不适应《南方》杂志高速发展的步伐，具体表现为：平衡有余而竞争不足，吃大锅饭的倾向比较明显，每期参与思考与报送《关注》选题的只有轮值部门的采编人员，由于单个部门的力量和视野都有局限，可供选择讨论的《关注》选题不太丰富。各个采编部门轮流负责的模式，不利于调动全体采编人员的智慧来一起思考、策划《关注》选题，不利于进一步扩大《关注》选题的选择面，不利于提升选题的质量。此外，单个部门的人力去执行《关注》选题有时也显得力不从心，稿件质量有待提升。

在综合征求全社采编人员意见的基础上，杂志社领导经过慎重思考和深入研究，决定跳出舒适区，自我革命、再造流程、臻于至善。具体做法为：打破《关注》栏目轮值制，改为竞争制，发动全员参与，要求每个采编部门在选题会上结合该部门负责领域，策划申报多个选题，由全体采编人员经过充分讨论和投票后，再由社领导审议确定最终执行的选题。这一改革调整了原有的《关注》栏目生产机制和运作机制，极大地挖掘了采编人员的潜能，解放了采编人员的生产力，激发了采编人员的创造力，一大批有影响力的重大报道持续诞生，《关注》栏目从此开始了更高质量的跨越式发展。

联合团队：骨干采编人员形成合力

在2023年10月11日召开的选题会上，时政部和社文部同时策划申报了关于全国宣传思想文化工作会议的《关注》选题，经过投票和审议，这期《关注》将由时政部和社文部组成虚拟团队，再次联合策划、共同执行。

像这样重大选题由多个部门组成联合团队共同策划、共同落实，自2015年改革以来，已经成为《关注》栏目的运作常态。竞争成功《关注》选题的一个或多个部门，可以安排本部门采编人员或者邀请其他部门采编人员参与采写，人数不限。联合团队的机制设置，以最小的成本保障了最专业的人做最专业的事，使得骨干采编人员在《关注》栏目形成最大合力，一系列高质量作品磅礴迸发。

2019年，南方杂志社将“庆祝新中国成立70周年”主题宣传作为采编工作的主线和重中之重。多个采编部门合作策划落实，在各个重要阶段推出《红色走读 初心逐梦》《革命到底，永葆初心》《初心答卷70年》等《关注》报道和特刊，以“红色初心”为主线脉络，在融会贯通中把习近平总书记的重要讲话精神宣传引向深入，发出新时代改革开放前沿爱国爱党的强音。该系列主题宣传报道得到广东省委宣传部的充分肯定，获得“支持省内重点期刊开展主题宣传活动经费补贴”，并入选中宣部“庆祝新中国成立70周年”期刊主题宣传引导资助项目，为广东省2019年唯一入选选题。

2022年10月9日出版的第20、21期合刊《南方》杂志，由时政部策划，全体采编人员共同执行，重磅推出多达200页的“喜迎中国共产党第二十次全国代表大会胜利召开”专题策划《跨越历史向复兴》，展现“非凡十年”广东牢记嘱托、感恩奋进的生动故事和跨越发展，全力为读者打造一期具有极强的思想、理论和史料收藏价值的杂志。合刊中的重要报道和文章全网推送，得到中央网信办、广东省委宣传部、广东省委党校等单位的广泛热议和好评。其中开卷社论《向着伟大复兴阔步前进》获中央网信办高度评价，并安排海外网（《人民日报》海外版官网）、光明网、环球网、环球时报客户端等80余家主流平台全网推送，总阅读量超过1000万。

深度采编：扎实采访与鲜活文本融合

《关注》是《南方》杂志投入最多人力、物力、时间和精力深度耕耘的栏目。从出版周期来看，《关注》比其他常规栏目提前1—2月即开始采访，编辑也有相对充足的时间打磨稿件、精选配图和设计版面；从栏目版面来看，《关注》常常根据报道主题灵活配备版面，在重大主题报道中打破常规页数限制，有时会把《关注》策划拓展为一整本杂志，扎实的采访和鲜活的文本相融合，把重大选题做深、做透、做出可读性、做出温度，打造出一个个历久弥新的精品报道。

2021年是建党百年重大时间节点，南方杂志社牢牢把握“党的盛典、人民的节日”这一主要基调定位，创新实现建党百年、党史学习教育等重大主题宣传立体化呈现，立意高远、生动鲜活讲好百年大党故事，在《关注》栏目推出多个精品策划。

2021年第1期《南方》杂志打造了《初心百年耀征程》整本《关注》策划，并将“初心百年耀征程”作为贯穿全年的重点专栏。以七一重要节点为契机，依托《关注》栏目的生产机制和运作机制，先后推出两本建党百年百版特刊，《百年奋斗恰风华》再现、深读中国共产党人百年精神谱系，书写中国共产党百年奋斗的南粤印记；《伟大复兴启新程》突出做好习近平总书记在庆祝中国共产党成立100周年大会上重要讲话精神的宣传阐释和贯彻落实。百版双特刊得到广东省委宣传部、广东省委党史研究室、广东省委党史学习教育巡回指导组等单位高度评价，《广东省开展党史学习教育情况简报》《中国新闻出版广电报》给予了突出报道。

2021年11月16日出版的第22期《南方》杂志，在《关注》栏目推出重磅策划《知所来　识所在　明所往——学习贯彻党的十九届六中全会精神读本》，紧扣党的十九届六中全会的重要精神、历史意义、重要成果，深入宣传阐释习近平总书记在全会上的重要讲话精神和全会精神，深入宣传总结党的百年奋斗重大成就和历史经验的重大意义。系列理论评论文章全部在学习强国学习平台、人民日报客户端等主流平台同步推送，全网阅读量超120万，获省委宣传部《广东新闻阅评》表扬，得到省委党校、省内重点高校等单位和广大读者的高度评价，成为省委党校主体班学习六中全会精神的案头读本。

《关注》栏目还通过聚焦时事热点、回应社会关切，将采编重点放在读者受众的生产和生活上，以党刊的思想力度和报道深度书写媒体的温度。2020年新冠疫情发生后，南方杂志社迅速调整宣传工作重心，推出六辑《战疫进行时》《关注》策划，为统筹推进疫情防控和经济社会发展提供了舆论支撑，获得省委宣传部《广东新闻阅评》两次专题表扬。

2021年第18期杂志的《关注》栏目，由财经部策划执行，推出《湾区大未来——两个合作区建设进行曲》系列报道，同时获得2022年中国新闻奖二等奖和第四届中宣部“期刊主题宣传好文章”。

筚路蓝缕硕果盈枝，继往开来玉汝于成。岁月如歌，一代代《南方》杂志人践行“四力”，用辛勤耕耘、用智慧浇灌，《关注》栏目千锤百炼锻造成钢。

（赵媚夏系南方杂志社机动部主任）

守正创新　多元开拓

——以南方党建智库为圆心的全维度运营

陈作成　桂梅

近年来，南方杂志社围绕南方党建智库建设，紧抓“党建传播”、用好“党建研究”，做强做优做大做全“党建服务”，延伸相关产能转化链条，形成了南方杂志社和南方党建智库运营“你中有我，我中有你”的新格局，同步迈向“你就是我，我就是你”的跨越式发展新局面。20年间，《南方》杂志逐步建设成为“有思想、有温度、有功用、有综合传播力和可持续发展能力”的“四有”智慧型党刊；近6年，南方党建智库汇聚创新力量，加持高质量发展，成为《南方》杂志党刊守正创新样本的重要孵化器和助推器。

2015年后，中央多次提出加强建设“中国特色新型智库”。在时代感召下，经过充分积累和沉淀的南方杂志社，迈出了建设智库的实质性步伐。从2017年起，南方报业传媒集团将打造“南方党建智库”纳入重要工作议程，并确定由南方杂志社牵头整合集团优势资源，重点建设该项目。南方党建智库是全国党刊系统首个媒体类党建智库，入选“广东省党建智库”，同时成为南方杂志社探索“南方特色”智慧转型的关键抓手。

南方党建智库应运而生，因势而动。它在中国特色社会主义建设浪潮中逐渐成长和发展起来，从传统媒体转型成结构多元化、知识集成型、思想竞争型和社会传播型的新型智库，成为南方一股新锐有力、守正创新的力量，为各级政企的党建工作注入活力，同时也为传统媒体新融合的创新实验开拓了市场之路。以下将从5个“力”简析南方杂志社以南方党建智库为发展圆心的全维度运营思路和建设过程。

一、影响力：以党建研究成果为本，开拓智库思想市场

《南方》杂志创刊以来，聚焦党建研究，聚合党建人才，深挖党建内容，力求在社会发展的不同时期，做出具有前瞻性的党建研究成果，不断积累，勇于探索，结合自身作为媒体机构的优势，形成了自身独一无二的党建研究内容库。内容是媒体的第一生产力，内容也是《南方》杂志的长项，内容更是形成南方党建智库的根本所在——通过研究成果、人才资源、传播资源、渠道资源的不断累积，形成具有国际化视野、城市化主张、地方性优势的现代媒介智库。从基层党建服务到具有综合竞争力的社会发展探索，南方党建智库以思想沉淀内容，以智慧迭代传播，以服务开拓市场。

结合智库资源，《南方》杂志在传播思想、突破市场上形成了一套自己的想法，并通过实践形成自己的特有做法。

2021年是中国共产党成立100周年，《南方》杂志坚守党刊责任，提前谋划，在7月1日前后出版《百年奋斗恰风华》《伟大复兴启新程》两期百版专刊。在党的二十大召开之际，以“喜迎二十大”为主基调，发挥省委机关刊资

源优势、渠道优势，以全面梳理广东5年、10年工作为脉络，利用现有智库、调研及正刊版面，重点打造厚刊读本——《跨越历史向复兴》，同步实现全媒体二次传播，取得显著成效。厚刊特刊，充分发挥和提升了《南方》杂志的影响力，同时有效实现智库生产与传播高效合一。

用智库的内容生产力开拓思想市场，产生的内容成果又可丰富智库资源，提高智库在思想市场的竞争力，形成良性循环。南方党建智库拥有优质发行渠道、核心采编优势、理论研究能力、高端品牌影响和丰厚人才储备，如何将这些核心优势，有机有效转化为价值，是我们将继续探索研究的方向。未来，我们还将进一步盘活党建智库积累的丰富的知识储备，进一步打磨党建智库的内容生产水准，利用强大影响力开拓思想市场。

二、传播力：全媒体融合，以媒体手段推进智库纵深发展

在多元媒介时代，传统媒体与新媒体深度融合发展是大势所趋。智库除了不断积累，保持研究的丰富性和多元化，还应对社会的发展及时响应，以适应时代快速发展的需求。南方党建智库在数字化发展中，不断探索线上线下融合发展，建立大数据资源，加快智能化进程。以务实的态度应对信息化时代带来的冲击，以创新的姿态拥抱大数据时代带来的机遇。

经多年打造，南方杂志党建智库构建了广东最大型的党建全媒体传播平台，除了党刊《南方》杂志，还逐步把南方杂志微信公众号、南方+党建频道、观点频道等新媒体端、号叠加运营，开发出智库研究报告、视频拍摄制作、党建创新案例活动、展馆展陈服务等多种形态多种服务的延伸产业链。南方党建智库已成为集刊、微、端、展、库、院等全链条产业于一体的融合传播和生产平台。传统版面营销模式，逐步提升并已基本形成“1＋X”模式。我

们的经营人员（包括对外介绍推广的其他同事）都全面了解我们拥有和将要拥有的产品形态、模式，打造集客户服务、产品营销于“1”的运营模式，实现多平台互通，深挖经营模式创新。

传播力是党刊的核心竞争力，媒体规模、覆盖能力和传播效力，也是媒体最根本的能力。依托《南方》杂志建立起来的南方党建智库平台，比起一般智库机构，传播力更强大，这也令我们在市场中占据优势。

三、生产力：主动打造智库多元化产品和个性化产品，解决市场供需问题

做强做大主业，始终是媒体生存之基。南方杂志社整合集团内外资源，提出打造党建新媒体思路，全力建设“广东最专业的党建全媒体传播平台”，承办南方+观点频道、党建频道，积极与学习强国、《求是》杂志、人民网等央媒以及今日头条、网易新闻等合作，立体构筑传统媒体与新兴媒体相互融合、线上与线下互相促进的党建全媒体平台。近年来，还新推出《杨阿洋快评》《党知部》《梦享时分》等多个视频类栏目产品。生产能力不断提升，各类产品线日渐丰富，既做好了主业，又为智库服务积累了源源不断的经验和动力。

与此同时，南方党建智库针对用户需求，还推出了一批出版、文化、视频、空间等个性化、定制化的党建服务和产品，成为传统党刊转型的新抓手和新增长点。在现有党建服务品牌和项目基础上，把运营深度做厚，把服务内容做广，扩大党建服务的覆盖范围。

党建品牌活动也深受好评。“广东基层党建创新案例遴选活动”至2023年已成功举办三届，有力推动党建基地建设，充分凝聚地方党政、国企事业单位等力量，在省内成为屈指可数的具有影响力的党建品牌活动，其通过调研、

走访、遴选等多种形式，发掘出既有教育意义又有能量转化的成果。

编辑出版系列专刊、口袋书、专著等不同形式的出版物；提供红色文化展陈创意、文案与设计服务；高质量策划、拍摄、制作党建类综合类视频；围绕各地各单位难点、热点、焦点撰写深度调研报告……日渐丰富的产品线，不仅成为南方杂志社转型的新抓手，也成为业务新增长点，逐渐改变了高度依赖发行的被动局面，实现社会效益、经济效益双丰收。针对性瞄准客户需求，着力解决市场供需，也是近年来南方党建智库运营逐年向好的秘密武器。

四、服务力：提高营销经验，全方位借力智库多轮驱动

南方党建智库在多年发展中，不断加强党刊引领舆论的能力和服务大局、服务用户、服务市场的实力，立足广东，放眼全国，为各行各业各地区党建需求提供全方位的个性化、定制化服务。

通过梳理盘点自身能力和特长，南方党建智库按照传播、培训、数据、策划、研究、咨询、合作等七大服务类型，制定了19项党建服务目录。

一是以基层党建研究基地共建、专家观察团等为代表的“党建观察”类；二是以全国暨广东基层党建创新案例遴选、广东区域竞争力报告等第三方评估评选活动为代表的“党建评估”类；三是以党建视频拍摄制作、党建动漫制作、红色文化视觉设计等为代表的“党建视觉”类（如南方杂志社原创开发、制作的总共15集《党的组织生活制度》系列动漫学堂，被省委组织部作为我省党员教育重点视频，推荐报送中组部）；四是以党建空间、基层党群中心、党建展陈策划设计提升等为代表的“党建展示”类；五是以全国党刊红色教育基地、党建培训、舆情培训等为代表的“党建培训”类；六是以南方党建智库系列特刊、红色文化主题出版物、口袋书等为代表的“党建出版”类；七是以

南方党建智慧云平台、政务数据应用、党建新媒体矩阵建设为代表的“党建数据”类。

各项智库类策划、服务、产品都聚焦特定的服务领域和服务对象，充分创新服务模式，增强服务能力，提供高质量、特色化、多维度的智慧服务，让智慧转型创造价值，实现多轮驱动。

五、发展力：完善智库经营管理模式和机制，打造运营上扬曲线

从传播、研究向智慧服务的延伸，必然要求建立起相适应的组织架构和机制。为了进一步提升智库建设的专业性和智库研究的深度、精度，南方杂志社根据媒体型智库的发展需要，不断优化体制机制，创新设立融媒体中心、党建研究院、党建智库秘书处、党建智库服务团队等功能性团队，分别对应党建传播、党建研究、党建服务三大任务，并通过秘书处加强集团内外资源整合协调力度，推进各智库服务项目团队生产管理标准化、规范化。

同时，通过人才资源整合、组织结构优化和流程再造，推动智慧化融合转型，构建智慧产业生态圈，从而不断增强发展能力，提高发展水平。

通过立体式的组织架构的升级和改造、研究能力的提升，南方党建智库构建了全方位的个性化、定制化党建服务与产品生产体系，媒体服务化转型升级水到渠成。

以南方党建智库为运营圆心，夯实《南方》杂志正刊传统媒体版面基础，充分调动以机制、人员为基础的圆弧状服务体系，发挥深度、高度、温度等《南方》杂志党刊优势，形成拳头式组合力量，《南方》杂志运营总量逐年稳步上升，运营上扬曲线逐步形成。

未来，我们会坚守省委党刊职责使命，同时尊重智力产品的市场属性，积极拓展新的业务、新的区域市场，特别是开辟企业市场，以市场促转型，推动智库专业服务的发展。遵循智库建设规律，遵循思想市场的发展规律，深化智库建设实践，为党刊可持续发展寻找更多更好的可能性。20年，我们始终坚守再出发。

（陈作成系南方杂志社策划中心主任；
桂梅系南方杂志社策划中心主任助理）

第七章

党刊担当

运笔走中锋　新闻应载道

——《南方》杂志“笔从溪碧来”系列报道的若干启示

蒋玉

现代传媒发展至今，行业规模及其对社会的影响都达到了前所未有的高度，蔚为大观。人人可发声的时代，引爆了几何量级的新闻矩阵。在这样的背景之下，以往以行业赋权为特征的主流媒体的核心竞争力在哪里？无数具有深厚理论功底的专家、学者认真研究传播规律，给出了一系列答案。此外，真正的答案也必须在新闻的实践中去产生、去总结。在广东省委机关刊物《南方》杂志独家策划报道的“笔从溪碧来”系列报道中，新闻策划能力在整个报道过程中发挥了巨大的作用。

一、笔走中锋的成功新闻策划

“笔从溪碧来”系列报道从2019年年中开始操作，一直持续至今，以党媒姓党的使命感，运笔走中锋。从最初的挖掘和讲述周总理“金笔”的故事，到关注溪碧村革命后人的生活改善，再到关注老区苏区振兴，如今“金笔”又真真切切地撬动了陆丰老区的乡村振兴。这一过程中，“笔从溪碧来”系列报道也获得了来自共振的热烈反馈：2019年至今，溪碧“金笔”的故事获得广泛关注和好评，“金笔”故事被《新快报》《汕尾日报》等多家媒体跟进报道；2020年，报道获得广东新闻奖三等奖；2021年，溪碧村“金笔”故事入选2021年广东新闻战线“好记者讲好故事”演讲大赛的12个入围故事之一。

著名新闻理论家、《人民日报》原副总编辑梁衡曾说：“稿件的生命力主要在于它的政治生命力。”他指出，记者观察社会，先要认清和跟上社会发展的主流，然后围绕这个时代的主流去捕捉一个典型的事件，唯其如此，其内涵才有足够的分量，其思想才能够得到较长期的释放。所谓政治家办报，就是从全局的、历史的、本质的角度来报道新闻、分析形势、引导舆论。作为一名记者，只有抓到一件能够影响全社会、影响最大多数受众，甚至影响历史的稿件，才算是写出了最有生命力的稿件。许多新闻前辈所说的“新闻从业者需要把握时代脉搏”，也多少包含这样的意思。在新闻快餐、阅后即废的当下，“笔从溪碧来”系列报道的常讲常新、高潮迭起，事实上取决于其“笔走中锋”的新闻策划思路，以及由之产生的与党和人民同频、与时代共振的特质。

二、践行初心使命，厚植人民情怀

新闻是一种实践的学问。一个新闻作品或者新闻策划的成功与否，是一个复杂系统里多种因素交织作用的结果。内部因素有稿件质量、体裁选择、标题设计甚至字数多寡等；外部因素则包括时机、时效、舆论环境等。进入新媒体时代，影响因素就更多了，小到图片位置、发布时间、字体颜色，大到时度效、短新实。但在这些看似复杂的因素背后，始终有更深层的、更深刻的“核心因素”在起作用。在“笔从溪碧来”系列报道案例里，这一核心因素是践行初心使命。

“笔从溪碧来”系列报道的核心关注点经历了从“一支笔”到“一颗初心”，再到“一个老区村的振兴”的转变。新闻故事跨度时间长、牵扯面广，有历史的纵深感和厚重感，给新闻策划留下了较大的空间。在两年多的系列报道过程中，“笔从溪碧来”报道方向不断进行微调，报道内容高潮迭起，与时俱进，切中时事，虽然时间跨度很长，却丝毫没有炒冷饭之感。这来源于强有力的新闻策划，具体体现在以下五点：

第一，以高度的新闻敏感和强烈的策划意识，巧设悬念，独家呈现具有冲击力的“金笔”故事。“笔从溪碧来”系列报道来源于2019年浮出水面的“金笔”的前世今生。2019年7月30日，《南方》杂志微信公众号连续推出《姐夫赠笔竟是周总理用过的红色文物？》《溪碧村红色往事之真与“总理金笔”之惑》《关勒铭的英雄身世与南方情缘》3篇深度报道，巧妙地设置悬念，揭秘了一段不为人知的历史。1927年南昌起义后，起义军南下广东时，周恩来同志的贴身用笔因他在广东省陆丰市桥冲镇溪碧村养病而作为礼物留在了小山村并一直被珍藏。2019年8月9日，《南方》杂志同步推出10个版的“笔从溪碧来”特别策划，重构3篇深度报道，并以《初心叩问：“金笔”的现身与不了之情》述评作为结尾，引出广东“如何充分挖掘老区苏区振兴发展的潜力和后劲”之问。同年8月12日，《南方日报》再次刊出整版报道《笔从溪碧来》，更为浓缩和紧凑地报道了这个红色故事。2019年至今，《南方》杂志继续跟进和挖掘溪碧村的故事，对流淌红色血脉的溪碧村谋发展、促振兴的系列故事进行系列跟踪报道，推出了《这个中秋有点暖！“笔从溪碧来”报道推出一个月后，村里发生了这些事》《溪碧村被“金笔”撬动的100

天》《不忘初心，先要不忘群众疾苦——溪碧“金笔”故事的新进展和随想》《“金笔”闪耀，溪碧迎春——周总理诞辰日的不寻常调研》等。

第二，打磨立意，提升思想内涵。“笔从溪碧来”系列报道结合“不忘初心、牢记使命”主题教育、党史学习教育等进行新闻谋划，立意深远，跳出一般故事性调查报道的方式，突出中国共产党人坚守共产主义理想和信念的时代特征，站位高、立意深、时代性强。“什么时候真正把红色故事、红色资源保护开发利用起来，让村里百姓过上好日子？”“如何振兴老区苏区？如何充分挖掘老区苏区振兴发展的潜力和后劲？”本系列报道既有历史纵深，又把握时代脉搏；既有理论深度，又有实践思考，为激活主旋律营造良好的舆论环境，凝聚正能量。

第三，锤炼“四力”，挖掘红色故事，在浩如烟海的百年红色历史里，围绕红色基因、初心血脉有侧重地及时调整和推进新闻挖掘方向。“笔从溪碧来”系列报道，《南方》杂志报道团队历时一月有余，深入广州、上海、海丰、陆丰多地展开调查和探寻，走访了溪碧村陈金松家，广州、汕尾多处红色故事发生地，拜访多地党史部门、党史专家，采访广东省委党史研究室、广东省博物馆、广东省文物鉴定部门和上海英雄集团、“金笔”收藏家等机构和人员，弄清相关细节。报道中许多打动人心的红色细节，并不是偶然获得，而是通过细微线索深入挖掘得到的。例如，关勒铭厂的红色渊源与刘晓其人的革命活动等细节，便是在对相关党史中的细微线索进行专门的深入采访挖掘后得到的。这些细节增加了采访的厚度，达到了“携梅而来，却见梅林十里”的独特效果，进一步深化了报道主题。后续报道中，采访团队两年内七次来到溪碧村，在脱贫攻坚和乡村振兴的背景下进行采访和写作，跟进相关新闻线索的挖掘和报道。扎实的采访、丰富的素材，以及精心谋划的报道方向，为高质量的新闻呈现打下了良好基础。报道与读者见面后，许多读者发来大段读后感言，可见其感染力。

第四，融媒传播，借助南方报业传媒集团内外的新媒体平台矩阵，综合利用“工具箱”里的视频、Vlog、述评等多种手段，打造综合传播力，谋求“同频共振”。“笔从溪碧来”系列报道通过跨媒体跨部门协作，创新立体化、全平台互动，力求激活主旋律的同频共振。整组报道跨越近百年历史，稿件笔触细腻，同时搭配推出寻访视频、漫画地图、悬念海报等新媒体产品，有故事、有悬念、有质感，烘托出共产党人初心与使命的百年传承。人民日报客户端、求是网、学习强国、南方+客户端、今日头条等新媒体平台迅速跟进转载，部分平台还进行了大图推荐和弹窗推送，全网阅读量超百万，读者热烈点赞。

第五，向党委政府相关部门建言献策，推动政府“办实事”，促进问题的发现和解决。《南方》杂志是广东省委机关刊，始终立足党刊定位，坚守党刊使命，坚持正确的舆论导向，围绕中心服务大局。在“笔从溪碧来”系列报道的采访当中，《南方》杂志发现当地烈士后人生活困难，溪碧村发展滞后，缺乏发展后劲后，通过报道、评论等多种形式对问题进行了不同程度的探讨。南方杂志社主要领导带队拜访原广东省扶贫办、广东省民政厅、广东省人社厅等单位，反映相关问题。原广东省扶贫办非常重视，多次深入溪碧村调研指导；广东省扶贫基金会向溪碧村捐款支持村内建设；汕尾市、陆丰市高度重视，配套资金，倾尽心力；中国当代雕塑名家蔡文星受“金笔”故事所感，设计创作《笔从溪碧来》雕塑，安放在村中新落成的小广场。溪碧“金笔流光”作为当地政府重点打造的一条景观示范带的重要节点，已成为当地振兴发展的抓手。

三、融媒时代党媒新闻策划的启示

在整体的新闻生产中，谋定而后动既是战略选择，也是区分作品高下的最大标志。新闻生产领域的谋划能力，即新闻策划力，日益显现出其本身的重要价值，成为媒体特别是主流媒体新闻生产中的核心竞争力。一方面，如果没有新闻策划能力发挥核心作用，许多新闻事件背后的价值会被淹没在普通信息的汪洋里，像溪碧“金笔”故事背后的“溪碧村姐夫的恩情”“关勒铭的红色血脉”等金子般的故事和人物，将一直在信息大潮的海底沉睡；另一方面，与及时更新海量信息的网络平台媒体相比，主流媒体在争夺舆论话语权的过程中，可以凭借在长期专业的新闻实践中所形成的强大新闻策划力，将新闻的深度价值最大化，争取受众，激活正能量。特别是在融媒时代，挖掘和发挥好这一核心竞争力，对主流媒体和党媒而言，至关重要。

（一）好的新闻策划，要能够与时代共振

新闻策划是融媒体时代主流媒体新闻生产的瞄准镜，新闻策划直接决定了报道的方向和质感。一个好的新闻策划，要能够与时代共振、与党和人民共振。这个共振一方面体现在新闻策划要能够把准时代脉搏，服务党和政府中心工作、服务大局；另一方面，作为省委党刊，报道团队除了须忠实地履行职业赋予的职责使命，还要积极践行身为党刊记者、共产党员的职责使命，用书写初心来擦亮自己的初心，说到底，就是要始终急群众之所急，想群众之所想，始终把人民群众放在最高位置。

（二）好的新闻策划，要常怀人民情怀

在“笔从溪碧来”系列报道持续近三年的采写报道过程中，除了身为党刊人的职责和新闻人的使命感，另一个推动采编团队闻鸡起舞、日夜兼程的暗线是强烈的想为老区人民发声的愿望和情怀。记者看到老区发展滞后，为之惋惜是自然而然产生的朴素情感。新时代的新闻宣传要呈现新气象，要有新作为，就必须以人民为中心，饱含对人民的深厚感情，急人民所急，帮人民所需，听人民所思，说出人民的心里话。民生连着民心，民心关系国运，关注民生、重

视民生、保障民生、改善民生，是党和政府的神圣职责和终极目标，也是以人民幸福为主要内容的“中国梦”的题中之义。好的新闻策划，如果没有这样的内涵和质感，将失去新闻报道最真挚和纯粹的情感共鸣，也就失去了党媒特有的温度。

最后，值得强调的是，文以载道，在融媒环境里上下求索的主流媒体更应该坚信马克思主义新闻观，以更多“运笔走中锋，新闻应载道”的精品策划，弘扬正能量，不负党媒使命。

玲珑情缘深　公益情怀浓

林若川

《南方》杂志和微信公众号的老读者们，一定对一个叫做“玲珑村”的村子不陌生。这个位于江门开平，有着好听名字的山村，过去曾是附近人们谈之色变的“麻风村”。2007年，《南方》杂志最早报道了“把家安在麻风村”的优秀党员董淑猛、徐娜夫妇，使他们扎根基层照顾麻风病康复老人的美好人生和美丽事业广为人知，感动了无数读者。从此，南方杂志社与玲珑村结下不解之缘。我们连续十多年报道回访，并策划各种爱心活动，为“麻风村”老人们提供各种帮助，以实际行动践行以人民为中心的发展思想，坚守党刊使命、提升南方价值。

“好人帮好人”

“麻风村”的故事要从16年前讲起。2007年9月，作为一名大学刚毕业不久的年轻记者，我接到一个人物报道采访任务，这是我第一次独立出差：到江门开平玲珑医院采访一对“把家安在麻风村的大学生”。

说是医院，其实就是一个小山村。当我按照地图好不容易找到开平蚬岗镇玲珑村，我的心里却打起了鼓。从山脚蜿蜒的泥土小路往上爬，走了四五公里居然没有人烟。然而一切的担忧和不安，却在我第一次见到董淑猛的刹那间烟消云散。董淑猛和我年龄相仿，长着一副让人看着就安心的娃娃脸，脸上总是挂着热情的笑容。采访中，董淑猛的真诚和乐观深深打动了我。

据董淑猛介绍，麻风病其实早已得到有效控制，再也不是可怕的疾病，如今的玲珑医院主要承担的责任是照顾这一批长住在这里的麻风病康复老人，更像一个养老院。他热情地带我认识和他一起留在“麻风村”的妻子徐娜，给我看他们在村里举办婚礼的照片集。采访中有一个细节令我印象深刻。当时我问董淑猛和徐娜打算在玲珑村待多久，他乐呵呵地回答：为了照顾村里的65位麻风病康复老人，自己和当地卫生局签订了长达15年的就业协议。董淑猛坚定地说：“5年入门、5年进步、5年发展，15年一点也不长，防治麻风病是一辈子的事业！”

从这天开始，我和董淑猛成了好朋友。董淑猛说，希望《南方》杂志的报道，能够让更多人了解麻风病、关注麻风病康复者。为了实现这个约定，南方杂志社也开启了与玲珑村的不解之缘。

2012年初，南方杂志社与广东省文明办推出“广东好人”系列报道，同时开辟《好人帮好人》栏目，回访并推荐董淑猛成为“广东好人”。随后，南方杂志社先后与相关政府部门和爱心企业合作，前往玲珑医院举办了三次“好人帮好人”捐赠活动，还有一位在英国的留学生通过网络看到报道，联系杂志社为老人捐赠了一把秦琴。

2014年1月，南方杂志社十周年社庆，董淑猛作为《南方》杂志“十年十人”的经典案例新闻人物，受邀参加《南方》杂志创刊十周年庆祝活动。巧合的是，就在我们社庆活动当天，玲珑村传来喜讯，董淑猛和徐娜的女儿辰辰正好在当天出生。尽管无法到活动现场，但董淑猛仍然发来语音为杂志社送来祝福和感谢。

十多年来，南方杂志社坚持通过各种方式持续关注玲珑村，春节、中秋总是号召杂志社员工捐赠慰问品，并将大山里的故事讲述给广大读者。

“好记者讲好故事”

党的十八大以来，中央高度重视传统媒体和新兴媒体融合发展。为贯彻落实中央要求，特别是习近平总书记系列重要讲话精神，南方杂志社持续推进党刊话语平台创新，以复合型新闻产品为抓手，加快媒体融合步伐。

2016年，我和当时的机动部记者李焱鑫，与董淑猛徐娜夫妇一起，为老人们实现了一件多年来的心愿。

由于历史原因，“麻风村”里多位相濡以沫的麻风病康复老人，一直没有实现登记结婚的愿望。2016年是董淑猛徐娜夫妇结婚十周年纪念，他们希望为三对相爱多年的老人圆梦。得知此事后，我与董淑猛通了好几次电话，商量通过媒体广泛发动社会力量，共同策划一场特殊的集体婚礼。

2016年4月20日，我和李焱鑫前往玲珑村，为三对高龄“新婚”麻风病康复夫妇拍摄婚纱照，独家全程记录三对老人登记领取结婚证的全过程。老人们登记这天，有一个感人的细节令我久久无法忘记。

那天一大早，我们开着车带几位老人到开平市民政局登记领证。由于行动不便，89岁的新娘冯金恨已经十多年没有走出玲珑村，村外的一切对她来说都是新的。一路上，老伴张桃烈不停地在冯金恨耳边轻声：这是抽水机房、这是医生宿舍，这里有个水库、这里有个大转弯……就这么一点一滴地给她介绍着。开车的董淑猛和坐车的我，流着眼泪听了一路。

回到广州后，我们以饱满的热情，采写制作《玲珑村的婚礼》系列融媒体报道，并通过南方杂志微信公众号向读者广发"喜帖"，邀请社会各界爱心人士助力"玲珑村的婚礼"。2016年5月21日，这场特殊的集体婚礼顺利举行，连续一个月的活动预热报道就此推向高潮。

在采写、摄制、编辑《玲珑村的婚礼》等系列融媒体报道过程中，南方杂志社跨部门抽调采编力量组成复合型报道团队，并通过有效分工合作，实现新闻产品"一体策划、一次采集、合力生成、多元传播"。

2017年起，南方杂志社发力党建新媒体，探索推出各类"主流网红"新媒体节目。作为"南方名记"培育对象的我，负责主创新媒体读书节目《读·书记》，邀请各级党组织书记朗诵名篇名段，畅谈读书和工作体会等。我想到的第一个邀请对象，就是已担任玲珑医院党支部书记、院长的董淑猛。邀请一发出，董淑猛欣然答应。当我和他商量选读什么作品时，董淑猛想都没想就说："就读去年你采写的《玲珑村的婚礼》吧！"董淑猛告诉我，时至今日，他再读这篇通讯作品时，心里仍然十分感动。

十多年来，玲珑村通过南方杂志全媒体的报道，多次"刷屏"朋友圈，带给读者们一次次感动和震撼。董淑猛、徐娜也通过努力得到了社会的广泛认可：董淑猛于2014年荣登中国好人榜，先后荣获"全国优秀共产党员"、全国"我最喜爱的健康卫士"、"广东省模范共产党员"等荣誉称号。徐娜先后获得"全国三八红旗手"、"全国麻风防治先进工作者"、广东省"三八红旗手”等荣誉称号。2016年，董淑猛家庭被评为首届全国文明家庭，他们用青春的本真执着地去书写和践行“十年如一日”。

正能量与大流量

作为省委党刊社，南方杂志社坚守党刊使命，为广大读者提供“有思想、有温度、有功用、有综合传播力”的新闻产品。对开平“麻风村”的十年跟踪报道和公益帮扶，正是我们践行马克思主义新闻观的最好答卷。

2016年9月，在由中国报业协会主办的第二届中国报业新闻社会活动案例评选活动中，由南方杂志社选送的对开平玲珑医院“麻风村”连续九年开展公益关爱的融媒体案例《坚守党刊使命，热心社会民生》荣获三等奖，南方杂志社是全国唯一的党刊社获奖单位。2017年7月，我在第四届全省新闻战线“好记者讲好故事”演讲比赛决赛上，以《十年如一日的真情守护》为题讲述董淑猛、徐娜扎根开平“麻风村”的事迹，获得最佳演讲人称号。《玲珑村的婚礼》等新闻作品还先后获得广东卫生计生好新闻二等奖、广东省残疾人事业好新闻二等奖、全国残疾人事业好新闻优秀奖等奖项。

对于玲珑村的持续报道回访，伴随我的整个职业生涯，是我新闻从业的宝贵财富。然而能撬动社会资源为“麻风村”老人们提供更多关爱，取得良好的社会反响，与杂志社领导和同事们，特别是蔡玉明、陈广腾前后两任社长多年来的高度重视和大力支持是分不开的。回顾十多年的“玲珑情缘”，无论是从媒体社会责任还是个人职业成长我都感触良多。

政治责任与社会责任的统一。作为党刊，我们的首要任务是牢牢把握正确政治方向和舆论导向，弘扬社会主义积极向上的精神风貌，同时也要坚持以人民为中心，深入基层、深入实际、深入群众，用镜头记录人民，用笔端书写人民，用有温度的报道充分反映人民心声，充分彰显人文关怀。在报道玲珑村的故事时，南方杂志社不仅关注董淑猛、徐娜的职业坚守和麻风病康复老人的生活状况，还积极发动社会各界为玲珑村献爱心，积极引导社会舆论，投身公益事业，彰显党刊的责任与担当。

媒体融合与资源整合的互补。从媒体融合发展的角度来说，对于玲珑村故事的挖掘和跟踪报道，正好贯穿了媒体融合转型的全过程。最早的关注报道来自传统纸质刊物，随着移动互联网的兴起和《南方》杂志党建全媒体的发展，后续我们更多借助网络的力量推动公益活动，并打造了《玲珑村的婚礼》《读·书记》等一批具有高流量的新媒体产品。媒体融合不仅是一种新媒体的发展趋势，更是深度整合社会资源的有效手段。南方杂志社运用多种媒体平台，将玲珑村的故事以最直观、最真实的方式呈现给读者，通过融合报道不断扩大传播范围、提升传播效果，连接社会各界优势资源，让正能量与大流量同频共振。

人生奉献与个人成长的思考。从个人职业生涯角度来看，能在采访中结识董淑猛徐娜夫妇这样的模范榜样是我的荣幸。他们的无私奉献的职业精神、乐观豁达的人生态度让我深受感动，让我在提升采访能力和新媒体策划水平的同时，深刻认识到人生就是一个不断学习、不断成长的过程，更是一个不断思考、不断进步的过程，只有不断努力，不断追求进步，才能在人生的道路上走得更加稳健和自信。

今天，《南方》杂志和玲珑村的公益情缘还在延续。对麻风病康复老人的关爱，对社会责任的守护，我们还会一如既往地坚持。而我也将竭尽所能，做一名真正的好记者，为读者们讲述更多的好故事。

自然生态题材新闻纪录片的党刊表达

——以《江望》探索与实践为例

陈海燕

党的十八大以来，广东积极贯彻落实习近平生态文明思想，加快改善生态环境质量。省委领导多次在会议中指出河流治理的重要性，广东流域内多条河流整治取得突破性成就，练江便是其中的缩影之一。

练江，南海水系河流，粤东潮汕地区的三大河流之一，流域面积1346.6平方公里，因河道弯曲、蜿蜒如练而得名。而让练江“闻名”全国的，却是她在2003年被推到公众面前的水环境污染问题。她的故事，牵动着无数人的心。

打好污染防治攻坚战，是以习近平同志为核心的党中央作出的重大决策。在进入全面建设社会主义现代化新征程、豪情满怀迎接党的二十大胜利召开的重要时刻，2022年10月，在党的二十大召开前一天，南方杂志社推出大型生态治污主题纪录片《江望》第二季（以下简称《江望2》）。

坚守与传承

早在2015年，南方杂志社便开始关注练江问题，推出《江望》第一季（以下简称《江望1》），用镜头记录下这条潮汕母亲河的实况，当时的练江用“黑水河”形容也不为过。

《江望1》面世两年后，也就是在2018年，中央环保督察“回头看”后，练江治理工作开始提速。2020年6月，南方杂志社启动《江望2》纪录片计划，两代记者接力关注练江治理。

《江望 2》分集海报

在以练江为题材的纪录片题材中，老生常谈与创新表达的平衡是一个重要问题。“新”与“实”是其脱颖而出的核心。《江望2》的定位是自然生态题材的新闻纪录片。生态纪录片有狭义和广义之分，广义的生态纪录片即一切表现物种的生存发展状态，或表现物种与物种、物种与生存环境之间关系的纪录片；狭义的生态纪录片通常是指以人类社会生活与自然之间的关系为话题，或表现一定生态思想和生态美学思维的纪录片。而《江望2》属于后者。

南方杂志社视界团队的记者成员组建摄制组团队逐步探索形成导演负责制

的梯队管理机制，由编导型记者对全局乃至整个创作流程各个关键环节进行话语权把握，形成标准化的视频生产机制，以适应灵活、高效、深度的长视频制作要求。

守望与推动

重大主题报道作为党刊在大局、大势、大事中发声的重要形态，视界团队坚持把讲好中国共产党的故事，服务党和国家工作大局作为有效开展重大主题报道的切入点。

视界团队于2015年组建，以视频为抓手，始终站在融合发展一线，一批“现象级”融媒体产品不断推出，议题设置能力和话语把控能力逐年增强，在视频建设取得突破性进步，建设了一支高素质团队，配备了一批专业设备，生产了一批高质量精品，由浅入深，由外及内进行立体化、品牌化表达，助力杂

《江望 2》拍摄

志社视频提质与融媒转型。

新闻纪录片相较于传统的新闻短片，视觉冲击力要弱得多，那编导就得思考一个问题—你的影片拿什么吸引观众？靠故事？靠议题？靠IP？靠思想深度？都需要。

为了精准找到拍摄题材，《江望1》摄制组四赴练江，以人文视角关注练江人的生存现状，展示当地特有的亲水文化，以浓浓乡愁呼唤治水，并以纪录片形式立体展现典型河流的“治水AB面”，将之作为适应“互联网+”的时代要求，全力打造“党刊+”形态，推动传统媒体与新兴媒体有效融合的战略抓手。

《江望2》摄制组历时三年从源头到入海口，从空中到隧洞，从城市到田间，前后奔赴广东汕头、揭阳、潮州、广州、佛山、深圳六座城市用长达半年的时间进行实地考察，深入调研和采访。开拍过程中，根据前期调研数据，摄制团队在脚本讨论、拍摄手法上等进行反复琢磨，多渠道学习领悟自然生态题材新闻纪录片内在深层次的社会意义，独家首次探访练江源头，深入相关水利工程现场与施工人员同住同体验，走入潮汕平常百姓的日常，关注民生堵点、痛点，进行长达9000多小时摄制工作。

变与不变的启示

伴随着网络时代的到来，“纪录片要想在现行传播模式下焕发活力就必须要从自身转变，尽可能地从形式、内容、制作方式、播发平台上紧跟网络传媒模式的快速发展步伐”。

相较于《江望1》，《江望2》的内容表达和呈现方式均有提升，不变的是初心使命，变的是新闻动态的创新诠释。《江望2》包含《再现白练》《三江

《江望 2》摄制组与练江源的立石者纪小准（红衣）于“练江源”石刻前合影

连通》《水清万物生》三集内容共计51分钟，正面报道和舆论监督相统一，用翔实丰富的视听语言和高质量视频制作，让这个生态报道凸显主题厚度与人文温度。

纪录片是多元的视听艺术，我们要用这种视听语言来呈现编导要讲的故事—在现场要做的是精准拍摄和表达，用这套语言把现场看到的、听到的、感受到的人和事压缩在51分钟内呈现给观众，让观众与影片中的人物共情，感同身受。《江望2》纪录片在内容质量上下大力气，在传播方式上贴近群众，让主流思想舆论抓人、感人、动人，从思想层面、技术层面、视听层面极大地提升影片的传播力、影响力。

摄制组通宵达旦远赴内海，跟拍练江出海口渔民捕鱼实况；带着沉重设备，花费5小时艰难徒手攀登陡峭石壁，抵达海拔1500多米的峰顶，独家揭秘练江源头；追寻当地自然鸟类摄影师的脚步，在野外忍受蚊虫叮咬，捕捉练江边上珍稀鸟类精彩镜头；更是深入人民群众中去体验练江水中挖莲藕，潜入菜市场捕捉最鲜的文化精髓，观察练江水与农作物之间的碰撞联系……

在故事立意上，《江望2》摄制组注重挖掘和反思人与环境相处中的得与失、江河之兴背后的深远规划。为把练江故事中的深度与温度挖掘出来，摄制组前后采访29位练江整治相关人员，自上而下走访33个相关政府与社会单位，力求多方面多角度呈现中央、省委省政府到群众对练江治理的决心，也见证了练江沿岸的人们在一次次喧嚣悲喜中重新学会如何与环境和谐相处。整个系列纪录片里，既有新闻事实的记录还原，也有对人与自然之间关系的深层思考，人与水之间不断找到更合拍的平衡点，相互依存、相互促进，最终实现水清岸绿、鱼翔浅底的历程。

这部练江主题的自然生态题材纪录片的视听语言不再止步于还原自然万物原本的生存状态，而是不断尝试结合全新的拍摄技术与数字化后期制作，将自然生态题材纪录片打造为由虚实、光影、动静组合而成的精美画面，讲述一个生动的广东生态故事。

练江流域水质发生根本性改善，是一段“民之所忧我必念之，民之所盼我必行之”的佳话，更是习近平生态文明思想在广东的生动实践。

南方杂志社出品的《江望》两季纪录片一经上线，开创史无前例的新闻纪录片题材宣传新模式，引发积极的社会效应，在生态治理和水资源保护相关领域得到专家回应，得到当地部门重视，社会反响热烈。《南方》杂志两代记者初心不变，持续跟进报道广东练江流域资源环境综合治理、上下合力推动当地水资源持续改善的新闻故事，《江望》系列纪录片全方位展示广东江河流域的“优质生态产品”，引领带动更多民众参与建设生态文明事业，成为讲好广东故事、传播好全面小康下典型人与事的有力呈现，也成为反映广东积极贯彻落实习近平生态文明思想成效的经典作品。

第八章

南方记忆

我与《南方》二十年

徐民和

2003年10月的一天，我接到时任广东省委宣传部常务副部长胡国华的电话，让我和刘野去广州帮助筹办新的省委机关刊物。原来当年报刊整顿时，广东省委停办省委各部门刊物，集中办一家省委机关刊物。在省委常委讨论时，时任中共中央政治局委员、广东省委书记张德江指示：经整顿后而成立新的省委机关刊物要办成像《瞭望》那样的刊物。胡国华副部长到广东前，曾参与《瞭望》创刊初期工作，知道刘野和我都参与了《瞭望》从试刊到月刊、到周刊、到出海外版全过程创办工作，了解《瞭望》作为综合性新闻时事刊物的办刊宗旨和总体设置的由来和发展。刘野和我在新闻理念和工作上还合得来，又都退休不久，算得上是加以返聘的合适人选吧。就这样，我们来到了广州。到机场接我们俩的是蔡总，创刊筹备办主任蔡玉明。从那天开始，我们在羊城度过了近两年非常愉快的工作和生活时光。没想到，我在《南方》杂志这一干，至今竟整整二十年。

边工作边学习，努力认识广东

《南方》杂志创刊是从合群大厦一间只能容纳八张办公桌的小房间起步的。开始只有蔡总、刘野和我，以及张云、叶国屏五个人，很快，胡国华副部长从整顿中撤销的《党风》《广东支部生活》《文明导报》《粤海同心》调来了十来名精兵强将，一个房间增加到两个、三个……第二年，很快就有二十几个人了。

《南方》杂志应是个什么样子？这需要有总体设计，设置规定性明确的各种栏目，以综合性地体现省委机关刊物的办刊宗旨。我们草拟了一个总体设计后，就七手八脚搞出了个试刊，上报省委宣传部，得到了批准，并让我们代拟一篇发刊词。代拟稿由刘野执笔，张德江书记看后给胡国华、曾少华讲了意见，他俩修改后呈张德江书记亲自改定见刊。

总体设计有这么几大块：一是评论部分；二是特稿、封面报道（或叫专题报道）部分；三是分政治、经济、社会、文化等专栏，报道省内各相关领域重大新闻，其中还有一个特殊栏目，即仿照《瞭望》杂志的《中南海纪事》设立的《珠岛纪事》栏目，以报道省委领导机关重大新闻；四是《认识中国》《东西南北》等报道全国和兄弟省市重大动向的栏目；五是《国际观察》栏目，放眼全球。

总体设计只是个框架，重要的是要拿出全面、深刻、生动地反映广东实际的不同类型的稿子来充实这个框架。作为省委机关刊物，首要的是充分且不走样地反映省委的战略部署、政策意图、工作步骤；省委机关刊物采编人员最重要的素质，就是要像省委书记、省长那样，站在广东全局的高度去思考、解读、阐述所面对的选题。

评论是刊物的旗帜，《卷首语》《南方论坛》等栏目就是代表刊物发声的，提倡什么，反对什么，要旗帜鲜明地提出来。特别是《卷首语》署名编辑部，且每期放在第一页，理应着意经营。刘野擅长评论，几乎每期都由他执笔，很有些出彩的篇什。记得是题为《和谐的旋律》吧，他一二三四五六七地一一道来，犹似七音阶的“哆来咪发唆拉西”，是用了心思的。

特稿、封面报道、专题报道都是当期的重点，前者是单篇的，后者是组合的，都要讲究有深度、有见解、有独家新闻。其他诸如政治、经济、社会、文化等栏目的报道也都理应如此。

深度、见解从何而得？从提高我们自己的认识能力入手。

刘野和我既然遵命南下来广东，那首先就要老老实实地重新学习——认识广东。广东成为改革开放先行地不是偶然的，有着深厚的文化背景。近代以来，发端于广东的岭南文化向来以开放、求新、包容为特色，作为维新派代表人物的康有为、梁启超都出生于广东，革命派代表人物孙中山也是广东籍。广东是改革开放的排头兵、先行地、实验区，第一批四个经济特区有三个在广东，都取得了辉煌的成就。进入新世纪后，广东经济总量持续稳居全国第一，创造了许多新成绩、新经验，诸如腾笼换鸟进行产业升级，发展重化工产业等以增加重工业权重；提出要造就文化大省，在学术研究、文艺创作等诸多方面，涌现出一批在全国叫得响的成果；等等。这些都需要我们去学习、去认识、去报道。

其实，作为省里的智库，广东省社会科学院和中山大学等高校在研究总结广东改革开放先行经验上，已经取得很多成果。有一次，我和刘野得到省社科院这类成果的一本论文集，如获至宝，两人抢着读，很开眼界。

读书是学习，实地考察更是学习。刘野和我都曾参加了《南方》杂志对汕头、珠海两个特区专题报道采访和撰稿的全过程，大大加深了我们对广东的认识。那两次汕头、珠海行，全程都是大家亲切称之为“杨处”的杨群祥亲自开车的，杨处是汕头人，珠海也是他驻勤过的地方，他熟门熟路的引领，给我们采访带来诸多方便。其实，像这样汕头、珠海行式的边工作边学习，贯穿了我们在羊城近两年的工作过程。

在这里，我要特别感谢省委宣传部对我的信任，还给我这个退休人员签发了港澳通行证，让我和饶原生一道采访首届泛珠三角区域合作与发展论坛在香港的开幕会、澳门的续会、广州的闭幕会，得以撰写长篇述评《一个创举由构想变为现实》。这是我以本刊记者名义发在《南方》上的唯一一篇署名作品。

紧张的创刊岁月，友爱的同事之情

创刊队伍中的这帮年轻人都很灵，很快就领会了《南方》杂志的深度报道应该怎么去搜寻素材，组织报道，撰写稿件。例如，母发荣在采访省党代会期间，发现了张德江书记的一个讲话记录稿，那是他代表省委所作正式报告外的一次和党代表们谈心的讲话，既深刻又生动地阐述了各级干部应如何改进作风、有创造性地工作。刘野和我读完了都觉得很好，当夜做了适当编辑并请求由我们独家发表，获得了批准，使得那一期《南方》杂志党代会专题报道大为增色。她在《珠岛纪事》栏目几乎每期都有报道，且不乏佳作。又如，创刊号上，刘延英写的《2003，文化大省建设元年》，改了两遍才得以刊出的，但她提高很快，年底写的年终报道《提高文化竞争力》，送审时就受到了时任省文化厅厅长曹淳亮的称赞。曹厅长是著名的写手，曾是羊城晚报社社长，眼光挑剔，得其称赞是很难得的。

创刊岁月既紧张又快乐。熬夜赶稿子是经常的事，年过七旬的刘野和我们大家一样乐此不疲。每期稿子发完后的总结会，都是大家聚在一起最开心的日子。合群大厦边上的山东老家菜馆，东北乱炖和饺子都是极普通的菜肴，但在那儿“搓一顿”的犒劳，总是充满着欢声笑语，令人忘却了辛苦和疲劳。我们俩和大家相处和谐，总是有说有笑的，从来没红过脸。杂志走上正轨后，我和刘野一起回到北京。

回北京后，蔡总仍不放我一马，让我继续给《认识中国》组稿并加以编辑发到广州。不记得这活干了多少年，后来我看到编辑部兵强马壮的，就辞去了，但是国际新闻的责编这个活儿一直让我干着。这些都是后话。

回头再说说在广州参与创刊的日子。那时，刘野和我只管编辑工作，至于另外那一半，而且是极为重要的一半，即发行和经营，是蔡总抓的。她抓得很紧也很有成效。“筹备办”开启一个月，就在珠岛宾馆开了个盛大的发行会议，经省委同意，用省委组织部原来的《广东支部生活》杂志发行系统，很快就打开局面，一举奠定了《南方》杂志70多万份的发行量。那时，蔡总、郭巧玲、刘野还有我都在那第一间办公室里，从旁看到巧玲忙碌地催促订阅电话。顺便插一句：有时我打趣刘野几句，巧玲就在一旁偷着乐。后来，我有机会随着巧玲到肇庆、中山等地，目睹了她和市、县组织部门人员熟识热络的情景。

刘野和我在广州的生活，省委宣传部安排得很是周到。开始我俩住一套两居室，一人一间，后来更是换成一人一套房，刘野老伴就可以来广州了。还发给我们省委大院出入证，一日三餐都可以在省委食堂解决。我还在珠岛游泳馆办了个游泳卡，无论冬夏都可去游，好不快活。

具体操办我们生活上琐碎事，诸如安纱窗、打扫卫生等最多的是张云，连她的儿子“开心”（大名叫“周佳莘”）都成了和我们熟识的小朋友。还能记得他的大名，是因为开心若是活泼得有些出格了，阿云就该喊他大名以示警诫。

在羊城工作的时间并不长，但我和同事结下的友爱之情绵厚深长。后来，刘野和我还两次受到杂志社邀请，回广东旧地重游，其中印象深刻的一次，是刘晓丽、杨明珠陪同我俩去考察江门开平的碉楼、新会的梁启超故居。多年以后，刘野病重及去世，《南方》杂志都先后派员到北京看望他的家属和出席他的追悼会。我患喉癌住院开刀，蔡总派郭巧玲、段及华带上慰问金到医院探视，吴总批准刘延英到京看望，这些都令我没齿难忘。

对《南方》杂志的同事们，我感觉就像一句歌词说的，“见到你们格外的亲”！

当了20年国际新闻责编

《南方》杂志创刊伊始即设有国际新闻栏目，之所以这样，是因为广东作为改革开放的排头兵、广交会的举办地，理所当然地应有开阔的国际视野。当然，《南方》杂志的国际新闻有自己的特定取舍，即不是一时一事的、动态性的报道，而是要做综合性的、趋势性的、分析评述性的报道。这无关篇幅的长短，即使是开始那一两年中有一页的文摘性的多则新闻集纳，也都是宏观着眼取材的。这一目标追求，在每年的年终总结和开年展望中体现得尤为明显。我们想达到的目的，是让读者看过每期无多的几页国际新闻稿，就能大致了解世界大趋势。

国际新闻栏目的责编一开始就是由我充任的。这完全是“外行愣充内行”。因为我从来没在国际新闻单位工作过，大学学过的俄语和第二外语英语用不上，都还给老师了。好在我从参加工作到退休一直都在新华社。新华社有个《参考资料》，早先每天有上午版和下午版两大本，后来合并成一大本，16开，每天有100页左右，全球的重要新闻应有尽有。这本在新华社内俗称“大参考”，原是供中央至少是省部级领导看的，毛主席曾说他每天靠这两本了解世界，可在新华社，普通的采编人员都可以看。我虽然是搞国内报道却每天都看，看上瘾了，即使出差，在分社也去找来看。这对搞国内报道的很有益处，至少每天都可以看到各国对中国的报道和评论，十分有利于我们提高国内报道的外宣针对性。我在《瞭望》杂志任副总编辑时曾让记者针对《参考资料》上对我国怀疑歪曲的外电，去采访我国相关部门，不点名地做了回应报道，结果反映很好，评上了新华社社级好稿。

也因常看“大参考”，我对新华社国际新闻的一般报道，以及一些著名的记者评论员的成就并不陌生，所以在《瞭望》杂志创刊初期没有专职的国际编辑时，就客串编辑并签发过相关稿件，后来专职的国际稿签发人偶尔不在班时也让我来顶一下。因此《南方》杂志创刊后国际新闻的责编就这样落到我头上，并一直延续下来了。

仰赖新华社庞大且成熟的国际新闻行家队伍作后盾，加之每期篇幅不多、工作量不大，20年来我就这么凑合着干下来了。这20年，“大参考”是看不到了，但新华社给每个退休人员赠阅《每日新华电讯》《参考消息》各一份，遂不算得是“桃花源中人”吧。

这么多年下来，《南方》杂志国际新闻栏目的撰稿人累计有一百多人，有新华社的，也有外交部、中联部的，有中国社科院、中国现代国际关系研究院的，也有高等学校的（有北航、人大、农大等首都高校的，也有西北大学、海口经济学院等地方高校的）。当然，主力还是新华社的作者群。这些作者中，有的有求必应，即便时间紧迫也及时赐稿；有的是常年赐稿，甚至有历20年都每月赐稿者，成了本刊“专栏作家”的，如詹得雄、许博渊二位。正是仰赖这一大群有不同专长作者的鼎力支持，《南方》杂志国际新闻栏目得以办出自己的特色，并长期保持稳定的水准。

但是，我毕竟是国际新闻的外行，所以在处理稿件时始终清醒地抱持谨慎、尊重作者的态度。遇到我以为应该做些改动的，也会拿出我的意见请作者斟酌，但绝不妄改。令我感动的是，我的改动曾受到好些作者的首肯，并不以为忤。也有不赞成改动的，我就照改回原稿，绝不强加于人。

特别要感谢的是，20年来，《南方》杂志的几任领导都从未要求我事先报批选题，而是放手让我组稿，发稿后他们严格把关，从未出过什么纰漏。我也算不负厚望，每期都做到按时发稿，从未出过拖期或过错。

颇为欣慰的是，《南方》杂志国际新闻栏目还是受到一些读者的瞩目。甚至有聘请来的评刊员曾把国际新闻栏目和一些文章评为最佳栏目和优秀文章，这或许是他个人偏爱吧。

（作者系《南方》杂志创刊顾问、新华社《瞭望》杂志原副总编辑）

一刊倾情十年灯

吴爱平

这么多年了，每当收到新一期《南方》，我都会迫不及待地撕开邮封，取出杂志时手上还会感到阵阵温热。

《南方》杂志创刊20年，我职业生涯的最后10年有幸与之同行。这10年，我和我的同事们甘苦与共、汗水交融，与《南方》共同进步。如今，《南方》守正创新，一路向阳，越办越好。当杂志社要我为20周年纪念写点东西时，我欣然应允。

加入“大家庭”体味“深耕”

2006年12月4日，省委发文任命南方杂志社首届班子，而正式宣布则到了次年1月。社长蔡玉明等不及，文件一发就差人通知我马上到杂志社帮忙，两个意思：一是明年杂志将由月刊改半月刊，缺人手；二是杂志创刊三周年拟办一场庆典，将邀请省市领导、工商界友人出席，总编辑“亮相”正当其时。于是我就提前报到了。没想到，迎向我的张张脸庞都那么年轻，除个别新招的大学毕业生外，近30人都是跟着蔡社长打拼了三年的创刊功臣，是“年轻的老革命”；更没想到，蔡社长竟然是我楼上楼下的邻居！她曾是风行一时的省作协《少男少女》杂志社社长，我久闻大名，只是未曾谋面。

眼下的这群年轻人被蔡社长调教得很好，蔡社长对他们是恩威并施、宽严相济。“把女人当男人使，把男人当牲口使”，他们说是蔡社长的名言，我不知真假，但蔡社长的率先垂范却不假。她先把自己当了“男人使”，带着大家不辞劳苦、不舍昼夜。她经常提到“深耕”二字，说要像老农对待自己的一亩三分地那样，她强调的是党刊的职责使命。对于刚上岗的我，蔡社长尤其需要“扶上马送一程”。一次，为确定一个封面文章标题，她召集我们到会议室苦思冥想直至深夜，拟就的好几个都不入她法眼。蔡社长还有一个优势，就是朋友多，而且是“谈笑有鸿儒，往来无白丁”那种。于是她就接连给“高参”们打电话求助……此时，爱打哈欠的小母已在一旁哈欠连连；原生是广府文化专家，平时就爱用粤语“搭够”普语表述之不足，他也在嘟哝：“顶唔顺啦，依个时候我发鸡盲啦（意即不行了，这个时候我像鸡那样夜盲了）。”我也困，但心里满是崇敬。

初到杂志社我就感受到暖意融融，那是蔡社长营造的家庭般的氛围。在这里，大家都以哥姐相称，而我此时已年过半百，叫大叔也不合适，自然只有羡慕的份了。蔡社长对员工的关心帮助细致入微，化虚为实，及至子女父母、婚恋家庭。2011年，我母亲病重，我赶往深圳看望，路上便接到蔡社长电话，说为什么不告诉她，接着要了深圳的地址，竟也驱车两百多里赶了过来，着实把我家人感动得稀里哗啦。

到社里没几天，我就和大家一起为创刊三周年庆典作准备。蔡社长给我的任务是和延英搭档主持，她盯了我一头蓬乱的“三千烦恼丝”足足一分钟，一双大眼顿时黯淡下来，“去做个头发吧。”她说。于是下班后就领着我走街串巷，进了体育西路的一家发廊，出来时我就顶着个硬得像甲壳虫的背分头——一个我迄今为止最酷的发型！

我钦佩蔡社长的一切过人之处。《少男少女》曾经的洛阳纸贵，《南方》杂志的“赢在起跑线上”，绝非偶然。

“钝感”与“工匠精神”

蓓蕾向我约稿，提示我“您对我们说过要把杂志当成一件艺术品去打磨”。对此我记忆有点模糊，但意思相近的话我是讲过的，就是“钝感”和“工匠精神”。蓓蕾说她也记得。

日本作家渡边淳一有本书叫《钝感力》，是谈人生态度和生活智慧的鸡汤类读本，我只借用其名而未尽取其意。在一次采编学习交流会上，我做了个PPT讲新闻的真实性，说到做期刊也可以有一些“钝感”。下面就有人嘀咕：不对啊，都说要有新闻敏感，怎么说需要“钝感”呢？我说钝感不等于迟钝。期刊一般不抢新闻，更讲求报道的深度和厚重，我们的敏感应该用在敏锐地捕捉新闻的内在价值上。而新闻真实有表象真实和本质真实的区别，“让子弹再飞一会儿”，或许更有利于梳理底层逻辑，看清本质真实，发掘核心价值，其中关键在于把握好敏感与钝感之间的平衡。再者，党委的机关报与机关刊，宗旨相似，读者相近，要思考我们存在的意义，寻找差异化发展路径。有一比喻，说报纸是易碎品，期刊是收藏品，前半句大可斟酌，后半句颇有道理。我们当在调研、分析、思考上多下工夫，在选题角度、素材挖掘、文本处理上实现差异化。所谓“慢工出细活”，我们致敬“工匠精神”！

在视觉中心，我要求所有美编参与每一期的封面设计，而后点评PK，胜者采用。每期遴选，几十张候选初稿铺满一地，大家笑称是“地摊文化”。正是这个“地摊文化”，我们一次不落地收获了“中国最美期刊”奖。这一奖项由中国期刊交易博览会于2014年设立，以封面和版式设计为主要评选内容，每年评选一次。

到杂志社不久，我就着手编写《采编工作手册》，内容包括杂志定位、读者对象、版块栏目、采编岗位职责的描述，以及采编业务指引、考评定级办法等。此后，大家职责明晰，按部就班，就少了许多“大会战”的热闹，却多了些“空山不见人，但闻人语响”的安静。可到了出版日人便多了起来，夜里亮灯的办公室也多了起来。改稿、编稿、排版、校对、审稿……我们快餐果腹，灯下用功。夜深，那些办公室里入夜后次第亮起的灯光又渐次熄灭。多少个夜晚，我欣赏这道流变的风景，享受这份怡人的宁静，以至于小蔡他们送来的外卖晚饭也能吃出别样的滋味。其实杂志社工作并不缺热闹，就说选题会吧，有犀利的言辞、激烈的讨论，也不乏妙语连珠、谈笑风生。只是生活太需要有变化的节奏了，对，节奏！犹如一首曲子高低急缓的变化，那是听觉的节奏。那么，一本杂志又何尝不需要阅读节奏?

如切如磋，如琢如磨。我们多次改版，包括栏目版块、封面版式都多有调整，更强调期刊语言的丰富性，强调版面的多样性和适度的视觉冲击力。如新增的“瞬间”栏目，作为图片报道，定位于艺术性与新闻性的结合，选图要求之严苛，让美编们时有怨言。这里值得一提的，是后来获评广东新闻奖新闻名专栏的“视界”栏目，是2012年由原有的“视野”栏目改造而来。选题定位为揭示、剖析热点话题和有价值的“冷新闻”，写作要求关注细节和个性化，我们把它当作丰富期刊语言的试验田，调节阅读节奏的节拍器。接下这副重担的原生和焱鑫不负众望，几期做下来，出色的文本便有如清风徐来，令人耳目一新。也是这一年，杂志改版增张，“双周刊”字样加入到刊头LOGO，每期从4印张增至4.5印张。

围绕中心服务大局，助力省委的决策部署我们责无旁贷。2008年广东开展“解放思想大讨论”，时任中共中央政治局委员、广东省委书记汪洋亲任学习讨论领导小组组长，指出要以新一轮思想解放推动新一轮大发展，强调发展要以人为本，要有世界眼光。杂志对此加大了策划报道力度。一天，小母、郭芳说要到我办公室汇报报道方案，我就猜到这方案非同一般，因为我们有定时选题会的。果不其然，她们要取经新加坡，采访李显龙！当时新加坡模式炙手可热，从中央到地方都派出干部去学习。我支持她们，只和她们多研究了些困难及预案，因为毕竟是杂志社的首次海外作战。过程还算顺利，不久她们就完成了包括对新加坡总理李显龙的独家专访、探访求学新加坡的“中国市长班”等一组报道，杂志分两期刊载，收到很好的反响，文章被新加坡多家媒体转载。随后，汪洋书记出访东盟时还把当期杂志当作礼品赠送给李显龙。

记忆中，《南方》杂志共获得过4次中宣部阅评表扬，其中一次是肯定《南方》杂志开设的《广东好人》专栏，深化社会主义核心价值观宣传。开平市玲珑医院医生董淑猛就是其中的一位典型人物。董淑猛和女友徐娜大学毕业来到位于玲珑村的麻风病医院工作，两年后他们在村里举办了简朴的婚礼。2006年，省里表彰“年度道德杰出人物”，董医生夫妇获此殊荣。我在省委宣传部参与了评选工作的全过程，并负责撰写颁奖词和部分晚会主持词，因而参加了在广东电视台演播厅的颁奖晚会彩排，认识了董医生。记得董医生夫妇的颁奖词是这么写的：“如果说，当年两个年轻人的选择，还带着些许青春的冲动的话，那么，两年后的那场‘麻风村’里的婚礼则昭示着他们坚定的理想、济世的情怀和诚挚的爱心。”后来我到了杂志社，董医生和《南方》更是结下了不解之缘。2007年，若川首次采写这一事迹，之后杂志陆续作跟踪报道，社会反响强烈，“好人学好人、好人帮好人”的正向效应不断放大。

《南方》杂志的每一个进步，都与《南方》人的探索与实践相伴。我们从省委机关刊的功能作用上、从完善组织架构上查不足补短板，认为《南方》既是党委政府的“喉舌”，也是“耳目”和“参谋”，而后者仍是我们的短板。我提议一是编写通过内部渠道投送的内参专报，“内参”要围绕省委省政府的中心任务，反映新情况、剖析新问题，提供新建议，要突出内部性、典型性和建设性；二是建议设立地方记者站，因为只有沉下身段，与基层特别是与各级党委政府保持密切联系，作为“耳目”的我们才能“耳聪目明”。这些想法都得到蔡社长支持，大家形成共识。2010年，定名为《南方杂志·领导参阅》的内参专报出刊。虽然是不定期专报，但为保证这一项目的效率和质量，总编室协同项目负责人原生设计了一套内参专报的绩效考核方案和采编与审核流程。出刊伊始，汪洋书记和其他省领导便频频批示，这对我们是极大的鼓舞。2012年汪洋书记离开广东，三年里《南方杂志·领导参阅》出刊30期，获得汪洋书记批示16次、省长及其他省领导批示13次，初步达到强化《南方》杂志功用、提升影响力的预期目标。

2011年，杂志社决定先期设珠海、清远两个记者站，分别管辖珠中江和粤北片区。告示甫出，自荐者众。7月，杂志社召开站长竞聘会，若川和李刚胜出，两个月后，他们便分赴珠海、清远两地走马上任了。作为首任站长，“开荒”的艰苦可想而知，所幸的是得到了当地党委的有力支持和帮助。其时，很多地方都希望《南方》在他们那里建站，惠州和韶关等市都向我表达过，当时的韶关市委宣传部常务副部长巫育明甚至施行“利诱”，说刚装修好一层楼，办公设备一应俱全，办公住宿费用全免，“只等你们拎包入驻……”

这十年，《南方》杂志安全出版无事故，参与了所有重大新闻、重大事件的报道，也包括南方冰灾、汶川地震、雅安地震等灾害性报道，都以《南方》的独特视角、平稳的舆论导向，展现《南方》的魅力和价值，获得读者和业界的好评，收获“中国百强报刊”等奖项不计其数，而继荣获“第二届中国出版政府奖期刊奖提名奖”之后，2013年又获得的“第三届中国出版政府奖期刊奖”，则是期刊出版界的最高荣誉。这一切都是《南方》人共同努力的结果，我为他们骄傲！

听着故事练着字打造理论高地

2014年底蔡社长荣退，陈广腾社长接任。

陈社长有备而来，带着他的改革新思路，也带着他的“吴老师的故事”。

作为一个专业的旁观者，我们的弱项也许早已被他洞悉。他认为《南方》的理论评论还有提升空间，提出要努力打造党刊的理论高地，可谓一针见血。2015年，杂志新增2个页码的“时评”，同时筹备出版理论季刊，我带队赴北京取经，走访了《求是》《学习时报》和《前线》，收获颇丰。比如，作为时政理论刊物，如何突出时政性？如何以时政带动理论宣传？又如，如何吃透中央精神和基层实际这“两头”，回答“真问题”？怎样辨别“真问题”与“伪问题”？再如，越到改革深水区，越要给决策者方向感等问题和观点，常让我有茅塞顿开之感。2015年6月，《南方》杂志理论季刊出版。我们积极组建自己的评论员队伍，立飞，一位高大俊朗的小伙子的到来，使《南方》第一次有了自己的评论员，他一米九的个头，大家“须仰视才见”，笑称他堪比党刊的“理论高地”。

陈社长叫我吴老师，若有听众，必讲稍带颜色的“吴老师的故事”，我由着他。我们是老熟人，都在暨大新闻系读本科，我高他两届，因属于“被‘文革’耽搁的一代”，年龄自然比他大了不少，印象中，那时的陈同学是个说话爱脸红的男孩儿。毕业后我很不情愿地留了校，选择了还算好玩的广播电视摄影教研室。我没教过他们班，严格说不是他的老师，师兄而已。那时候新闻系有冲洗照片的暗房，系里的器材管理员烦了学生没日没夜地找他要暗房钥匙，就把暗房钥匙给了我，让学生问我要。于是，“暗房”就激发起陈广腾同学丰富的想象力，我不知道这个故事他编于何时，总之，当他在饭桌上像相声“抖包袱”那样说：“我们男生去要钥匙，吴老师总说没空。要是女同学去，吴老师就很爽快，说我带你去！”满堂哄笑后，他便一脸得意。

陈社长琴棋书画无所不精，他不但自己笔走龙蛇，还把广美老师请来开班教学，杂志社人手一套文房四宝，有教无类。一时间，办公室墨香四溢，临帖习字蔚成风气。他的太极拳也打得好，听看过的人说“直打得地动山摇”，我说吹牛，太极拳不就是些慢悠悠的“摸鱼捞虾”的招式吗？后来才知道他练的是陈氏太极拳之二套，此拳法健身与技击并重，气势雄壮，重捶如发炮，故又称“炮捶”。说一个人爱打太极，就是说这个人无担当爱推诿，但擅长打太极的陈社长对待工作用的竟是陈氏太极之“炮捶”，气沉丹田，力发千钧。如今，他要打造的“南方理论高地”已初见成效，《南方》自己的评论员队伍精锐强悍，近些年屡有理论评论佳作被《求是》杂志转载；还有全媒体的整体发力，产品不断迭代升级，爆款视频引人入胜。我欣喜地看到，《南方》杂志新时代的步伐越发坚定豪迈。

我喜欢和年轻的同事在一起，一起采访，一起加班，一起娱乐，一起参加集团的各类比赛；一起感受快乐、压力、忧虑，甚至是遇险的惊恐。墨脱是全国最后一个通公路的县，墨脱公路不少路段是在雅鲁藏布江和帕隆藏布江边的崖壁上开凿而成，以险峻难行著名。2014年国庆节，我和小母、媚夏、龙飞就在这条G559国道上经历了一次“飞车惊魂”。那天我们完成了墨脱的采访返回林芝，这一路，为广东援藏队开了近十年车的邓师傅跟我们没少讲在这条路上行车的艰险可怖，说这两条江落差大、水流急，河床布满乱石，掉下去的车子从来就没找到过，听得我们毛骨悚然，但他让我们放心，凭他的经验和技术能够迅速分辨出路基的松紧，屡屡化险为夷。邓师傅爱听降央卓玛，但不知道是女歌手，而且坚持说“不可能”。过了波密路况稍好，我在降央卓玛的歌声中迷迷糊糊，突然，听到邓师傅大叫“完了完了！”车子就急剧地甩了两下，待我睁开眼看时，面包车已经屁股悬空，像跷跷板那样架在路边低矮的护栏上了，好在此处路边是一道缓坡，没那么骇人。这时下车也有讲究，必须后座先下，不然前轻后重，车子就会掉下去。邓师傅一边指挥我们下车，一边叨叨：“丢人了，丢人了……”他说大概是因为下过雨，急弯时车子打滑了。我安慰他“不丢人，化险为夷、化险为夷”。下得车来，两位女同胞早已花容失色。

杂志社里，打篮球、踢足球他们也会叫上我，而且每每给我10号球衣。10号，倘若足球，可是中场的灵魂，是指挥官啊，我这破球技岂敢担当？所以我更多的是做“场外指导”。打球不行，而游泳我自认为不差，自信来自我二三十年的坚持。那年集团举办游泳比赛，项目是4×50米，我参加了。没想到人丁稀少的南方杂志社竟拿到了第三名！当时的工会组长是段及华，我和他在省委宣传部时就是同事，他对我说话从来都不客气，我尊称他为“段爷”。我们为杂志社拿了奖，他一个工会组长不表扬奖励也就罢了，这时还怪话连篇，说什么我没用，教他游泳那么多年也没能教会；说什么如果他能上场，就一定是坐二望一云云。其实，我真的很认真地教过他的，可是他顽固地坚持他的“狗爬式”不改，满足于三五米的“爬”程。

光阴荏苒，十年倏忽而过。十年，战战兢兢，如履薄冰；十年，快快乐乐，岁月如歌，竟不知老之将至。就这样，我退休了。

（作者系南方杂志社原党委副书记、总编辑）

两次难忘的调研

王巍

每天走进办公室，第一眼总会看到正对面墙上那幅用镜面木框挂起的“版画”。那是我从南方杂志社总编辑岗位卸任后，总编室的同事专门制作送给我的礼物：在一张纯红色的纸上，整齐排列着119期《南方》杂志的封面版样。那些封面仿佛一连串足迹，印记着我与这份杂志共同走过的日子，令我无比珍惜。

今年以来，全党正在大兴调查研究之风。回望在南方杂志社的那些日子，有两次调研及伴生而来的两轮创新实践，令我难以忘怀。

取经西南

2016年8月30日，我赴杂志社履新两个月。为进一步了解熟悉党刊规律，经请示陈广腾社长同意，我带领一个小组，赴西南三家优秀的省级党刊调研学习。

那是一次让我大开眼界的取经之旅。

时任重庆当代党员杂志社总编辑的杨树弘，视野开阔、站位很高。他带我们去即将落成的党刊大楼前，向我们描绘其多元发展的宏图大计，思路与措施，即使与当时国内一些头部媒体相比，亦不遑多让，目前，树弘总还是中国期刊协会党刊分会的主任委员。四川党建期刊集团，从名字上就看得出其全媒体气象，当时旗下已有数十家成员单位，其出版的《四川党的建设》不仅有城市版、农村版，还有藏文版。时任中国期刊协会党刊分会主任委员赵宇飞，刚由当代贵州期刊传媒集团董事长调任贵州日报社社长不久，听说我们来学习，专程回老东家座谈。在交流中我们惊奇地发现，当时贵州最权威、最便捷的新闻网站，竟不在贵州日报社，而是当代贵州主办的当代先锋网。更令人惊讶的是，那次与我们进行深度交流的时任当代贵州期刊传媒集团董事长邓国超，又在宇飞会长之后，接任了贵州日报社长，而当代先锋网则在2019年成为贵州日报报刊社、贵州日报当代融媒体集团的官方新闻网站，足见当代贵州和当代先锋网在贵州省新闻宣传文化战线的龙头地位。

四天时间转瞬即逝，我们舍不得浪费一分钟，白天行程满满，晚上还要开两小时的碰头会，对当日调研成果进行复盘，每个人都精神亢奋、思如泉涌。办公室主任吴涛说，重庆当代党员杂志的网站，直接就叫“七一网”，党建特色极其鲜明，值得借鉴；赵媚夏说，兄弟单位的媒体融合在一些方面走到了前列，互联网既是挑战也是机遇……而在启程返穗之前，已有两个关键词清晰地浮现在我眼前——大党建、数字化。此后数月，这两个词一直促动着我思索，推动着我探索。

来南方杂志社之前，我对这份省委机关刊是做过一些功课的，知道它是中国发行量最大的省级党刊，了解它致力于打造“广东《瞭望》”的自我定位。在这里工作后，我真切看到，在历代《南方》人的心血浇灌下，它已长成我国党刊园地中的一棵参天大树，枝繁叶茂，硕果累累。但同时也感受到，十八大以来党的建设已全面推进到一个新阶段，舆论生态、媒体格局、传播方式也都发生了深刻变化，这些都对南方杂志社的党刊事业提出了新的、更高的要求。

2016年下半年的一个晚上，《瞭望》杂志原副总编辑、《南方》杂志创刊顾问、76岁的徐民和老师来到广州，广腾社长叫上我一起去见他。在听徐老师等人讲述《南方》杂志的创业故事，回忆当初如何将四份省委机关的杂志合办成一本省委机关刊的生动往事时，我脑海中突然电光闪烁，在西南兄弟党刊的所见所闻、返穗后不断的思考求索，同过去的创刊元老、今日的《南方》杂志……这些画面仿佛叠映在一起，一个想法不禁脱口而出：“我们本来就是融合而生的党刊，在全球媒体融合已进入深水区、全面从严治党已提出两年的大背景下，能否以‘打造广东最大党建传播平台’为一个明确目标与抓手，进一步提升差异竞争优势，推动南方杂志社发展再上新台阶？”

一时间，无人接话。但广腾社长很快反应过来，他略作沉吟，一锤定音：“先不要讲最大，讲最专业的党建传播平台吧。”

南方杂志社一个重要的新时期战略目标就此形成。

为了打造“广东最专业的党建传播平台”，我们开足了马力。

纸质平台升级：第一步是“美颜”。总编室副主任李芳宇等一班人，采用网络化、平面化、色块化的设计语言，对杂志进行全方位视觉改造，提升阅读体验和传播价值。第二步是“重组”。调整版面结构，旗帜鲜明亮出“大党建”特色，将党建内容比例提高了43%，使党建报道增量提质。

网络平台创新：上马“党建新媒体”项目，不久后即被省委宣传部列入2017年度创新项目，极大激发了杂志社融合创新发展活力。

杂志的纸端与新媒体端共同推出大型党建类报道《山与海：佛山干部在湛江》，视频总点击量近1000万。

在全省网络精品文化推广中，一口气拿回6个奖，而获全省新闻战线“走转改”活动一等奖的作品《春行山乡丨断掌养蜂人成“脱贫状元”》，则是唯一始发于微信公号的获奖报道；

全媒体系列报道《寻找最美第一书记》引来浙江《传媒评论》专门推出《业界观察》栏目，视频作品《在党的生日，听党刊年轻人讲述这五年》则受到《中国新闻出版广电报》专题报道。

玉树临风的评论员殷立飞“明明可以靠颜值，偏偏要拼才华”，一手主持音频节目《殷殷夜有声》，主打心理类、为政类话题，另一手操办网络专栏《党知部》，普及党建知识，都做得有声有色。

融媒体产品《读·书记》是媒体促进党群关系的一次全新尝试，一方面通过“书记读书”视频展现全省基层党员领导的修养文化，另一方面通过“我们读书记”访谈，走近书记们的工作与生活……

今天回首那些日子，真是一段激情与创意齐飞、作品与产品出色的澎湃岁月啊！2017年9月，时任广东省委常委、组织部部长邹铭对《南方》杂志的党建系列报道作出批示：“主题鲜明、内容详实，有深度、有力度……请各地认真学习借鉴。望今后继续挖掘我省基层党建工作的经验和亮点，加大宣传力度。”而在上马建设一年后，“党建新媒体”入选了国家新闻出版广电总局组织评审的全国报刊媒体融合创新100佳优秀案例。

问计北京

2017年10月，党的十九大召开。习近平总书记在大会报告中强调，伟大斗争，伟大工程，伟大事业，伟大梦想，紧密联系、相互贯通、相互作用，其中起决定性作用的是党的建设新的伟大工程。当年11月，为贯彻落实十九大精神，南方报业传媒集团决定推出十二项重点工程，其中有一项是“南方党建智库建设”，点名由南方杂志社来完成。在我印象中，这是南方报业首次将集团层面重点工程交付南方杂志社来落实，它充分体现出，我们在党建领域的深耕厚植及丰硕成果，已得到集团的高度认可。

根据集团部署，南方党建智库建设的分管领导是广腾社长，责任人是我。而智库如何建设？对于我们二人来讲，都是一个全新课题。为迅速破局，我再次请示广腾社长同意，成立一个小组，于2017年11月去国内媒体智库最发达的北京调研问计。

如果说，去西南党刊取经，属兄弟之间共同话题的交流，尚在我们自己的能力圈内行走，那么，此次北京之行，学习对象是清一色的“国家队”，涉及许多我们陌生的领域与内容，可谓真正“出圈”了：

在调研首站——人民智库的办公室墙上，挂着显示世界各地时间的时钟，《人民论坛》杂志总编辑贾立政向我们介绍，人民智库有申请国家社科基金重点项目的实力，与不少世界一流智库有合作，但智库发展过程也曾充满艰辛，直至第八年才实现盈利。

瞭望智库董事长兼总裁、《财经国家周刊》执行总编辑吴亮，是我多年好友，他自豪地介绍了智库在各地的成功案例，以及被我们视为“天文数字”的“包括国内外各领域专家学者研究人员总数超过8万人”的专家库情况，并反复提醒我们，智库发展要重视自身服务能力建设。

中央党校学习时报社的领导，在谈到智库核心研究资源时，则主张专家贵精不贵多，认为智库型媒体，手头必须牢牢掌握所在领域内全国排名前十的权威专家，以此构建智库的核心竞争力。

在人民网，我们向罗华总编辑、孙海峰副总编辑等同行请教了不少新媒体方面的问题，尤其在聆听中国共产党新闻网的实践经验后获益良多。

在求是杂志社，郑志晓副总编辑告诉我们，媒体具有天然的智库功能，高端智库要提升传播影响力，就必须依靠新媒体，创新传播手段。

中宣部《党建》杂志社拥有全国最大的党建专家库之一，不仅吸引了210多位权威学者加盟，还有一支近650人、覆盖全国各地市的通讯员队伍。该社原社长、中宣部宣传舆情研究中心主任刘汉俊，不仅向我们详细介绍了建设党建专家库的心得体会，还就如何策划党建杂志内容、提升媒体传播力影响力引导力公信力等，向我们传授了许多宝贵经验。一年零一个月后，由他担任总编辑的“学习强国”横空出世，旋即成为全国现象级的融媒体平台。

经过五天五夜的调研，听了那么多专家意见建议，我们既笃定又忐忑，既兴奋又紧张。于是，在北京那个略带暖意的冬日黄昏里，我们钻进一个小咖啡馆，来了一场热烈的头脑风暴。南方杂志社编委、时政部主任母发荣说，此次取经“国家队”真是豁然开朗，原来《南方》杂志以“深度凝聚力量”，已经培育了智库的基因，顺势而为，打造党建智库是我们当下转型的最优选择——她现任南方报业传媒集团战略发展部主任。党建部副主任林若川说，自己一直在思考，什么才是媒体智库应有的样子？我们创建党建智库应采用怎样的模式？到了此时，感到已渐渐在河里摸到了属于自己的“石头”——他后来成为南方党建智库首任秘书长；党建部主任张蓓蕾指出，多家单位的实战经验告诉我们，互联网时代的理论创新，严肃主流媒体同样大有可为，但智库建设不能一味急于求成——她今天已成长为南方杂志编委。最后，我结合多日来的所见所思所得，提出了以“党建传播、党建研究、党建服务”三大支柱来建设南方党建智库的整体思路。看上去不喜咖啡的张蓓蕾事后回忆道：“思路一下子清晰了，苦涩的咖啡瞬间变得丝滑。”

后来的智库建设也变得“丝滑”起来，在集团党委和南方杂志党委的大力支持与正确领导下，我们从北京回来后，沿着传播、研究、服务这三条主线，多管齐下，立即投入到火热的智库建设之中。在一年时间内，南方党建智库邀请到大批国内一流、省内顶尖的党建党史研究学者入库，完成了1个省级党建研究课题并参与了省委有关后续决策过程，设立了4个基层党建研究基地，牵头成立了“全国党刊红色教育联盟”，开通了南方党建智库网等全媒体平台，摄制了一批党建专题片，完成了一批党建服务项目……

事非经过不知难！我至今记得，时政部的李焱鑫和全媒体发展部的刘树强曾风尘仆仆到我办公室“报喜”。为了开启智库方案中规划的基层党建研究基地的大门，这两位分属不同部门的大小伙子，在坐大巴被卖猪仔后，又乘野摩深入到粤北的山林村落，最后终于在韶关南雄挂出了研究基地的第一块牌匾。如今，一块块“南方党建智库基层研究基地”的牌匾早已四散扎根于南粤广袤大地的深处，覆盖了城市党建、农村党建、国企党建、非公党建等不同基层对象，而南方党建智库的知名度和影响力则日益走向高处。

2018年1月，时任中共中央政治局委员、广东省委书记李希到南方报业调研，对集团建设南方党建智库的举措给予了肯定。同年6月起，省委组织部领导两次到集团调研智慧党建工作，已逐步将南方党建智库与广东省委党校、广东党的建设研究会并称为广东省三大党建智库。

2018年6月29日，在南方报业传媒集团主办的首届南方传媒智库高端论坛上，我们惊喜地见到了受邀参会的嘉宾贾立政总和吴亮总。贾总在大会发言中特别提到，半年前在北京接待过来自南方报业的朋友们：“感觉当时你们还搞不清智库该怎么建设，没想到现在已经发展得这么快。”吴总则在发言中再次提醒我们：“建议南方传媒智库加快专家库建设，形成快速服务能力。”

听到两位老总的发言，参加过北京调研的几位同事不约相视而笑。正如两位“老朋友”所言，我们在这大半年“努力搞清”智库怎么建的过程中，服务能力也得到了相应提升。那一年，南方杂志社非发行收入翻了一番有余，首次迈过了千万元大关。

（作者系南方报业传媒集团党委委员、副社长、副总编辑，
南方周末报社党委书记、总裁、主编，南方人物周刊主编，
南方杂志社原党委副书记、总编辑）

第九章

业界观察

从“南方圆”到“党刊圆”

杨树弘

中共广东省委机关刊《南方》杂志创刊20周年了，这件事，我在全国地方党刊的几次活动上都提到了，大家都很关注。

实际上，在党刊大家庭中，20年历史的党刊，应该是个后生仔，比《南方》杂志老牌的，多着。但了解党刊发展历史的人，并不这么看。我注意到，在上海举行的全国期刊高质量发展论坛上，广腾社长在主论坛上演讲时就用了这样一句话：“赓续百年党刊文脉，新组建20周年的《南方》杂志……”我知道了南方杂志社的同仁对这件事的看法。

南方杂志社的同仁尊重历史，年轻就是年轻，资历浅就是资历浅，但他们又是自信的：论渊源、论文脉，《南方》杂志的底蕴并不轻浅，认真说起来，《南方》杂志是颇值得骄傲的一份党刊。广腾给我看了他们正在撰写的一组论文与一本书的题目，其中有一个题目叫《百年党刊的历史价值与时代使命——

以〈南方〉杂志的源流和实践为例》，对我极具吸引力，“这兄弟有想法”。

由此，我想起5年前南方杂志社承办中国期刊协会党刊分会年会的事儿。当时安排的联欢晚会节目中有一幅“党刊圆”图案，这是他们以“南方圆”为基础设计的，颇有创意，里面包含着不少内涵。这让我产生了借《南方》杂志创刊20周年之机说说地方党刊这个大家庭的想法。我的这篇小文，借用一下南方杂志社朋友们的创意，题目就叫《从“南方圆”到“党刊圆”》吧。

南方圆

党刊圆

一、南方有我的兄弟姐妹

党刊同仁之间本来应该称同志，但大家见面，总是亲热得不行。无论天南地北，无论隶属党委办公厅、组织部、宣传部还是自成集团等等，只要是党刊的人，自是亲人，见面亲三分，于是我便爱说“哥哥弟弟”“姐姐妹妹”，没办法。我在重庆党刊二三十年，参与拉起党刊分会大旗，后来又接过宇飞大哥的棒，吆喝了好几年。在南方杂志社，从玉明、爱平到广腾、王巍、燕永，从发荣、吴涛、媚夏到焱鑫、若川、惠珍、立飞，好多好多，我都很熟，他们都是干事的人，也都是有情义的人。

我许多次在许多场合向许多领导推荐了《南方》杂志，这次南方杂志社领导在主论坛发言，是尚之会长点的名，我也力荐。有领导问我，广腾同志的广东普通话大家能听懂吗？我说，能懂，也很有广东味。

二、南方风格的行与思

凭着这么多年与《南方》杂志同仁的交往、交流，我自认对《南方》杂志的行与思，是懂的。

在不断书写党刊新辉煌的20年办刊历程中，作为全国“期刊典范、党刊标杆”的《南方》杂志始终坚持正确政治方向，坚持以人民为中心的工作导向，尊重新闻传播规律，创新方法手段，在巩固壮大主流思想舆论阵地和建设现代新型主流媒体上不断迈出新步伐、呈现新面貌，形成了具有广东特色、《南方》风格的行与思。

大而要之者有三。

其一：以思促行——突显党刊作为思想引领者的责任担当。《南方》杂志倡导行思兼备的理论风尚和思想潮流，始终在党的思想理论宣传中发挥重要作用，并随着时代的发展不断融合、创新。《南方》杂志坚持把马克思主义基本原理和党的创新理论结合起来，坚持把历史视野和现实观照贯通起来，办好《传习录》《新思想引领新征程》等常态理论栏目，出版“理论季刊”，建设南方+客户端观点频道等新型评论理论传播平台，立体打造具有南方特色的理论品牌。近年来，先后刊发推出《牢记嘱托　一以贯之——担起在推进中国式现代化建设中走在前列的历史使命》等30多期封面观点专题和系列理论阐释文章，深入阐释习近平新时代中国特色社会主义思想的核心要义、理论品格、时代价值、世界意义。

其二：行成于思——深刻诠释中国式现代化建设的广东探索。《南方》杂志自觉把党中央决策部署与广东改革开放的实践科学、历史、具体地结合起来，以全国视野、世界眼光观照广东的发展，发掘有借鉴价值的样本，为以新的更大作为推进中国式现代化建设提供决策参考。《南方》杂志及新媒体矩阵一方面浓墨重彩宣传中国共产党团结带领全国各族人民创造的优秀文明成果、发展成就，推出了喜迎党的二十大合刊《跨越历史向复兴》、特别报道《回访习近平总书记的广东足迹：努力续写更多“春天的故事”》、《湾区大未来》、《再造一个新广东》等一大批重大主题报道，全景展示中国改革开放45年巨大成就、新时代10年伟大变革；另一方面，坚持问题导向、系统思维，通过《大兴调查研究——问道广东高质量发展》《高质量党建一线行》等一线调查报道，客观分析梳理广东的好经验好做法，促进问题逐个破解、经验系统集成，形成了强大的主流舆论传播力、引导力、影响力、公信力。

其三：行思不辍——打造综合立体传播的党刊新格局。创刊20年来特别是推动媒体融合发展10年来，“守正创新”成为《南方》杂志高质量发展的最强音：在“守正”方面，坚持党性原则、党建主业和“内容为王”，坚持党性与人民性相统一，确保正确政治方向、舆论导向、价值取向，以客观公正、理性理智的“内容品质”增强可信度、权威性、认同感；在“创新”方面，根据时代发展趋势和受众需求，在优化平台结构、内容供给侧改革、提升技术赋能、创新体制机制等方面下狠功夫，探索打造“有思想、有温度、有功能、有综合传播力和可持续发展能力”的“四有”新型智慧党刊社，以“立得住、叫得响、传得开”的多维立体融媒产品矩阵，实现了正能量和大流量的同频共振。

办一份党刊，实非易事，要办出一份有特色、有影响力的党刊，更为不易。《南方》杂志20年来踔厉奋发、破浪前行，不仅开拓出自己的新天地，还成为全国党刊中的佼佼者，可见《南方》杂志这帮兄弟姐妹思考之深，笃行之远。《南方》杂志之所以能取得有目共睹的成绩，无疑是因为他们身上始终具有强烈的政治担当和价值追求，无疑是因为他们始终秉持“行思兼备，守正创新”的精神，无疑是因为他们始终在继往开来中闯新路、在苦干实干中创新业、在攻坚克难中开新局。《南方》杂志这帮兄弟姐妹的办刊精神是令人折服、钦佩和感动的，也是值得全国党刊人和期刊人学习借鉴的。

三、党刊应该有的模样

由《南方》杂志这个样本，也由我已经卸任的所在党刊，我一直在思索一个问题：新时代的党刊，应该有什么样的模样呢？

1920年9月，上海的共产党早期组织将《新青年》改为党的公开理论刊物，宣传马克思主义的基本理论。1920年11月，又创办了半公开的刊物《共产党》，介绍革命理论和党的基本知识，推动党工作的开展。1921年7月23日，中国共产党第一次全国代表大会召开，宣告中国共产党的诞生。“先有党刊后建党”，不知者以为这是党刊人的自诩，其实这是根据历史事实构筑的结论。从革命、建设、改革到中国特色社会主义进入新时代，党刊始终是宣传马克思主义和党的路线、方针、政策的重要载体，是我们党联系群众、宣传群众、组织群众的重要阵地之一。党刊应该有怎样的模样？百年党刊的历程，其实已经告诉了我们——

党刊应该有政治家正确的政治立场、高度的政治敏锐和强烈的政治担当。1959年6月，毛泽东同志在中央政治局会议上谈到，报纸办得好坏，“要看你是政治家办报还是书生办报”。他明确地说：“我是提倡政治家办报的。”

这就是毛泽东提出来的“政治家办报”思想。由此延伸到党刊，就是“政治家办刊”。坚持政治家办刊是践行马克思主义新闻观的逻辑起点。从党刊姓党的早期理念，到毛泽东同志提出的政治家办报，再到习近平总书记关于新闻舆论工作的系列重要讲话，坚持政治家办刊，始终是党对新闻舆论工作第一位的要求。党刊必须准确把握坚持政治家办刊的深刻内涵和时代要求，让党的主张占据制高点，让党的声音成为时代最强音，使党的新闻舆论工作展现时代新貌，不负党和人民重托。

党刊应该有思想家执着的信仰追求、渊博的思想底蕴和坚定的文化自信。南朝刘勰的“观天文以极变，察人文以成化”，道出了天下文章的历史使命。文以载道，文道并重，新闻宣传是现实的真实反映，也是历史的忠实记录，理所当然地要承担“载道”“弘道”“传道”的重任。习近平总书记要求，要“努力推出有思想、有温度、有品质的作品”，这是党中央对新闻舆论工作提出的要求，体现了中国共产党人的马克思主义新闻观，指明了新闻舆论工作的前进方向。党刊必须高扬新时代中国共产党人的思想旗帜，坚持以习近平新时代中国特色社会主义思想为指导，大力宣传党的光辉历史、伟大成就、优良传统、宝贵经验，凝聚全党全国各族人民对马克思主义的信仰、对中国特色社会主义的信念、对实现中华民族伟大复兴的信心，为全面建设社会主义现代化国家、全面推进中华民族伟大复兴提供坚强思想保证、强大精神力量、有利文化条件。

党刊应该有实干家砥砺前行的勇气、沧海弄潮的锐气和追求卓越的志气。习近平总书记明确指出：“拥护改革、支持改革、敢于担当的就是促进派，把改革抓在手上、落到实处、干出成效的就是实干家。”不管是诞生在热火朝天的社会主义建设年代，还是创办于春潮滚滚的改革开放时期，各地党刊长期以来都一直是党的路线方针政策和理论传播的重要阵地，是历史时代的见证者、主流舆论的引领者、先进文化的传播者。无论是在深化改革的大道上，还是在深融智转的潮流上，党刊必须积极投身其中，不断策划推出高品质产品，探索打造形态多样、手段先进、具有竞争力的全媒体传播体系，使党刊的传播力、引导力、影响力、公信力不断增强，使党刊品牌在发展中擦得更加闪亮。

四、我们还在赶考中

在中国共产党百年辉煌历程中，在党的坚强领导下，党刊作为一支重要而独特的主流舆论力量，一直伴随着党的各项事业不断发展壮大，成为党的宣传工作和新闻舆论工作不可或缺的组成部分，在顺利完成党在不同历史时期的中心任务和历史使命的赶考中发挥了重要作用，向党和人民交出了一份优异的答卷。

回望来路，步履铿锵。然而这场赶考远未结束，新的世情、国情、党情给出了新的考卷。在中国特色社会主义进入新时代的历史方位下，世界百年未有之大变局加速演进，中华民族伟大复兴进入关键时期，媒体格局和舆论生态正在发生整体重塑，党刊的发展机遇和风险挑战并存。“在新的起点上继续推动文化繁荣、建设文化强国、建设中华民族现代文明”，这一新时代新的文化使命为党刊高质量发展提出了新的赶考任务。

透过“党刊圆”之“朱棂”，我回想起从事党刊工作30余年，特别是2018年担任中国期刊协会副会长、党刊分会主任委员以来，党刊方阵的每一次会议、每一项活动、每一个倡议、每一种举措，无不体现了我们共同的价值观、共同的家国情怀、共同的精神追求、共同的文化认同。

“党徽”是旗帜与号角，是我们赶考之路上的方向和坐标。位于窗棂中心的“党徽”鲜明突出，寓意牢牢坚持党对一切工作的领导。党刊姓党是各级党刊办刊的根本原则。党刊姓党，严格落实“政治家办刊”要求，代表党说话，代表人民发言，这个根本之道，不论什么时候，不管社会如何发展变化，都是不能改变的。

“党”“刊”是底色与特色，是我们赶考之路上的信仰与动力。历经百年的红色文脉，描绘出党刊最厚重的底色。各地党刊在宣传思想文化工作方面的创新探索，凝聚成党刊最亮眼的特色。在推进党刊高质量发展过程中，既要在传承底色的基础上彰显特色，又要在打造特色的进程中擦亮底色，这样才能既保证党刊发展根正苗红，又推动党刊发展在与时俱进中根深叶茂。

“党”“刊”“圆”三字组成的窗棂与党徽，共同构成了“同心圆”的形象，是我们赶考之路上的同心与合力。中华民族是个追寻完美的民族，“圆”这种没有任何缺憾的几何形象正好象征着我们对完美的追求。然而，绝对的“圆”是所有人究其一生也无法到达的境地，因为谁也画不出绝对标准的圆。正是在两端中相互取舍，这个具有中华传统文化哲学和美学意味的“党刊圆”才迸发出了令人赞叹的启发和无法终止的沉思。在新的赶考路上，我们始终是事业同心、方向同向、任务同题、职责同道，既要赓续红色文脉，传承党刊文化；又要进一步与时俱进、守正创新，深化交流合作、呈现集群效应，努力堪当中华民族伟大复兴这部英雄史诗的书写者和见证者的大任。

初心如磐，使命在肩，凝聚共识，六合同风。我坚信，走在新时代的赶考路上，在党中央的坚强领导和中宣部的关怀支持下，在中国期刊协会的悉心指导下，党刊同仁将更加坚定信仰、信念和信心，凝聚近50家全国地方党刊的矢志之心、非凡之智、磅礴之力，绘就最大“党刊圆”，在强国建设、民族复兴的历史伟业中奋勇前进、再谱华章。

[作者系中国期刊协会副会长、党刊分会主任委员，
二级研究员（编审）、高级经济师]

整合　选材　开掘

——对办好综合性党刊的认识

陈鸿宇

党刊姓党，党校也姓党，党刊和党校都是党的舆论宣传阵地，都是党的理论学习课堂，在研究和宣传马克思主义和党的路线、方针、政策等方面同样发挥着导向和引领作用。长期以来，包括笔者在内的许多党校工作者，养成了从党报党刊中汲取营养，在党报党刊中寻找理论创新和实践创新依据的习惯，并在积极参与党刊的采编、调研、智库活动中，不断深化对办好党刊的认识。

一、整合办刊资源，凝聚办好综合性党刊的合力

作为党校工作者，笔者很喜欢阅读对时政新闻进行深层解读与权威分析的综合性党刊。综合性党刊信息容量大，能够迅速宣传诠释中央的精神，及时回应实践中出现的新情况、新矛盾。每一期都会围绕若干理论上或工作上的重大

问题组织多篇文章，多视角地进行深度分析。这样的综合性党刊，很受广大基层党政干部的欢迎。

办好一份高质量的综合性政论性的党刊相当不容易：需要党委的坚强领导，需要得力的采编团队，需要联系广泛的读者、作者网络。因此，在20世纪八九十年代，能够办一份像新华社的《瞭望》周刊一样的综合性政论性党刊的省（市、区）几乎没有。

2003年12月26日，中共广东省委主管主办的机关刊《南方》杂志创刊，开创了一省创办大型综合性党刊的先河。经过不懈努力，《南方》杂志已经成为广东最权威的时政党建大刊、南方思想理论高地、党建全媒体传播平台和党建智库，不论舆论引导力还是综合服务能力都稳居全国党刊前列。《南方》杂志20年来的成长历程充分表明，只有充分发挥执政党的政治优势，才能有效地整合各个方面的办刊资源，凝聚办好高质量党刊的合力。

首先，2003年省委高瞻远瞩，果断作出了将《广东支部生活》等4份工作部门党刊整合为一份综合性党刊的决策，迅速形成一支有数量有质量的办刊骨干队伍。随后《南方》杂志融入南方报业传媒集团，采编队伍的结构更加合理，办刊实力大大加强。再次，《南方》杂志还非常重视编者与读者、作者之间的互动合作，一方面虚心向基层党政领导和群众学习，以更加准确地了解省情和民情；另一方面，积极与全省高校、党校、社科院合作，有效壮大了杂志的作者队伍。笔者就是从《南方》杂志的忠实读者逐渐成长为杂志的编外作者的。20年来，我多次参与《南方》杂志的专题策划、采编和专访，先后撰写了多篇理论文章、经济分析文章和卷首语。2011年至2017年，《南方》杂志以“知屋漏者在宇下”的寓意，为我开设了《宇下者言》专栏，6年间我围绕新型城市化、绿色发展、区域创新等问题，先后发表了43篇经济学随笔，其中《改革是个精细活》等两篇随笔，还获得过全国党刊优秀作品言论类一等奖。

二、选材严、开掘深，才能有思想、有温度

“动之以情、晓之以理”是评价党校讲课效果、评价党刊文章质量的共同要求。“晓之以理”就是要有正确的思想导向，而且要说清楚“为什么要有”和“怎样才能有”。“动之以情”就是要将良好文风、学风树立在坚定的马克思主义群众史观的基础上，把党的创新理论诠释得更加形象、具体、明白，更加贴合基层实际，让读者和听众感受到理论逻辑的感召力和执政党的温暖初心。

20年来，《南方》杂志牢牢把住了严选材和深开掘两个关键环节，努力使每期杂志、每个专题、每篇文章都做到有思想、有温度。

（一）严格选好、选准题材

“有思想”是党刊文章的基本特质。在中心论题确定之后，《南方》杂志的专题选材通常都会涵盖三个层面的内容：一是马克思主义经典作家和相关专业理论体系关于该论题的基础理论，这一方面的选材内容往往通过向省内外权威专家约稿或采访实现。二是中央、省委关于贯彻落实相应中心工作的战略决策、精神实质和重大部署，这一方面往往要通过长时间服务中央和省委中心工作，与重大决策的参与者合作来获得第一手素材。三是推进该项中心任务的实践探索、经验总结与不足之处，这一方面的内容主要是通过广泛的基层调研，将调研素材归纳、提炼和深化得来。

相比之下，我们有些同志原本的马克思主义基本理论功底并不扎实，又缺乏政治站位的高度和领会党的创新理论的敏锐性；缺乏对中央新思想、新理念和当地党委重大战略发展演化的跟进学习；缺乏放低身段深入基层调研、向群众学习的本领，已经习惯于从上级文件、工作汇报和二三手的媒体报道中找素材。所以，要写出“有思想”的文章，就要既避免“选材杂”“选材滥”，也

要避免“选材虚”和“闭门造材”。

（二）深度开掘办刊资源

深度挖掘经过严格挑选的题材，是党刊文章更有思想、更有温暖的关键。

首先，《南方》杂志很善于策划“模块式”专题。在一个特定专题中，往往安排了相关的基本理论分析、采访报道、调研报告、专家对话等多种体裁，让读者能够较快形成多视角的全面认识。

其次，《南方》杂志组织“模块式”专题时，相当重视宽领域、多层次地对多个影响因素进行深入分析，使论题的结论更接地气，更贴近群众。比方在讨论广东的产业转型时，不但分析大型骨干企业和战略性产业应如何转型，也分析中小企业和传统产业应如何转型；不但分析珠三角的产业应如何转型，也分析粤东、粤西、粤北地区的产业应如何转型。

最后，《南方》杂志对办刊资源的深度挖掘，还体现在以杂志为平台，集合社会各界的办刊资源，为《南方》杂志的未来拓展开辟了新的通道。如着力建设“南方党建智库”，推动传统纸质党刊与新兴媒体深度融合、智慧转型。

（作者系中共广东省委党校原副校长、教授）

努力打造广东独具价值的思想理论阵地和干部学习园地

陈金龙

我是《南方》杂志的读者，也是《南方》杂志的作者，见证了《南方》杂志发展壮大的全过程。

《南方》杂志作为广东省委机关刊，自创刊以来形成了自己的鲜明特色和个性，做到了政治性和学术性、新闻性和思想性、通俗性和理论性的有机统一，成为广东独具价值的思想理论阵地和干部学习园地。

恩格斯曾经指出：“一个民族想要站在科学的最高峰，就一刻也不能没有理论思维。”理论思维决定了一个民族的文明创造能力，理论创新本身就是文明创造、文明积累的过程，实现中华民族伟大复兴离不开理论思维的提升。理论思维关系国家竞争力，理论发展的程度和水平是国家竞争力、国家文化实力的重要组成部分。政党要担负起治国理政的历史重任，便一刻也离不开科学理论的指导，理论创新能力是政党执政能力的重要组成部分。领导干部要担负历史、时代赋予的责任，如果缺乏理论武装，便难以准确把握党的路线方针政策，也难以有效解决实践中面临的各种难题。

正是基于理论思维、理论创造对于民族、国家、政党和领导干部个人的重要性，《南方》杂志一直保持了对理论阐释、理论传播的高度关注。

一是密切关注党的理论创新成果。《南方》杂志创刊以来，见证了科学发展观、习近平新时代中国特色社会主义思想的形成和发展过程。对于党的理论创新成果，《南方》杂志能“第一时间”作出反应，捕捉其中的新思想新观点新战略，并作出科学阐释，引导读者准确把握党的理论创新成果。如“习近平文化思想”概念提出之后，《南方》杂志及时刊发《深刻把握习近平文化思想中“七个着力”的重要要求》一文，帮助读者准确把握习近平文化思想的核心要义、实践要求。建设中华民族现代文明的任务提出之后，《南方》杂志及时刊发《书写好中华民族现代文明的广东篇章》一文，结合广东实践阐释了中华民族现代文明的突出特性和建设路径。这种理论的“及时雨”，有助于读者深入理解党的理论创新成果。

二是及时回答中国之问、世界之问、人民之问和时代之问。当代中国正在经历人类历史上最为宏大而独特的实践创新，中国式现代化任务之重、矛盾风险挑战之多、治国理政考验之大前所未有；世界百年未有之大变局的深刻变化前所未有，国际政治、国际关系面临深度调整；随着时代和实践的不断发展，人民在追求美好生活过程中不断形成新的理论需要、理论诉求；时代主题、时代特征出现了新的变化。这些新变化、新特点，提出了大量亟待回答的理论和实践课题，并由此形成中国之问、世界之问、人民之问和时代之问。面对这些重大理论和实践课题，《南方》杂志没有袖手旁观，而是积极参与，约请专家学者围绕这些重大问题进行具体阐释。比如，中国特色哲学社会科学的学科体系、学术体系、话语体系如何构建？中国自主知识体系如何构建？《南方》杂志刊发《坚持自主自信，加快构建中国特色哲学社会科学》一文进行回答。中共广东省委十三届三次全会审议通过《中共广东省委关于深入学习贯彻习近平总书记重要讲话重要指示精神 奋力在推进中国式现代化建设中走在前列的决定》，明确“锚定一个目标，激活三大动力，奋力实现十大新突破”的“1310”具体部署。为推进广东省委工作部署的落实，《南方》杂志刊发《激活“三大动力”，再造新征程广东现代化建设关键新优势》一文，对广东现代化的理论和实践问题进行探讨，引导读者准确把握广东省委的工作部署。

三是让理论“飞入寻常百姓家”。人民需要理论，理论需求是人民精神文化需求的重要组成部分。人民是实践主体，理论只有为群众所掌握，才能发挥指导实践、改造世界的作用，彰显其实践价值和魅力。《南方》杂志对重大理论和实践问题的阐释，在保持学术准确性、思想深邃性的前提下，力求做到深入浅出、通俗易懂，能适应不同层次读者的理论需求。《南方》杂志刊发的《新型工业化“新”在何处》《“六个必须坚持”意味着什么》《“第二个结合”的三重逻辑》《读懂中华文明高清“识别码”》等系列理论文章，对重大理论和实践问题进行了通俗化阐释，有解疑释惑、引人入胜之效，深受读者欢迎。

《南方》杂志经过编者、作者、读者的共同努力，已形成了自己的理论品位、理论风格、理论定位，成为全国同类期刊的“领跑者”。《南方》杂志要保持特色，须在理论阐释、理论传播方面持续发力。

一是围绕习近平新时代中国特色社会主义思想进行深入系统的阐释。习近平新时代中国特色社会主义思想是当代中国马克思主义、21世纪马克思主义，是中华文化和中国精神的时代精华，也是一个不断发展的开放体系。一方面，对于已有理论成果需要进一步阐释、深化理解。如习近平新时代中国特色社会主义思想的理论体系如何概括，其内在结构、内在逻辑是什么，需要继续研究；中国式现代化的中国特色、本质要求、重大原则、重要关系、独特意蕴、世界意义如何理解，有待深入探讨；中华文明的突出特性如何理解，中华民族现代文明如何建设，有待持续研究；习近平文化思想的理论体系、原创性贡献是什么，需要进一步阐释。另一方面，随着中国式现代化实践的拓展和时代演进，习近平新时代中国特色社会主义思想将不断形成新的理论创新成果，需要及时跟进和回应，适时作出科学阐释和解读。《南方》杂志在习近平新时代中国特色社会主义思想阐释、宣传方面应该有所作为，体现广东省委机关刊物的政治担当、理论担当。

二是围绕广东经济社会发展面临的重大实践问题进行理论诠释。广东是改革开放的前沿阵地，不少难题首先出现在广东，需要广东率先解决。广东现代化如何走在全国前列、作出示范；如何破解广东高质量发展过程中面临的各种难题，走出高质量发展的广东道路；如何实现广东区域协调发展，解决发展不平衡不充分问题既需要用实践解答，也需要从理论上进行深入探讨，在这方面《南方》杂志责无旁贷。

三是及时总结广东现代化的实践经验、实践智慧。全面建设社会主义现代化国家、全面建成社会主义现代化强国，是新时代新征程中国共产党的使命任务。广东推进中国式现代化进程中的实践创新、实践经验，需要从理论上进行总结和提升，以为全国提供经验借鉴。这是《南方》杂志的使命，也是《南方》杂志的优势。

四是为广东干部理论学习提供平台。对于领导干部来说，学习是一个无止境的过程，始终保持学习的状态，才能跟上时代发展的步伐，应对工作实践中面临的各种难题和挑战。《南方》杂志要为广东干部及时提供理论资源、理论养分，将涵养干部理论学习兴趣和提升干部理论素养、理论水准作为办刊追求，使《南方》杂志真正成为广东干部理论学习的园地、理论交流的平台，在锻造高素质干部队伍方面发挥《南方》杂志的独特作用。

20年，对于一个人来说正处青年，对于一份刊物来说已经走向成熟。期待《南方》杂志在未来的发展中呈现新的精彩、成就新的辉煌，成为南方的理论高地。

（作者系华南师范大学马克思主义学院教授）

后 记

历经近一年，《深度凝聚力量——〈南方〉杂志创刊20周年行思录》终于付梓。

从2023年春天开始，我们就谋划编写一本书，记录《南方》杂志二十年来坚守初心与使命，不断守正创新，践行习近平总书记关于党的新闻舆论工作重要论述精神，实现从“传统媒体”到“融合媒体”再到“智慧媒体”飞跃的生动实践，于是有了这本凝结了南方杂志社全体员工和众多倾力关怀《南方》杂志的领导、专家笔墨华彩的著作。

我们相信，每一位执笔的写作者心中，都有一段独特的《南方》印记，如潺潺溪流绕山而行，温润岭南大地；而每一位翻开此书的读者，必将看见《南方》与时代同行的廿载芳华，正以守正创新的坚定步伐愈行愈远。

如书名所言，“深度凝聚力量”，凝聚的首先是人的力量。

二十年来，翻开一期期《南方》，一篇篇文章，凝聚了全社同志薪火相传的耕耘之力；翻开一期期《南方》，一次次传播，凝聚了整个289大院对新闻事业的信仰之力；翻开一期期《南方》，一次次与读者的相遇，凝聚了家国兴盛的希望之力。

在时代大潮中不断探索的《南方》人，一直在前行，我们的心是暖的。只要步伐一致，我们的《南方》就是火热的，是有光的，是燃于众人手心的一把火炬，照亮了彼此守望的漫漫长路。

思想的种子，埋藏于人心。传播的路径，是途经人间的广阔风景。

我们坚信，脚踏在岭南的红土上，仰望一方朗朗晴空，手捧《南方》之人，必是不断行走在求索真理之路上的人。

从青山对江望、金笔发霞光，到春色满玲珑、照亮岭南窗，我们心之所翔、力之所向，在广东这片改革开放的热土上一路追寻，续写百年华章，肩扛省委机关刊的责任与使命，做好党中央、省委决策部署宣传阐释，加快推动媒体深度融合发展，为习近平新时代中国特色社会主义思想在岭南大地落地生根、开花结果注入一道强有力的传媒暖流。

《深度凝聚力量——〈南方〉杂志创刊20周年行思录》一书，是我们回望过去的流彩，也是展望未来的新篇。

本书的出版，离不开各位领导、专家、老同事、党刊同行的关心厚爱。中国期刊协会会长吴尚之，南方报业传媒集团党委书记、社长黄常开在百忙之中为本书作序；广东省委宣传部原常务副部长、《南方》杂志筹办领导小组副组长胡国华，南方报业传媒集团原党委书记、管委会主任范以锦，南方报业传媒集团原党委书记、管委会主任杨兴锋，南方杂志社首任党委书记、社长蔡玉明，《南方》杂志创刊顾问、新华社《瞭望》杂志原副总编辑徐民和，南方杂志社原党委副书记、总编辑吴爱平，南方杂志社原党委副书记、总编辑王巍等深情回忆了《南方》杂志创刊20年来探索发展过程中的点点滴滴，为我们提供了珍贵的历史片段；中国期刊协会副会长、党刊分会主任委员杨树弘，北京大学马克思主义学院教授、博士生导师林绪武，广东省委党校原副校长、教授陈鸿宇，华南师范大学马克思主义学院教授陈金龙则站在全国视野、业界视野、学界视野，以第三只眼睛对《南方》杂志进行了观察和解读；《南方传媒研究》推出《南方》杂志创刊20周年专题理论文章，深度展现《南方》杂志探索和转型的实践性、学理性、思辨性；南方日报出版社为本书的出版倾注了大量心血，提供了诸多帮助。在此一并深表感谢。

廿载光阴弹指过，未应磨染是初心。在新的起点上，《南方》杂志将始终牢记坚守党刊的职责使命，不断开创党刊事业发展新局面。

编者

《廿年磨剑一纸风行》（国画，作者：郭莽园、陈一峰）
《南方》杂志创刊20周年藏品

《刀剑合一》（篆刻，作者：谭文选）
《南方》杂志创刊20周年藏品